Das Italienisch-Lehrwerk 3

Allora, andiamo!

von
Antonietta Esposito
Nicoletta Grandi

LANGENSCHEIDT
Berlin · München · Wien · Zürich · New York

Allora, andiamo!
Das Italienisch-Lehrwerk

Autorinnen:
Antonietta Esposito
Nicoletta Grandi

Glossare von M. Frank, M. Martorana-Frank und C. Lucas

Beratende Mitarbeit:
Cristina Fronterotta, München
Matthias Frank, Maria Martorana-Frank, Cristiana Lucas, Ulm
Danila Piotti, München
Ulrike Steidl, Eichstätt

Umschlaggestaltung: Theo Scherling und Andrea Pfeifer, München
Umschlagfotos (Verona, Piazza Bra; Ravello): IFA Bilderteam, Ottobrunn

Zeichnungen und Karten: Klaus Pitter, Wien

Druck: Landesverlag, Linz
Printed in Austria – ISBN 3-468-**48321**-X

1. 2. 3. 4. 5. * 06 05 04 03 02

Cari amici!

Allora, andiamo umfasst drei Bände, die Sie auch auf das VHS-Zertifikat Italienisch (Europäisches Sprachenzertifikat) vorbereiten.
Band 3 dieses Lehrwerks baut Ihre Wortschatz- und Grammatikkenntnisse aus, vermittelt Ihnen durch vielfältige Themen und motivierende Texte viel weiteres Wissen über Italien und gibt Ihnen ergänzende Arbeitstechniken für Ihr selbstständiges Weiterlernen an die Hand.

Allora, andiamo 3

Band 3 enthält 10 Lektionen.
Nach Lektion 3, 6 und 10 finden Sie einen Test *"**Ripasso**"* als Wiederholungseinheit, der Sie gleichzeitig mit den Aufgabenformen der Zertifikatsprüfung vertraut macht, falls Sie die Absicht haben sollten, das Zertifikat zu erwerben.
Zu den Lektionen 2, 7 und 10 werden *"**Progetti**"* vorgeschlagen: Projektaufgaben, mit denen Sie selbstständig arbeiten können, sei es zu Hause, sei es im Unterricht.
Der Übungsteil schließt sich an die Lektionen an, ist also wie bei den vorigen Bänden in das Lehrbuch integriert.
Im Anhang finden Sie auch die bewährte ***Grammatikübersicht***.

Lektionsaufbau

Jede Lektion versucht ein Thema von verschiedenen Seiten darzustellen, oft in kleinen, lebendigen Szenarien. Themen und Texte wurden so ausgewählt, dass sie zu Meinungsäußerung und Diskussion anregen. Diese werden gemeinsam trainiert, und die benötigten sprachlichen Mittel werden Ihnen jeweils in den gelben Redemittelfeldern zur Verfügung gestellt. Eine Übersicht über solche Redemittel finden Sie außerdem auf S.184 ff .

Jede Lektion bietet zahlreiche Lese- und Hörtexte, die durch eigens dafür konzipierte Aufgaben erschlossen und ausgewertet werden.
L'Angolo delle curiosità ist eine Seite, die besondere und manchmal außergewöhnliche Aspekte eines Themas bringt. Sie enthält keinen neuen Grammatikstoff, lediglich die eine oder andere Aufgabe zum Wortschatz.
Il Gazzettino ist eine fakultative Leseseite, die das behandelte Lektionsthema vertieft oder Aktuelles dazu anbietet.
Zu vielen der behandelten Themen finden Sie übrigens Materialien und Informationen im Internet. An bestimmten Stellen erscheint ein Internet-Symbol. Entsprechende Links geben wir Ihnen in der **Allora andiamo**-Homepage unter www.langenscheidt.de.

Die *Ricorda*-Seite fasst am Ende der Lektion den Lernstoff zusammen.

Die zugehörigen Übungen im ***Übungsteil*** beziehen sich auf den in der Lektion behandelten sprachlichen Stoff.

Didaktisch-methodische Grundlagen

Allora, andiamo bietet den Lernstoff in *kleinen Portionen* dar, die Sie sich durch aktives Ausprobieren, Festigen und Anwenden aneignen.

Sie arbeiten oft auch zusammen mit anderen, *mit einem Partner oder in der Gruppe*. Sie werden dabei erleben, dass das mehr Spaß macht und dass Lösungen gemeinsam oft leichter gefunden werden; und schließlich gilt die Erkenntnis, dass das, was im Austausch mit anderen gelernt wurde, sich besser einprägt.

Das *Verstehen von Texten*, geschriebenen wie gesprochenen, ist diesem Lehrwerk ein besonderes Anliegen. Bereits mit den Bänden 1 und 2 haben Sie die Fähigkeit erworben, sich durch bewusstes Anwenden entsprechender Strategien Texte selbstständig zu erschließen. Diese wird hier weiter ausgebaut.

Gleichzeitig geht es in **Allora andiamo 3** um das *Training der Sprechfertigkeit*: Das Äußern von Meinungen, wirksames Argumentieren und das Überzeugen oder auch Überreden des Gesprächspartners sind weitere wichtige Lernziele, mit deren Erreichung Ihre persönlichen Kontakte zu Italienerinnen und Italienern eine neue Dimension bekommen werden.

Viel Freude und Erfolg weiterhin wünschen Ihnen

Verfasser und Verlag

Inhaltsverzeichnis

L'Italia

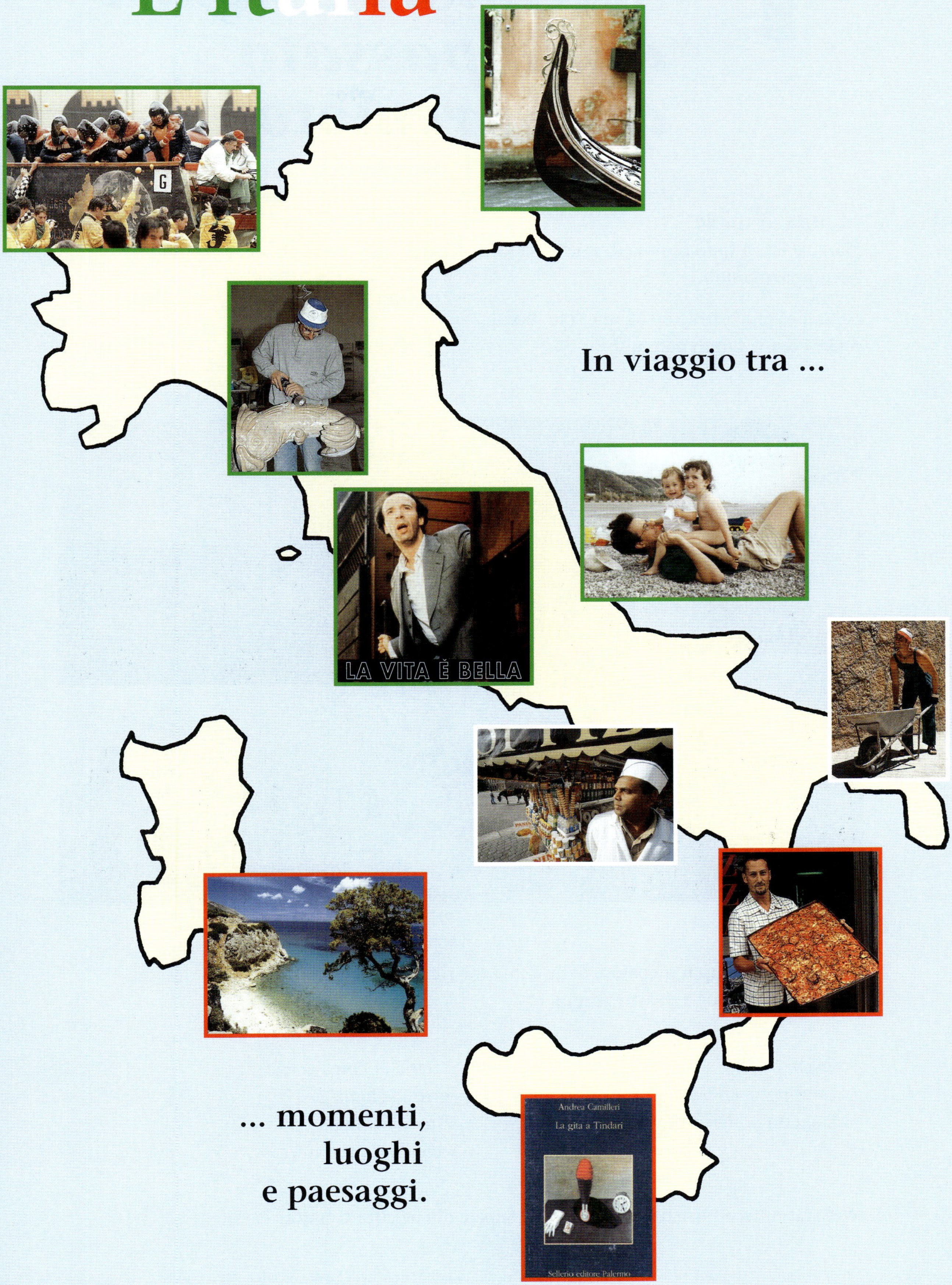

In viaggio tra ...

... momenti,
luoghi
e paesaggi.

1 Splendori e sapori di un passato quasi remoto

1 a) In luna di miele

Marco e Luisa sono in luna di miele. La loro prima tappa è una città del Nord Italia. Accompagniamoli.

Sulla loro guida trovano alcune foto. Eccole.
A che cosa vi fanno pensare?

a

d

b

c

e

b) Ora in piccoli gruppi preparate delle domande riguardanti le foto.
Ponete le domande agli altri gruppi.

Di chi è ...? Dove potrebbe essere ...? E questo ... che cos'è?	Si tratta di Roma perché ... Forse è Venezia ... A me viene in mente ... Secondo me si tratta di ...*

c) Avete raccolto informazioni sufficienti? Sapete di che città si tratta? Parlatene.

* In ogni capitolo troverete strumenti di conversazione utili in tante situazioni. Sono raccolti a pag. 184 – 187.

2 a) **Queste sono le didascalie delle foto di pag. 8. A quali foto si riferiscono?**

☐ Il Tiepolo eseguì gli stupendi affreschi di Villa Valmarana "Ai Nani". L'Unesco ha dichiarato questa villa patrimonio culturale internazionale.

☐ Attorno al 1579 l'Accademia Olimpica di Vicenza incaricò l'illustre architetto Andrea Palladio di progettare uno spazio teatrale per rappresentazioni e cerimonie.

☐ La città accettò di entrare a far parte della Serenissima Repubblica di Venezia e così il leone diventò anche il suo simbolo.

☐ La Basilica: nel progettare questo edificio il Palladio dovette inglobare altri edifici preesistenti.

☐ La cucina è ricca di sapori che potrete gustare nelle tipiche osterie. La buona cucina ed il vino sono sempre stati di casa nella tradizione culinaria della zona.

accettare
accettai
accettasti
accettò
accettammo
accettaste
accettarono

dovere
dovei/dovetti
dovesti
dové/dovette
dovemmo
doveste
doverono/
dovettero

eseguire
eseguii
eseguisti
eseguì
eseguimmo
eseguiste
eseguirono

b) **Rileggete le didascalie. Sottolineate tutte le forme verbali al passato. Quali sono? Annotatele qui:**

passato remoto	**passato prossimo**
eseguì	*ha dichiarato*

Es. 1, 2, 3

3 a) **Marco e Luisa sono all'APT (Azienda di Promozione Turistica) e guardano un video. Si tratta di un'intervista con il vicedirettore dell'azienda, il dott. Centomo.**

Vicenza e la sua storia

Quali sono i temi principali di cui parla il dott. Centomo? Ascoltate.

Loggia Valmarana

b) **Riascoltate il brano. Quali altre informazioni avete capito? Prendete appunti.**

Vicenza fu ...

Es. 4

c) **Leggete le seguenti domande. Riascoltate e rispondete.**

Di cosa si occupa l'intervistato?
Quali sono le origini di Vicenza?
Su che cosa si basava l'economia vicentina?
Quali stili architettonici si possono ammirare a Vicenza?
Chi era il Palladio? Quali sono le sue maggiori opere?

avere	**essere**
ebbi	fui
avesti	fosti
ebbe	fu
avemmo	fummo
aveste	foste
ebbero	furono

d) **Ecco alcune delle informazioni date dal dott. Centomo.**

Successivamente all'impero romano Vicenza perse un po' d'importanza.

... soprattutto fra il '400 e il '500 quando la Repubblica di Venezia ebbe un periodo di grande splendore e poté sviluppare notevolmente anche tutta la sua economia.

Fu una città economicamente molto importante.

perdere
persi
perdesti
perse
perdemmo
perdeste
persero

e) **Sottolineate tutte le forme verbali nuove.**

Es. 5, 6, 7, 8

4

a) **Il Vicentino – la provincia**

L'impiegata dell'APT ha dato del materiale informativo ai nostri sposini. Eccone una scelta.

△ a

△ b

◁ c

e ▷

f **Proverbio cimbro**

Bear geht mit lugen, hat kurze scinken.
[Le bugie hanno le gambe corte.]
Von hoarn kenntsich in esel.
[Dalle orecchie si conosce l'asino.]

d **Baccalà alla vicentina**

baccalà
cipolla, prezzemolo e acciughe
parmigiano grattugiato
olio d'oliva
latte
un po' di farina
sale e pepe

g Veneziani gran signori
bolognesi gran dottori
vicentini magna gatti
veronesi tutti matti.

b) **Leggete le descrizioni e abbinatele alla foto o al testo corrispondente.**

- Il famoso ponte coperto è una caratteristica di Bassano del Grappa. ☐
- Gli antiquari vicentini hanno alle spalle una gloriosa tradizione. Sono innumerevoli i negozi d'antiquariato. ☐
- Anche gli italiani hanno i loro pregiudizi! ☐
- Risale probabilmente alla metà dell'XI secolo il primo insediamento di pastori e boscaioli tedeschi sull'Altopiano d'Asiago. A partire dal Trecento i coloni furono definiti "Cimbri" dal tedesco medievale "zimberer" (boscaiolo, carpentiere). ☐
- La lavorazione della ceramica è un'arte presente da secoli a Bassano e a Nove. ☐
- Secondo l'invenzione di Luigi da Porto questi due castelli furono la cornice dell'infelice amore tra Giulietta e Romeo. ☐
- Ecco gli ingredienti di un famoso piatto vicentino: il baccalà alla vicentina. ☐

→ **Es. 9, 10**

c) **Anche voi vi trovate nella zona di Vicenza. Che cosa vi piacerebbe fare? Perché?**

Io vado matta per l'antiquariato.
Faccio collezione di ceramiche e ...
Io adoro la cucina regionale ...

5 **a) Su uno dei dépliant ricevuti Marco ha scoperto qualcosa d'interessante.
Leggete.**

Marco: Guarda questa foto! Gli scacchi sono delle persone vere!
Luisa: Non lo sapevi? La partita a scacchi di Marostica è famosissima!
Marco: E come mai sono persone vere?
Luisa: Non ricordo bene. Sono già stata a Marostica, ma tanto tempo fa. Guarda sul dépliant, forse c'è scritto qualcosa.
Marco: Ah ecco! Che storia carina, guarda.

Si racconta che due cavalieri s'innamorarono della figlia di un potente uomo di Marostica, Taddeo Parisio. Per evitare un combattimento tra i due innamorati, com'era allora uso, Taddeo decise di organizzare una partita a scacchi. Il vincitore aveva il diritto di sposare la figlia. L'incontro si svolse in un giorno di festa, sulla piazza del castello.	Gli scacchi non erano di legno, di pietra o altro materiale, bensì delle persone vere. Marostica ricorda questo avvenimento con una partita a scacchi sulla piazza del castello. Anche oggi i pezzi del gioco sono delle persone vere. La partita ha luogo ogni secondo venerdì, sabato e domenica di settembre negli anni pari.

Luisa: Oh che bello! Ma è proprio dopodomani! Ci andiamo?
Marco: Perché no?

... s'innamorarono ...
... era uso ...
... sono stata ...

svolgersi
si svolse
si svolsero

**b) Rileggete il testo. Quali forme verbali al passato appaiono nel testo? Sottolineatele.
Qual è la loro funzione? Cercate insieme la regola.**

→ Es. 11

6 a) **L'intervista con il dott. Centomo continua. Leggete il testo.**

● ?

○ Una delle caratteristiche principali di Vicenza, anche dal punto di vista turistico, è la ricchezza dell'architettura urbana. Infatti nella città sono rappresentate tutte le epoche storiche dell'architettura, dal gotico allo stile ottocentesco e anche moderno, in quanto abbiamo delle piccole opere di Carlo Scarpa che sono molto importanti anche per l'architettura contemporanea.

● ?

○ Vicenza ha un ambiente naturale molto vario ed interessante. La città è addossata ai Colli Berici, che sono il polmone verde della città.

● ?

○ La città si trova in una regione molto ricca e ha sviluppato, tra le altre industrie, quella metalmeccanica e quella, più caratteristica, dell'attività orafa.

● ?

○ L'attività orafa di Vicenza trae origine dall'antica attività degli artigiani del '400. Su questa importante tradizione artigianale si è sviluppata un'industria che oggi può vantare la più grossa lavorazione d'oro di tutta Europa.

● ?

○ Nel Vicentino è molto importante la produzione del vino. Oggi la produzione vinicola vicentina è molto diversificata, non esiste un vino tipico, ma vari tipi di vini. Ci sono tre zone vinicole riconosciute come DOC, cioè a "denominazione d'origine controllata", in cui si producono sostanzialmente tre tipi di vino molto importanti, il Gambellara, il Rosso dei Colli Berici, conosciuto come Tocai rosso, e il Cabernet di Breganze.

b) **Nell'intervista mancano le domande. Quali domande ha posto la giornalista? Lavorate in coppie: scrivete le vostre proposte e confrontatele in classe.**

c) **Ascoltate l'intervista e confrontate con la vostra soluzione.**

d) **Cercate nell'intervista tutte le parole che si riferiscono ai campi lessicali indicati.**

AMBIENTE	ECONOMIA	ARTE E ARTIGIANATO
ambiente naturale		

Es. 12

Avete notato?

... ai Colli Berici **che** sono il polmone verde della città.

Ci sono tre zone vinicole **in cui** si producono ...

!
che
in cui
di cui
per cui
con cui

e) Tanto per giocare

Scrivete su dei foglietti sostantivi o nomi di città e poi raccoglieteli. Estraete a turno uno dei foglietti e spiegate la parola che avete pescato come nell'esempio.

Palladio

Vicenza

Esempio: È un architetto **che** ...

È una città **in cui** ...

Es. 13, 14, 15

7 **Volete raccontare qualcosa sulla vostra città? A seguito trovate tre grafiche con parole che vi possono servire per la descrizione. Ne conoscete altre? Aggiungetele.**

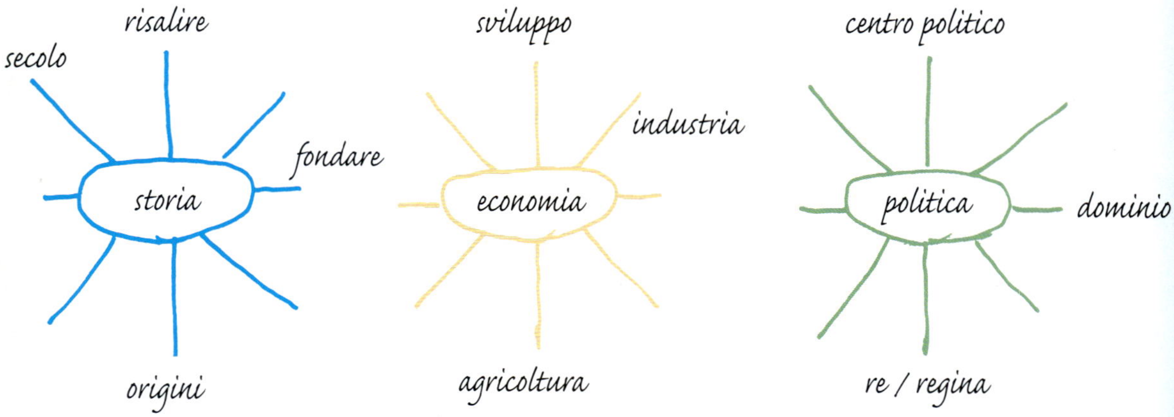

una volta / tanto tempo fa
a quei tempi / allora

contemporaneo / oggigiorno
negli ultimi tempi / ultimamente

Es. 16

In bicicletta tra Palladio e Tiepolo

a) **Segnate gli itinerari sulle cartine.**

1° percorso: il centro storico

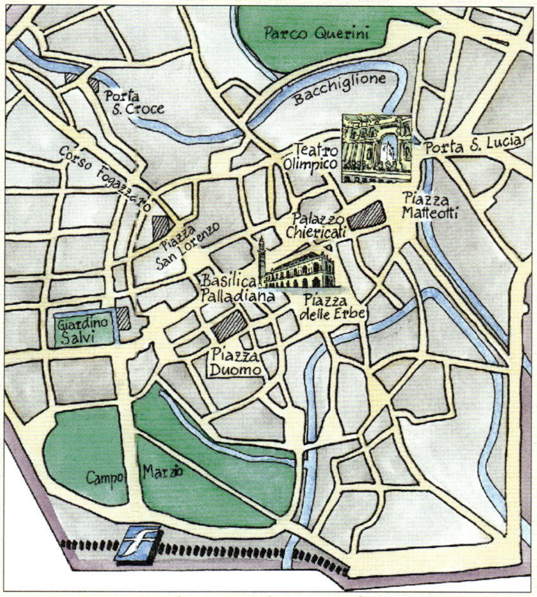

Teatro Olimpico

Un itinerario che tocca luoghi e monumenti ricchi di fascino. Dalla stazione ferroviaria si parte alla esplorazione della città, attraverso l'area verde di Campo Marzio. Dopo la porta Castello si procede lungo il Giardino Salvi, con loggetta palladiana sul canale. Si rientra verso piazza S. Lorenzo. Si percorre Corso Fogazzaro procedendo verso Parco Querini. Attraverso la Porta S. Lucia si arriva in Piazza Matteotti con il Teatro Olimpico e il Palazzo Chiericati, creazione del Palladio. Dopo aver costeggiato Piazza delle Erbe si arriva allo storico ponte di S. Michele e poi si ritorna alla stazione ferroviaria.

2° percorso: le Ville

Si parte dal parcheggio allo Stadio e si giunge alla Villa Almerico Capra Valmarana, detta "La Rotonda", gioiello architettonico del '500 ideata dal Palladio. Dopo si arriva in aperta campagna, presso l'oasi naturale di Casale. Si passa per Lisiera, Monticello, Conte Otto, Cavazzale e Caldogno. Merita di essere visitata Villa Monza di Dueville. Proseguendo verso sud passando per Costabissara si torna in città passando vicino alle mura medievali.

Amministrazione Provinciale di Vicenza, con gentile autorizzazione

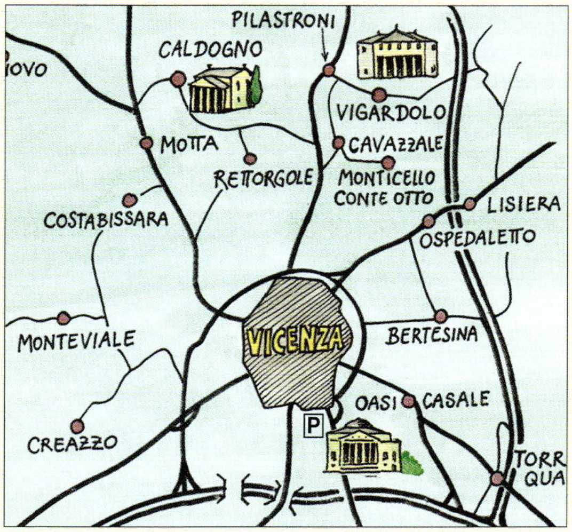

b) **Create un itinerario in bicicletta ed uno a piedi per la vostra città.**

Ricorda

Das Passato remoto: Gebrauch und Formen

→ 1.1

La città **accettò** di entrare a far parte ...

Il Tiepolo **eseguì** stupendi affreschi.

Nel progettare questo edificio **dovette** tener conto di ...

accettare	**eseguire**
accettai	eseguii
accettasti	eseguisti
accettò	eseguì
accettammo	eseguimmo
accettaste	eseguiste
accettarono	eseguirono

dovere
dovei/dovetti
dovesti
dové/dovette
dovemmo
doveste
doverono/dovettero

Das Passato remoto wird zur Schilderung von weit zurückliegenden Ereignissen verwendet, die einmalig oder abgeschlossen sind und keinen Bezug mehr zur Gegenwart haben. Dem Passato remoto begegnet man vor allem in der Literatur.

Regelmäßige Verben:
Es gibt nur wenige regelmäßige Verben auf -ere (*credere, dovere, potere, vendere* ...). Diese Verben haben eine Besonderheit: in der 1. und 3. Pers. Sing. und der 3. Pers. Plur. haben sie zwei Formen: *credei / credetti, dovei/dovetti* usw.
Die meisten Verben auf -ire bilden das Passato remoto regelmäßig.

Successivamente all'impero romano, Vicenza **perse** d'importanza.

perdere
persi
perdesti
perse
perdemmo
perdeste
persero

Unregelmäßige Verben:
Die meisten Verben auf -ere sind unregelmäßig.
Der Verbstamm ändert sich nur in der 1. und 3. Pers. Sing. und in der 3. Pers. Plur.
Die Endungen sind jeweils: -i, -e, -ero.
Die andere Formen sind regelmäßig.

Fu una città molto importante.

La Repubblica di Venezia **ebbe** un periodo di grande splendore.

essere	**avere**
fui	ebbi
fosti	avesti
fu	ebbe
fummo	avemmo
foste	avesti
furono	ebbero

Passato remoto – Perfekt

→ 1.1.3

Quale **fu** la città più importante nel Medioevo?
Qual **è stata** l'epoca di maggior rilievo (fino ad oggi)?

Passato remoto = weit zurückliegend ohne Bezug zur Gegenwart
Perfekt = Bezug zur Gegenwart

Das Imperfetto: Gebrauch

→ 1.2

Palladio **era** un architetto.

Das Imperfetto wird verwendet, um Eigenschaften oder Merkmale von Personen, Orten etc. in der Vergangenheit zu beschreiben, auch als ‚Hintergrund' einer Handlung.

Die Relativpronomen

→ 4.1

... i Colli Berici, **che** sono il polmone verde della città.

che

Che wird als Subjekt und direktes Objekt verwendet. Es ist unveränderlich und steht für Personen und Sachen im Singular oder Plural.

Ci sono tre zone vinicole **in cui** si producono tre tipi di vino bianco.

zona vinicola / zone vinicole > **in cui**

Cui wird nach Präpositionen gebraucht: *in cui, con cui, da cui, di cui, per cui, su cui,* etc. Es wird als indirektes Objekt verwendet und steht für Personen und Sachen im Singular oder Plural.

Feste, feste ...

2

Passato remoto – imperfetto

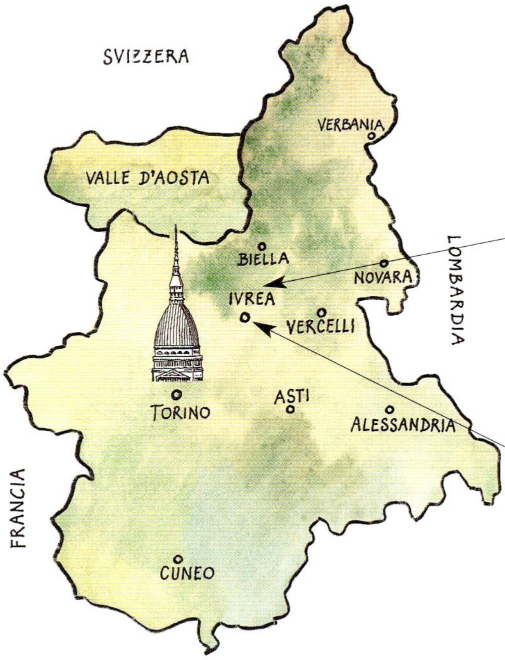

1 **Descrivete quello che vedete sulle foto.**

In primo piano si vede ...
Sullo sfondo si nota ...
In mezzo / nel centro si può vedere ...
In alto / in basso c'è ...

2 a) **Leggete la storia di una festa tradizionale italiana.**

Battaglia delle arance di Ivrea

Non si sa con esattezza come nacque e chi ne fu l'ideatore, ma questa "folle guerra" cominciò nell'Ottocento quando dai balconi si gettavano le arance sui passanti; nessuno riuscì mai a fermare quest'usanza che col tempo divenne una vera e propria battaglia. I nove quartieri di Ivrea formavano altrettante squadre che, alcuni giorni dopo giovedì grasso, cominciavano a combattere a piedi e su carri che avevano preparato in precedenza. La battaglia durava 2–3 giorni. Chi non voleva partecipare, in segno di neutralità, portava un berretto rosso. Questa regola è valida ancora oggi, così com'è sempre valida la regola che chiunque, anche gli stranieri, può entrare a far parte di una squadra. Basta iscriversi a uno dei quartieri.

2

b) **Qual è il regolamento della battaglia delle arance? Scrivetelo qui!**

→ Es. 1

c) **Rileggete il testo sulla battaglia delle arance e trascrivete ciò che vi può essere utile per raccontare qualcosa al passato.**

col tempo

divenire
divenni
divenisti
divenne
divenimmo
diveniste
divennero

nascere
nacqui
nascesti
nacque
nascemmo
nasceste
nacquero

→ Es. 2

!

Alcune cose accadono una sola volta o in un momento ben preciso:	**Alcune cose si ripetono con regolarità:**
Cominciò nell'Ottocento. Non si sa con esattezza come **nacque.** **Divenne** una vera e propria battaglia.	Gli abitanti **formavano** nove squadre. Si **gettavano** arance sui passanti. Alcuni giorni dopo giovedì grasso **cominciavano** a combattere…

→ Es. 3, 4, 5

d) **Sicuramente anche nel vostro paese ci sono feste divertenti e originali. Descrivetene una.**

- Ne conoscete le origini?
- Che cosa facevano?
- Quanto durava?
- Quando ebbe inizio?
- Come si festeggiava un tempo?
- Si festeggia ancora?

3

a) **Leggete il seguente titolo e rispondete alle domande.**

Ecologisti alla riscossa

Tentativo di sabotare la battaglia delle arance

Un grande subbuglio nel centro di Ivrea ha diviso la popolazione in più frazioni

- Secondo voi di che cosa parla l'articolo?
- Perché gli ecologisti hanno deciso di sabotare la battaglia delle arance?
- Come reagisce la popolazione di Ivrea?

b) **Al bar la mattina leggendo il giornale. Ascoltate la conversazione tra Mattia e Carlo. Cosa hanno combinato gli ecologisti?**

No, io non sono proprio d'accordo. Secondo me non è uno spreco, si tratta spesso di frutta inutilizzabile, sai.

Sarà, ma io sono dalla loro parte e poi può essere anche pericoloso. Non ti ricordi Gianni, l'anno scorso...

inutilizz**abile** !

Es. 6

c) **Riascoltate la conversazione. Vero o falso?**

	vero	falso
1. L'articolo è nella parte economica del quotidiano.	☐	☐
2. Gli ecologisti hanno occupato l'università.	☐	☐
3. Volevano protestare contro la fame nel mondo.	☐	☐
4. Gli ecologisti sprecano le arance.	☐	☐
5. Le arance spesso sono inutilizzabili.	☐	☐

d) **Voi cosa ne pensate? Siete d'accordo con Carlo o con Mattia? Ascoltate nuovamente la conversazione ed esprimete la vostra opinione.**

Un po' di ragione ce l'hanno.
Io sono dalla loro parte.
Non ho niente in contrario.

Mica è ...
Stai scherzando?
Non sono affatto d'accordo.

e) **Le opinioni dei lettori**

Lavorate in gruppi. Scrivete una lettera al giornale esprimendo la vostra opinione su ciò che è accaduto a Ivrea.

Gentile ...

Es. 7

f) **Tanto per giocare ...**

Carlo non ha finito di raccontare cosa è successo a Gianni.
Scrivete su un foglietto le vostre supposizioni. Raccogliete tutti i foglietti e leggeteli in classe. Quale supposizione vi è piaciuta di più? Perché?

4 a) **L'uovo di Pasqua è una tradizione diffusissima in Italia.**

Sull'origine dell'uovo di Pasqua esistono molte versioni. Una di queste ricollega le uova al ritorno della primavera, alla festa per la natura che rinasce. La sorpresa all'interno dell'uovo giunse molto più tardi, alla fine dell'Ottocento. La regina Vittoria d'Inghilterra ebbe l'idea di far mettere delle piccole sorprese dentro le uova pasquali, che offrì in regalo in occasione del suo Giubileo, nel 1897.

WWW

Ottocento !

Es. 8

b) **L'Europa dei conigli e quella delle uova**

Scrivete un articolo commentando le informazioni e l'illustrazione qui sotto.

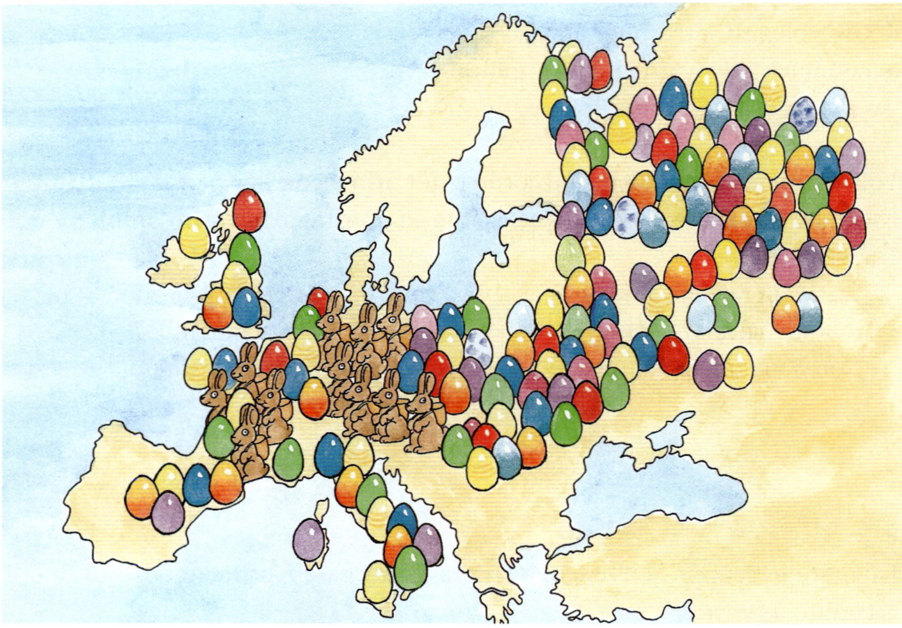

Le uova di cioccolata pasquali nacquero in Germania nel 1873, evoluzione dell'usanza di decorare uova sode. Ma solo nel 1906 fu inserita nelle uova di cioccolato una sorpresa, per imitare le uova (non di cioccolato) create per lo Zar dall'orefice Carl Fabergé. Oggi le uova di cioccolato hanno soppiantato le uova sode anche in Australia e Usa. In Europa hanno da poco conquistato Spagna e Polonia. Ma devono competere con i conigli di cioccolato in Germania e Austria.

Focus no. 91, maggio '00

c) **Le tradizioni cambiano.**

Vi sono tradizioni che rinascono ed altre che scompaiono. Notate anche voi qualche cambiamento nelle tradizioni del vostro paese?

Progetto "Tradizioni natalizie", pagina 110/111.

5 a) Ai miei tempi ...

La nonna racconta a Elena come si festeggiava la Pasqua ai suoi tempi.
Come iniziava la giornata? Leggete.

Ai miei tempi festeggiavamo la Pasqua in modo molto diverso, sai? Ci si preparava molti giorni prima, andavamo in chiesa e bisognava digiunare durante il periodo della Quaresima. Eh sì ... pensa, tesoro, allora vivevamo tutti assieme ed era mia suocera che comandava. I giorni prima di Pasqua a cena ci dava solo della minestra. Però poi il giorno di Pasqua si faceva festa grande. Si andava a messa la mattina alle sei, a piedi per più di otto chilometri.
Solo i miei suoceri andavano col carro ... Eh sì. Dove ero arrivata ...? Ah, la messa. Durava tanto, e spesso i bambini s'addormentavano. Io li lasciavo dormire, erano così stanchi. Dopo la messa si correva veloci a casa perché mia suocera, che era già rientrata, aveva preparato la colazione: il latte con la polenta. E dopo, verso l'una, tutta la famiglia si sedeva a tavola per il pranzo. Mi ricordo che una volta cucinammo un agnello intero e rosolammo chili di patate. Tuo nonno andò a prendere anche il vino buono ... Che festa!
L'anno dopo iniziò la guerra e furono tempi davvero duri. Però per Pasqua si trovava sempre una gallina per il brodo e un po' di pane vecchio e delle uova per la torta contadina. Sai la torta contadina è una torta "povera", fatta con gli avanzi, tipica della nostra zona. Tu non l'hai mai mangiata, un giorno te la faccio.

... mia suocera, che **era** già **rientrata, aveva preparato** ... !

rientrare
ero rientrato
eri rientrato
era rientrato
eravamo rientrati
eravate rientrati
erano rientrati

preparare
avevo preparato
avevi preparato
aveva preparato
avevamo preparato
avevate preparato
avevano preparato

Es. 9, 10, 11, 12

b) **Rispondete alle domande.**
- Come ci si preparava alla Pasqua?
- Che cosa si faceva il giorno di Pasqua?
- Perché dopo la messa si correva a casa?

Avete notato?
Mia suocera, che era già rientrata, aveva preparato la colazione.
Si correva a casa veloci.

c) **La Pasqua della vostra infanzia.**
Come si festeggiava la Pasqua quando eravate bambini?

Dopo che ci eravamo alzati, andavamo subito a …

6

a) **Parlando ancora di feste e tradizioni … ecco una festa piuttosto recente, una festa per gli innamorati, forse anche per i fiorai.**
Chi era San Valentino? Ascoltate.

b) **Leggete con attenzione le frasi e poi riascoltate. Quali di queste informazioni sono presenti nell'ascolto?**

1. San Valentino visse nel XIII secolo.
2. Divenne famoso per le sue guarigioni miracolose.
3. Il Papa Paolo II decise di istituire un fondo per offrire una dote alle ragazze brutte.
4. Il 14 febbraio è la data di nascita di San Valentino.
5. Due giovani innamorati erano riusciti a sposarsi con l'aiuto di San Valentino.
6. Una certa Esther Valentines inventò i primi bigliettini dedicati ai fidanzati.

Es. 13, 14, 15

c) **Il giorno di San Valentino nasce una discussione …**
Il vostro / la vostra partner è una persona inguaribilmente romantica, mentre per voi questa ricorrenza non ha nessun significato. Discutete in coppia.

Lo sapevo io!
Potevi almeno farmi un pensierino …
Ma perché non ci pensi mai da solo?
Sono stufa di …
Ma per me è importante, ci tengo.

Ma ci tieni davvero tanto?
Per me è solo una festa per fiorai e negozianti!
Scusa, me ne sono proprio dimenticato!
Preferisco farti una sorpresa.
Piuttosto ti invito a cena.

d) **E per voi è importante questa festa?**

7 a) La festa della Zucca

Canti, musiche e spettacoli alla festa di Venzone (Udine)

Domenica 22 ottobre, alle ore 10, si apriranno le iscrizioni per la decima edizione dell'esposizione-concorso delle zucche, con premi per la più pesante, la più lunga, la più piccola, la più strana, la meglio decorata.

Es. 16

b) È il compleanno di ... Avete letto che in Friuli c'è una festa molto particolare e decidete di fare una sorpresa al vostro partner. Organizzate un fine settimana a Venzone. Telefonate all'APT per informarvi. Lavorate in coppia.

A

Persona che chiede informazioni

1. Chiedete la data esatta della festa.
2. Cercate un hotel.
3. Volete un albergo a 4 stelle in centro per due persone.
4. Chiedete come si arriva a Venzone.
5. Chiedete se ci sono altre manifestazioni interessanti.

B

Impiegata dell'APT

1. 15/16 ottobre
2. Chiedete ulteriori spiegazioni (dove, quante persone, categoria)
3. Date due indirizzi.
4. Offrite di inviare del materiale informativo.
5. Domenica sera, la fiaccolata.

Alberghi di Venzone:

*** Arcimboldo - Via Rivoli Bianchi, 4
tel. 0432 985763
35 posti letto

** Albergo-ristorante Al Girarrosto
Via Nazionale tel. 0432 978132
34 posti letto

c) Avete telefonato per prenotare una camera doppia. L'hotel richiede una conferma scritta. Lavorate in coppie.

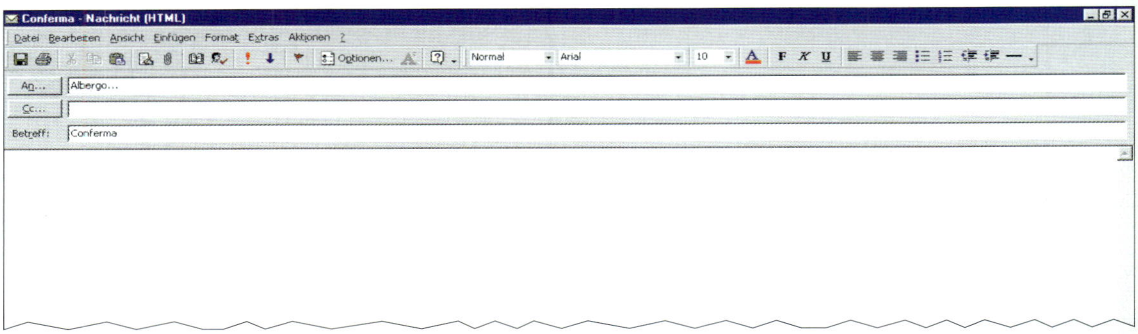

La notte di Capodanno

In piazza Bra 30 mila calici alzati
Una folla enorme ha salutato l'arrivo del nuovo anno tra musica e fuochi artificiali.
Ieri mattina raccolti 60 quintali di rifiuti nelle vie del centro.
L'Arena, giornale di Verona

Cenoni "made in Italy"
Quest'anno i vip americani si sono buttati sui prodotti enogastronomici del Belpaese: Tartufo d'Alba, uvetta calabrese, parmigiano e brut della Franciacorta.
Corriere della Sera

Scegliete uno dei temi e scrivete un articolo. Lavorate in coppia.

La giornata delle donne: l'8 marzo

È una festa piuttosto recente. Risale al 1908, anno in cui le donne socialiste di Chicago organizzarono il primo " Woman's day" il 3 maggio.
Nel 1921 la seconda conferenza internazionale delle donne comuniste decise di adottare l'8 marzo come giornata internazionale della donna operaia.
In Italia la giornata della donna è diventata una celebrazione regolare solo a partire dal 1946. E furono le donne italiane a dare un tocco di originalità a questo giorno associandolo ad un fiore. La scelta cadde sulla mimosa, fiore particolare, facilmente riconoscibile e che fiorisce ovunque. Questo fiore dall'aspetto così fragile, divenuto purtroppo un simbolo prettamente commerciale, dovrebbe ritornare al suo significato originario di passaggio dal buio alla luce: simbolo dunque di rinascita e vittoria.

MENU PER L'8 MARZO

- Tovaglia e piatti bianchi,
tutto il resto giallo -

Champagne
Tartine di uova di salmone
Farfalle dorate
Curry di pollo
Pesche W le Donne!

Avevate già sentito parlare della giornata delle donne? Si festeggia anche nel vostro paese? È importante una festa di questo tipo?

Das Passato remoto: unregelmäßige Formen

→ 1.1.2

Non si sa come **nacque**.

Divenne una vera e propria battaglia ...

nascere	divenire
io na**cqui**	io dive**nni**
tu nascesti	tu divenisti
lui na**cque**	lui dive**nne**
noi nascemmo	noi divenimmo
voi nasceste	voi diveniste
loro na**cquero**	loro dive**nnero**

Der Verbstamm ändert sich bei den meisten unregelmäßigen Verben in der 1. und 3. Pers. Sing. und der 3. Pers. Plur. (Siehe auch Lektion 1).

Passato remoto und Imperfetto: Gebrauch

→ 1.2

Cominciò nell'Ottocento ... — cominciò

Gli abitanti **formavano** nuove squadre ... — formavano

Cominciavano a combattere alcuni giorni dopo giovedì grasso. — cominciavano

Das Passato remoto gibt einmalige, abgeschlossene oder durch Zeitangaben näher bestimmte Handlungen wieder.
Das Imperfetto drückt regelmäßig wiederholte Handlungen und Zustände in der Vergangenheit aus.
Bei regelmäßig wiederholten Handlungen wird auch im Falle einer zeitlichen Bestimmung das Imperfetto verwendet.

Das Plusquamperfekt: Formen und Gebrauch

→ 1.3

Mia suocera che **era** già **rientrata**, **aveva preparato** la colazione

era rientrat**a**

era rientrat**o**

aveva preparato

Das Plusquamperfekt wird mit dem Imperfekt von *essere* bzw. *avere* und dem Partizip Perfekt des Hauptverbs gebildet. Es bezeichnet Vorzeitigkeit gegenüber anderen Handlungen der Vergangenheit.

Wortbildung: Adjektive mit Präfix in- und Suffix -bile

→ 2.3

Si tratta di frutta **inutilizzabile**.

utilizzabile → **in**utilizzabile

Mit dem Präfix in- wird das Gegenteil gebildet. In- ändert sich je nach Anfangsbuchstabe des Adjektivs und wird zu:
im- vor p/b/m : **im**possibile, **im**bevibile, **im**mangiabile
ir- vor r : **ir**resistibile
il- vor l : **il**leggibile

utilizzare → utilizza**bile**
= che può essere utilizzato

Mit dem Suffix -bile werden aus Verben Adjektive gebildet, die eine Möglichkeit oder Machbarkeit ausdrücken.
-are: -**a**bile; -ere/-ire: -**i**bile

Jahrhunderte und Epochen

Alla fine dell'Ottocento ...

Ottocento = diciannovesimo secolo

Für die Jahrhunderte ab dem Jahr 1200 gibt es zwei Wiedergabemöglichkeiten: Der Zeitraum von 1200 bis 1299 kann wie folgt bezeichnet werden:
Il Duecento oder *il tredicesimo secolo.*
Der Zeitraum von 1800 bis 1899:
L'Ottocento oder *il diciannovesimo secolo.*

3 Pizza e dolce vita… Evviva i pregiudizi!

1 a) **Abbiamo fatto delle mini interviste a stranieri che vivono in Italia.**
Ecco le risposte. Ascoltate.

Cosa ne pensa dell'Italia e degli italiani?

Heidi (Svizzera)

Klaus (Germania)

Pedro (Spagna)

Mirja (Svezia)

John (Inghilterra)

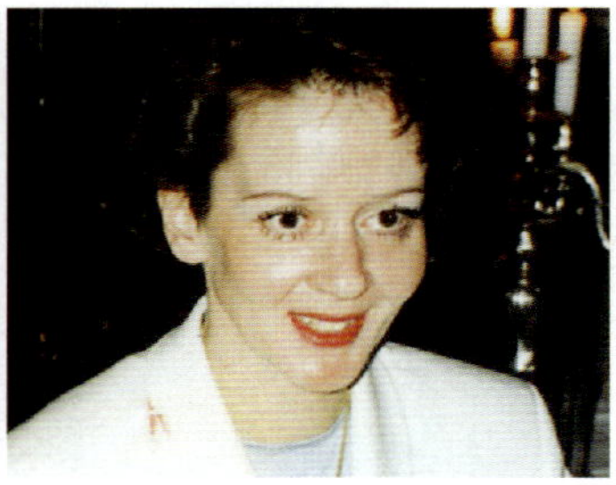
Gisèle (Francia)

b) **Gli intervistati hanno espresso giudizi positivi e negativi. Quali sono?**
Ascoltate e prendete nota.

+	–
ottime madri	*rumorosi*

c) **Per relativizzare o rafforzare i giudizi e le opinioni gli intervistati usano determinate espressioni. Riprendete i giudizi al punto b) rafforzandoli o relativizzandoli con l'aiuto delle espressioni seguenti.**

quasi
piuttosto
e poi

assolutamente
proprio
davvero

Sono proprio ottime madri …

d) **La vostra opinione. Cosa ne pensate dei (pre)giudizi espressi nelle interviste? Intervistate i vostri compagni, lavorate in piccoli gruppi.**

- Con quali opinioni siete d'accordo?
- Con quali non siete d'accordo?
- Secondo voi si tratta solo di luoghi comuni?

2 **Quali sono le forme verbali nuove? Sottolineatele. Avete notato quali verbi ed espressioni introducono questa nuova forma?**

Penso che gli italiani siano il popolo più rumoroso che esista.

Mi sembra che gli uomini italiani si sentano in dovere ...

Penso che siano delle ottime cuoche e ...

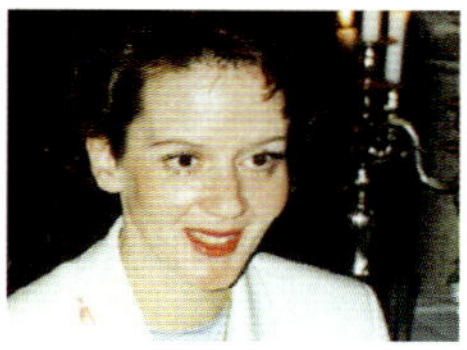

Non so se gli italiani siano davvero così caotici ...

Penso che abbiano un ritmo diverso, che vivano e lavorino in modo diverso.

Trovo che non sappiano cosa sia la puntualità.

Pizza, spaghetti ...

Es. 1

Evviva il congiuntivo!

lavorare	**vivere**	**sentirsi**	**sapere**	**essere**	**avere**
lavori	viva	mi senta	sappia	sia	abbia
lavori	viva	ti senta	sappia	sia	abbia
lavori	viva	si senta	sappia	sia	abbia
lavoriamo	viviamo	ci sentiamo	sappiamo	siamo	abbiamo
lavoriate	viviate	vi sentiate	sappiate	siate	abbiate
lavorino	vivano	si sentano	sappiano	siano	abbiano

Penso che
Mi sembra che
Trovo che
Non so se
sia !

Preferisco parlare … !

il più rumoroso **che esista** !

Es. 2, 3, 4, 5

3 **a) Le opinioni possono essere diverse. Che cosa pensa Kerstin degli uomini italiani? Leggete.**

Kerstin, ma tu pensi davvero che gli italiani siano dei grandi donnaioli? A me non sembra proprio. Siamo cordiali, gentili, ci piacciono le belle donne, d'accordo, ma da questo ad essere tutti donnaioli …

Mah, io ho l'impressione che molti italiani siano così. Guarda, a me è capitato … forse perché sono la tipica nordica, alta e bionda, ma mi fischiavano dietro, mi fissavano, facevano anche dei complimenti piuttosto pesanti …

Io penso che non si possa generalizzare. Ogni persona è diversa, ognuno reagisce in modo diverso.

Beh, io la penso così, e non credo di esagerare. Secondo me è una caratteristica tipicamente italiana, un uomo nel mio paese non reagirebbe così.

potere
possa
possa
possa
possiamo
possiate
possano

non credo **di** esagerare !

Es. 6, 7, 8, 9

b) Riflettiamo insieme. Scrivete i verbi e le espressioni che introducono un'opinione personale o un dubbio. Quali vogliono il congiuntivo, quali no?

Es. 10

4 Opinioni, opinioni...

Hanno detto e scritto di noi ...

Il paradiso è un poliziotto inglese, un cuoco francese, un tecnico tedesco, un amante italiano: il tutto organizzato dagli svizzeri. L'inferno è un cuoco inglese, un tecnico francese, un poliziotto tedesco, un amante svizzero, e l'organizzazione affidata agli italiani.
John Elliott, scrittore inglese

Tutto è in ritardo
in Italia, quando si tratta di
cominciare un lavoro.
Tutto è in anticipo,
quando si tratta di
smetterlo.
Giuseppe Prezzolini, scrittore

Gli italiani sono un popolo di sedentari: chi fa carriera ottiene una poltrona.
Gino Bartali, corridore ciclistico

Gli italiani? Sono tanto intelligenti: peccato che non pensino.
Carlo Emilio Gadda, scrittore

Se c'è
una cosa che
in Italia funziona
è il disordine.
Leo Longanesi, scrittore

Per trent'anni, sotto i Borgia, gli italiani hanno avuto guerre, terrore, spargimento di sangue e morte, ma hanno prodotto Michelangelo, Leonardo da Vinci e il Rinascimento. Gli svizzeri hanno avuto cinquecento anni di democrazia e di pace e cosa hanno prodotto? L'orologio a cucù.
Orson Welles, attore e regista statunitense

L'Italia conta oltre 50 milioni di attori. I peggiori stanno sul palcoscenico.
Orson Welles

Gli italiani: un popolo buono a niente e capace di tutto.
Leo Longanesi, scrittore

a) **Che cosa ne pensate?**
- Quale giudizio vi piace di più?
- Quale trovate più divertente?
- Quale coglie più nel segno?
- Volete aggiungerne uno voi?

disordine !

➡ Es. 11, 12

b) **Ogni popolo europeo ha le proprie "particolarità". Commentate le illustrazioni e scrivete un sottotitolo.**

➡ Es. 13

5 Noi e gli altri. Le opinioni di due italiani su alcuni popoli europei.

a) **Intervista con Arianna Bortolini**
Quale popolo sa godersi la vita?

Secondo me sono loro a sapersi godere la vita.

Sono loro **a sapersi godere** la vita. !

b) **Intervista con Carlo Manfredi**
Quale popolo si crede superiore agli italiani?

Ho l'impressione che si credano superiori …

c) **Ascoltate nuovamente le due interviste e completate.**
Che cosa dicono le persone intervistate

dei tedeschi: ....
degli inglesi: ....
dei francesi: ....
degli italiani: ....

d) **Cosa pensate delle risposte degli intervistati?**

- Quale risposta vi ha sorpreso maggiormente?
- Con quale risposta siete d'accordo?
- Con quale risposta non siete assolutamente d'accordo?

→ **Es. 14, 15**

6

a) **Giudizi, pregiudizi o malintesi? Ascoltate l'esperienza della famiglia Stockhardt in Sicilia. Qual è stato il malinteso?**

WWW
www.circumetnea.it/800/home.htm

b) **Riascoltate e rispondete alle domande.**

- Dov'era la famiglia Stockhardt e perché?
- Perché i passeggeri li guardavano con interesse?
- Che cosa hanno raccontato gli emigranti siciliani?

c) **Continuate voi la storia della famiglia Stockhardt. Cosa può essere successo dopo?**
La signora era felicissima, ci ha abbracciato e …

d) **Raccontate una vostra esperienza in Italia.**

Donne d'Italia, donne d'Europa
Orgoglio e pregiudizi

Chi sono le migliori come madri?

Come rispondono			
le italiane	60% le italiane	3,4% le spagnole	3% le tedesche
le francesi	29,5% le francesi	37,5% le italiane	7,5% le spagnole
le inglesi	33,5% le inglesi	38% le italiane	10,5% le spagnole
le tedesche	9,5% le tedesche	54,5% le italiane	4,5% le spagnole

Con chi non lascerebbe solo suo marito?

Come rispondono			
le italiane	15,8% con una italiana	21% con una svedese	12,4% con una spagnola
le francesi	6% con una francese	41,5% con un'italiana	22% con una svedese
le inglesi	24,5% con un'italiana	23,5% con una francese	14,5% con una svedese
le tedesche	26% con un'italiana	23,5% con una francese	10,5% con una spagnola

A chi affiderebbe i suoi soldi?

Come rispondono			
le italiane	32% a un'italiana	26% a una tedesca	8,2% a una inglese
le francesi	28,5% a una francese	27,5% a una tedesca	12% a una inglese
le inglesi	55% a un'inglese	14,5% a una tedesca	4,5% a una italiana
le tedesche	38% a una tedesca	16,5% a una svedese	6,5% a una inglese

Quale europea famosa metterebbe come simbolo sull'euro?

Come rispondono			
le italiane	54,6% Rita Levi Montalcini	12,4% la regina d'Inghilterra	8,4% E. Bonino C. Cardinale
le francesi	16% Danielle Mitterrand	37% Claudia Cardinale	21% Simone Weil
le inglesi	62% la regina d'Inghilterra	7% Danielle Mitterrand	6% Claudia Schiffer
le tedesche	28,5% Danielle Mitterrand	21,5% la regina d'Inghilterra	14% Claudia Cardinale

Da chi vorrebbe essere invitata a pranzo?

Come rispondono			
le italiane	36% un'italiana	20,6% una spagnola	19,8% una francese
le francesi	56% un'italiana	16% una spagnola	7,5% una francese
le inglesi	13% una inglese	50,5% un'italiana	15,5% una francese
le tedesche	49% un'italiana	23,5% una francese	10% una spagnola

Dividetevi in gruppi e fate un sondaggio. Rielaborate le risposte e presentatele sotto forma di statistica.

Questionario

inglesi - austriaci - francesi - svizzeri - spagnoli - italiani - tedeschi - greci - olandesi - portoghesi ...

Con chi vorrebbe trascorrere una serata romantica?
Con chi non lascerebbe sola/o sua moglie / suo marito?
Da chi vorrebbe essere invitata/o a pranzo?
A chi non affiderebbe i suoi soldi?
A chi non presterebbe la sua macchina?
Chi sono le madri migliori?
Chi sono i padri migliori?

Es. 16, 17

Tutto libri: l'abbiamo letto per voi

Le stranezze di un popolo

LINGUA
«La lingua tedesca sembra fatta apposta per celare informazioni importanti. L'abitudine di mettere i verbi in fondo alla frase è un esempio: non si riesce a capire subito dove uno vuole andare a parare ma si è costretti ad ascoltare fino in fondo. Non deve stupire quindi se loro rimangono allibiti del nostro mondo di conversare, che tende a sovrapporci l'un l'altro, a rispondere prima che l'interlocutore abbia finito».

Che cosa c'è di tipico nelle frasi in lingua tedesca?
Cosa c'è di tipico nel modo di conversare degli italiani?

PSICOANALISI
«Da evitare i giochi [...] a sfondo sociologico. [...] I tedeschi adorano la psicoanalisi e non mancheranno l'occasione che gli viene offerta. Moltissimi si sono sottoposti a terapie d'urto nei centri gestalt: luoghi in cui si trascorrono allegri fine settimana durante i quali gruppi di tedeschi rivivono i grandi traumi dell'infanzia (nascita inclusa) rinchiusi in stanzoni imbottiti, lanciando ululati raccapriccianti su sottofondi wagneriani. Non vi resta che nascondere eventuali libri di Freud e sorvolare sull'argomento. I tedeschi hanno una pericolosa vocazione a fare i terapeuti dell'umanità».

Qual è la vocazione dei tedeschi?
Come ci si difende dai patiti della psicoanalisi?
A che cosa si sono sottoposte molte persone?

VERDI
«Il movimento dei Verdi è nato in Germania ed è quindi probabile che il vostro ospite sia un giovane Grüner. [...] I Verdi tedeschi seguono corsi paramilitari di ecologia domestica. [...] Cercheranno di convincervi a vendere la macchina per passare alla bicicletta; ridurre o eliminare l'uso della lavapiatti perché fa male ai pesci; insaponare ma non risciacquare i piatti [...]; limitare l'uso dell'acqua corrente; in particolare quella dello sciacquone; costruire un biogarten nel terrazzo, per riciclare i rifiuti organici».

Che corsi seguono i Verdi?
Perché vorrebbero eliminare la lavapiatti?

COME SOPRAVVIVERE AGLI ITALIANI.

E ora vendicatevi! Scrivete una pagina sugli italiani e le loro stranezze.

Ricorda

Der Congiuntivo presente: Formen

→ 1.6.1

Regelmäßige Verben
Penso che ... **vivano** e **lavorino** in modo diverso.

lavor**are**
io lavor**i**
tu lavor**i**
lui/lei lavor**i**
noi lavor**iamo**
voi lavor**iate**
loro lavor**ino**

Die ersten drei Personen haben die gleiche Endung: (io, tu, lui/lei) lavor**i**/viv**a**/sent**a**. Daher wird das Personalpronomen angegeben.

Mi sembra che gli uomini italiani **si sentano** quasi in dovere ...

viv**ere**	sent**ire**
io viv**a**	io sent**a**
tu viv**a**	tu sent**a**
lui/lei viv**a**	lui/lei sent**a**
noi viv**iamo**	noi sent**iamo**
voi viv**iate**	voi sent**iate**
loro viv**ano**	loro sent**ano**

Die Verben auf -ere und -ire haben gleiche Endungen.

Unregelmäßige Verben

Penso che **siano** delle ottime cuoche.

Penso che **abbiano** un ritmo diverso ...

Trovo che non **sappiano** cosa sia la puntualità.

essere	**avere**
sia	abbia
sia	abbia
sia	abbia
siamo	abbiamo
siate	abbiate
siano	abbiano
sapere	**potere**
sappia	possa
sappia	possa
sappia	possa
sappiamo	possiamo
sappiate	possiate
sappiano	possano

Auch bei den unregelmäßigen Verben haben die ersten drei Personen die gleiche Endung.

Auslöser des Congiuntivo

→ 1.6.5

Penso che siano delle ottime cuoche.
Trovo che non sappiano cosa sia la puntualità.
Mi sembra che si sentano in dovere di ...
Non so se siano davvero così caotici.

penso che
trovo che
sembra che
non so se
| **sia ...**

Der Congiuntivo drückt einen subjektiven Standpunkt, einen Zweifel oder eine Unsicherheit aus. Er steht meist im Nebensatz und wird durch bestimmte Verben und Ausdrücke im Hauptsatz ausgelöst wie z. B.: *penso che, trovo che, mi sembra che, non so se ...*

Penso che siano **il** popolo **più rumoroso che** esista.

il più ... che

Im Relativsatz, der dem relativen Superlativ folgt, steht ein Konjunktiv.

Der Infinitivsatz mit Präposition *a*

→ 3.2.3

Sono loro **a sapersi godere** la vita.

... **a sapersi** godere
= **che si sanno** godere

Ein Relativsatz kann durch *a* + Infinitiv ersetzt werden
(v. a. in der gesprochenen Sprache).

Infinitiv statt Congiuntivo

→ 1.6.6

Non credo **di esagerare**.

Preferisco parlare delle italiane.

di esagerare

preferisco parlare

In Nebensätzen wird der Congiuntivo durch *di* + Infinitiv ersetzt, wenn Haupt- und Nebensatz das gleiche Subjekt haben. Nach dem Verb *preferire* wird der Infinitiv ohne Präposition angeschlossen.

Wortbildung: Substantive – die Präfixe dis- und s-

→ 2.3

Se c'è una cosa che funziona è il **dis**ordine ..

ordine - **dis**ordine

Die Präfixe dis-, s- und in- verändern die Bedeutung ins Gegenteil.

1 Comprensione scritta

Comprensione scritta

Leggete gli articoli e poi i titoli. Quali sono i titoli adatti ai tre articoli? Abbinate correttamente.

a) È sempre maggiore la percentuale delle donne che lavorano, che vivono da sole e fanno carriera. Hanno il compagno, anche lui "single", vivono in appartamenti separati e s'incontrano il fine settimana. Sta forse sparendo la tipica mamma italiana?

b) Il 31 dicembre a Napoli ci sono stati numerosi feriti a causa dei fuochi d'artificio e dei mortaretti. Nonostante si sia cercato di sensibilizzare i napoletani al problema, anche quest'anno gli incidenti non sono mancati.

c) Lungo il canale del Brenta, con partenza da Venezia e da Padova, si può fare una bellissima gita in barca. Si può scegliere tra un giro della durata di mezza giornata o di una giornata intera. Si può ammirare non solo la natura, ma anche alcune delle opere più famose del Palladio.

Titoli:

1. Aiuto, è di nuovo Capodanno!	4. Donne moderne.
2. Tutti in barca verso il Sud.	5. Mamme al lavoro.
3. In giro in barca tra natura e storia.	6. Sciopero a Napoli il 31 dicembre!

2 Elementi di lingua

Elementi di lingua, parte 1

Leggete la cartolina e decidete quale parola o gruppo di parole manca negli spazi dal numero 1 al numero 8.

Ciao a tutti!
Siamo arrivati a Vicenza due giorni ____________ (1). Che bello qui! ____________ (2) di restare ancora ____________ (3) un paio di giorni. Il primo giorno ____________ (4) il centro di Vicenza e girato per la città. Ieri invece abbiamo fatto il giro delle Ville con il Burchiello. È una barca ____________ (5) risale il Brenta. È stato interessantissimo! ____________ (6) in questa zona, ma non ____________ (7) le Ville del Palladio, devo dire che sono molto belle. Vi ____________ (8) tutto con calma quando torniamo.

Un saluto e un abbraccio
Marco e Luisa

a) per ☐	b) abbiamo visitato ☐	c) Abbiamo deciso ☐	d) Eravamo già stati ☐
e) fa [1]	f) che ☐	g) avevamo visto ☐	h) racconteremo ☐

*) Im Testformat der Zertifikatsprüfung

Elementi di lingua, parte 2

Leggete la lettera e decidete quale parola manca negli spazi dal numero 9 al numero 18.

Cara Francesca,
mi scuso di non ___ (1) per tanto tempo, credo che ___ (2) almeno cinque mesi. ___ (3) molto da fare fino a luglio, e poi ___ (4) di partire subito per le vacanze.
Questa volta ___ (5) Venezia. Lo so che tutti ___ (6) molto turistica, ma io non ___ (7) così.
Non capisco perché tanti ___ (8) come di una città caotica e invivibile, io la trovo bellissima. ___ (9) un sacco e penso che tu non ___ (10) che cosa ti sei persa finora.

1. ✗) averti scritto
   b) ho scritto
   c) abbia scritto

2. a) sono
   b) sarebbero
   c) siano

3. a) ho avuto
   b) abbia avuto
   c) avessi

4. a) decisi
   b) ho deciso
   c) decido

5. a) ho scelto
   b) scelsi
   c) scegliessi

6. a) la consideravano
   b) la considerarono
   c) la considerano

7. a) la penso
   b) la pensavo
   c) la pensai

8. a) ne parlassero
   b) ne parlino
   c) ne parlano

9. a) mi divertirei
   b) mi divertivo
   c) mi sono divertita

10. a) sappia
    b) sapevi
    c) sai

3 Comprensione auditiva

Dopo che la cassetta è stata messa in funzione non si interrompe fino a che non si sentono le parole: "Fine della comprensione auditiva". Tutte le pause necessarie sono già inserite nella registrazione. Non si ferma la cassetta durante il test.

Comprensione auditiva

Ascolterete il racconto di una donna tedesca che si è trasferita in Italia.
Leggete per prima cosa le seguenti affermazioni. Poi ascoltate il racconto. Decidete quali affermazioni sono vere: a, b, c. Potrete poi ascoltare il racconto una seconda volta.
Adesso potete leggere le affermazioni. Avete 2 minuti di tempo.

Angelika racconta

1 a) Si è trasferita in Italia 16 anni fa.
  b) Si è trasferita in Italia 6 anni fa.
  c) Si è trasferita in Italia 26 anni fa.

2 a) Non ha mai insegnato.
  b) Ha insegnato solo in Germania.
  c) Ha insegnato in molti paesi europei.

3 a) Non idealizzava l'Italia e gli italiani.
b) Idealizzava solo gli italiani.
c) Idealizzava la cultura e il gusto degli italiani.

4 a) Trovava gli uomini italiani troppo silenziosi.
b) Trovava gli uomini italiani troppo donnaioli e poco gentili.
c) Trovava gli uomini italiani troppo donnaioli e sempre a caccia di avventure.

5 a) È contenta di essere a Roma anche se non tutto quello che pensava corrisponde alla realtà.
b) È contenta di essere a Roma perché tutto quello che pensava è vero.
c) È contenta di essere a Roma perché è una città interessante.

Ripasso/Test 1

4 Espressione scritta

Per questa parte avrete a disposizione 20 minuti di tempo. Il testo dovrà contenere circa 200 parole.

Espressione scritta

WWW

Avete visitato il sito dell'ATL – Agenzia Turistica Locale Canavese e Valli di Lanzo
http://www.carnevale.vallilanzo.it

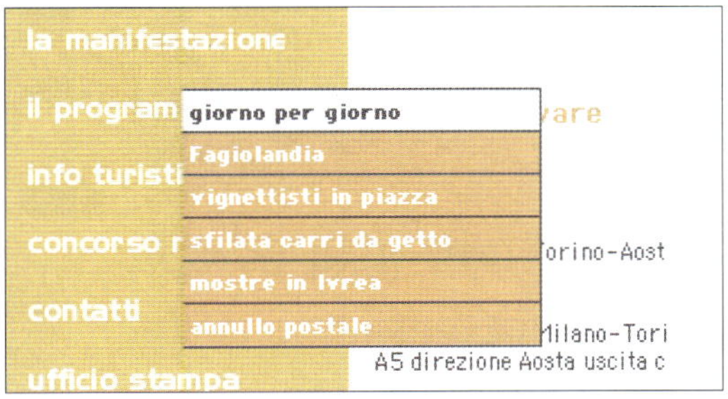

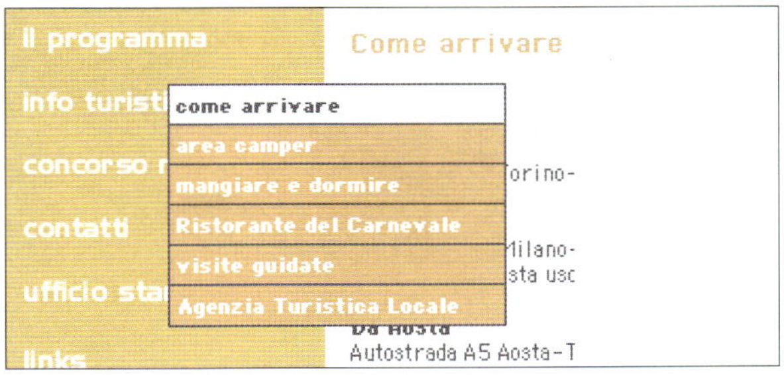

Ora scrivete una e-mail all'Agenzia Turistica. L'e-mail deve contenere i seguenti punti:

1. Chiedete informazioni sul programma della manifestazione del Carnevale di Ivrea.
2. Volete prenotare una visita guidata.
3. Indicate la data e la durata della vostra visita a Ivrea.
4. Non avete ancora un alloggio e chiedete informazioni al riguardo.
5. Vi interessa avere indirizzi di ristoranti tipici.
6. Chiedete informazioni sulla zona.

4 L'arte e l'artigianato

1 a) **L'artista artigiano**

Giuliano è un artista artigiano. Osservate le foto e descrivetele.

a

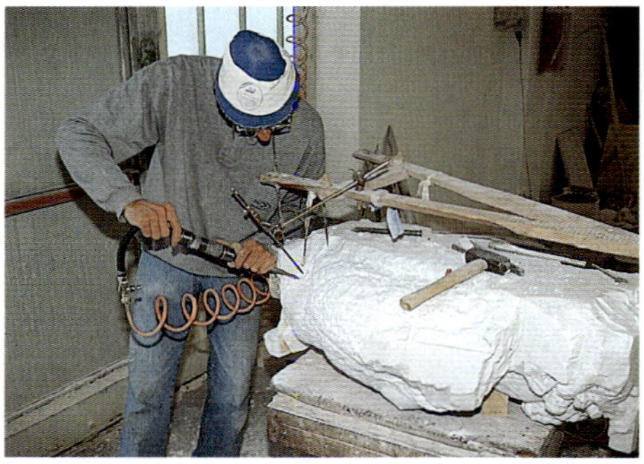

b

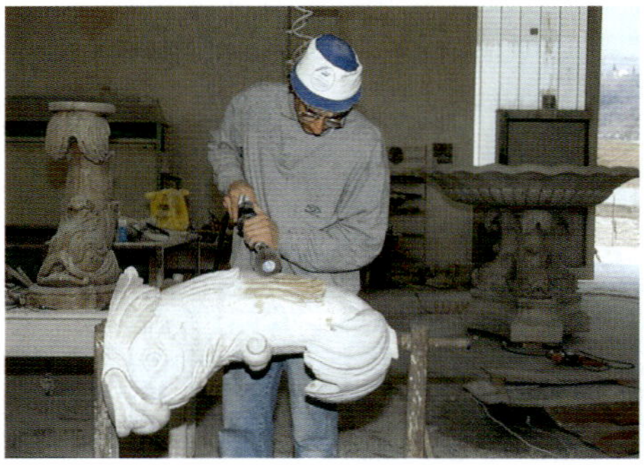

c

d

b) **Abbinate alle foto le parole che seguono.**

artigiano		statua		bassorilievo		pozzo		fontana	
trapano		base		figura		blocco di marmo			

c) **Quali altre parole vi vengono in mente guardando le foto? Scrivetele.**

antico

creare

2

a) **Abbiamo intervistato Giuliano. L'artigiano artista è autodidatta o ha frequentato una scuola? Ascoltate l'intervista.**

b) **Leggete le domande con attenzione. Riascoltate l'intervista e prendete appunti. Rispondete per iscritto alle domande lavorando in piccoli gruppi.**

- Chi è Giuliano Grandi?
- Che lavoro fa?
- Dove ha imparato la sua professione?
- Qual è stato il primo oggetto che ha scolpito da solo?
- L'intervistato si considera un artigiano o un artista?
- Chi compra le sue sculture?
- Ci sono scuole in cui si impara a scolpire?

→ Es. 1

c) **Riascoltate una parte dell'intervista e completate.**

- • Si .... o le figure sono create da Lei?
- ○ Generalmente la scultura viene fatta in base a dei modelli o a delle fotografie.
- • Comunque ... anche se ha una fotografia, la scultura viene creata da Lei. .... più un artigiano o un artista?
- ○ Un artigiano, sicuramente. Anche se .... un po' d'estro, di capacità artistica.
- • Chi compra le Sue sculture?
- ○ In genere vengono comprate da commercianti e da qualche privato. .... all'estero, sono molto richieste, soprattutto da tedeschi e svizzeri.
- • Da tedeschi e svizzeri, davvero?
- ○ Sì, ... di sculture per la Germania e la Svizzera. Forse l'amore per il classico ...

> **!**
> ... le figure **sono create da** Lei?
> ... la scultura **viene creata da** Lei.

3 **a) Avete notato? Osservate le due immagini. Che cosa mette in evidenza il passivo?**

A

I commercianti comprano le sculture al mio laboratorio ...

B

In genere **le sculture** vengono comprate dai commercianti ...

Da chi vengono comprate le sculture? **Dai** commercianti.

Es. 2, 3, 4

b) Ricostruite le diverse fasi della lavorazione del marmo.

tagliare

Il marmo viene tagliato ...

caricare

trasportare

scaricare

lavorare

lucidare

4 **a) Paola e Gianni sono davanti alla vetrina di un negozio che vende oggetti d'arte. Ascoltate.**

Sono oggetti molto particolari, forse dei pezzi unici.
Ma non mi sembrano antichi, forse sono stati fatti da un artista moderno.
Vuoi che entriamo a dare un'occhiata?

... **sono stati fatti** da un artista.

b) Il proprietario del negozio mostra alcuni dei lavori a Paola e Gianni e dà loro anche delle informazioni sugli artisti, sul materiale ecc. Aiutatelo.

Questa statua	è stata creata per un cliente particolare ... è stata fatta in base a un modello ... è stata ideata da un artista famoso ...

Es. 5, 6

c) Solo un sasso? Paola e Gianni hanno opinioni diverse sulle opere esposte. Con chi siete d'accordo? Perché?

Secondo me è solo un sasso. Nient'altro!
Sono imitazioni senza alcun valore fatte da un incapace che si crede un artista.
Guarda che kitsch, per me è solo robaccia!
È un pezzo che arreda, che valorizza qualsiasi ambiente.
Invece a me piacciono!

5 a) **Nel negozio Paola e Gianni hanno trovato un dépliant del laboratorio di Giuliano. Leggete.**

Wiligelmo: tra arte e artigianato

Tutte le sculture sono state create nel nostro laboratorio.
Le opere sono state realizzate in marmo pregiato.
Vendiamo fontane da giardino, pozzi, leoncini, caminetti, colonnine e bassorilievi.
Lavoriamo anche su ordinazione.

Indirizzo del laboratorio:
Via Tavigliana 3
37023 Grezzana (VR)

Le opere verranno esposte alla mostra internazionale del marmo a Verona.
Una particolare esposizione illustrerà come veniva lavorato il marmo nell'antichità.
Per informazioni telefonare all'Ente Fiere di Verona: 045 8298111.

Le opere **verranno esposte**...
... come **veniva lavorato** il marmo ...

camino – camin**etto**
leone – leon**cino**

Es. 7, 8, 9

b) **Avete visto il dépliant in casa di amici. Siete interessati. Telefonate al laboratorio Wiligelmo. Lavorate in coppia.**

A

Cliente

- Presentatevi.
- Siete interessati alle sculture e volete sapere dove vederle.
- Chiedete se fanno lavori su ordinazione.
- Vi interessa un pezzo del dépliant – chiedete il prezzo.

B

Wiligelmo

- Salutate.
- Dite dove esporranno le sculture (Fiera di Verona tra due mesi).
- Rispondete affermativamente.
- Date le informazioni richieste.

c) **Ascoltate una possibile versione del dialogo e confrontate.**

6 a) **L'arte o l'artigianato possono avere molti aspetti. Quale affermazione è corretta, quale no?**

L'oro di Valenza

Il valore dell'oggetto non dipende solo dal materiale pregiato, bensì anche dalla lavorazione dell'orafo. È una tradizione ed un'arte che è di casa a Valenza, un piccolo paese del Piemonte. L'oro viene pazientemente lavorato da orafi che creano opere d'arte veramente uniche.

La lavorazione rende pregiati gli oggetti d'oro. sì no

A Valenza non è di casa la lavorazione dell'oro. sì no

Le ceramiche di Faenza

L'arte della ceramica è nata a Faenza. Nel museo di Faenza sono raccolte ceramiche di tutto il mondo, dalle ceramiche precolombiane ai capolavori d'artisti moderni come Picasso e Matisse. Esiste anche un laboratorio dove viene data la possibilità ai bambini di osservare gli artisti al lavoro.

Nel museo c'è anche un laboratorio per la lavorazione della ceramica. sì no

Nel museo sono esposte solo ceramiche di Picasso. sì no

I terrazzieri di Spilimbergo

I terrazzieri mosaicisti di Spilimbergo (Friuli) sono famosi in tutto il mondo. La loro arte viene tramandata di padre in figlio e viene anche insegnata alla *Scuola Mosaicisti del Friuli*. I terrazzi a mosaico eseguiti dai terrazzieri friulani sono opere che resistono al tempo e alle mode.

Quest'arte viene tramandata di padre in figlio. sì no

Sono opere ormai fuori moda. sì no

b) **Quale di queste attività vi interesserebbe? Perché? Conoscete qualche artista o artigiano del vostro paese? Da voi esiste ancora un artigianato tipico? Parlatene.**

→ Es. 10

7 a) Vi interessano l'arte e l'artigianato? Leggete il programma di alcuni corsi.
Scegliete un corso che vi interessa e descrivetelo al vostro compagno.

Corsi di ceramica

Corso per principianti: marzo-aprile
Tecniche base per la lavorazione della ceramica.
Piccoli gruppi di 3 o 4 persone.
Creazione di semplici oggetti d'uso quotidiano o piccole plastiche.
Il costo del materiale va pagato durante la prima lezione.

Corso per esperti: maggio-giugno
Lavori a plastiche complesse.
Il costo del materiale va pagato durante la prima lezione.

Sede dei corsi: Istituto Statale d'Arte per la Ceramica "G. Ballardini"
Per informazioni ed iscrizioni - Tel.: 0546 21240

Corsi di tecniche pittoriche su vetro
Pittura su vetro

Sono aperte le iscrizioni di:
Tecniche del disegno: matita, pastelli, carboncino
Tecniche di pittura: acquerello, tempere, olio
Con lezioni di pittura all'aria aperta
Pittura su vetro
Periodo: febbraio, marzo, aprile
Sede del corso: Ex scuola elementare di Poiano

Per informazioni ed iscrizioni
Tel.: 045 55 08 99

Istituto per l'arte e il restauro
Palazzo Spinelli Firenze

Restauro del mobile
Valutazione dello stato di conservazione del mobile
Tecniche di restauro, di ricostruzione e lucidatura

Durata:	due settimane – 40 ore
Orario:	mattina o pomeriggio
Posti disponibili:	12
Quota di partecipazione:	Euro 750

Le iscrizioni si chiudono il 15 maggio.
www.spinelli.it

... il costo del materiale **va pagato** ... !

Le iscrizioni **si chiudono** ... !

Es. 11, 12, 13

b) Sapete completare la panoramica? Quali altri corsi conoscete?

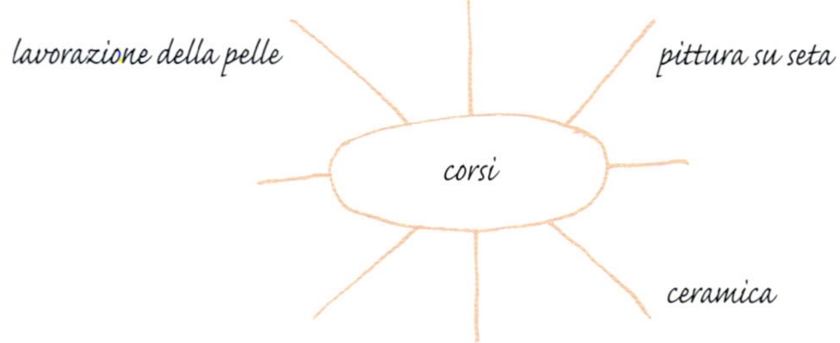

c) Redigete un mini programma per il corso che preferite. Indicate la data, il luogo e tutte le informazioni necessarie per descrivere il corso.

d) **Lavorate in coppia. Scegliete uno dei corsi al punto 7 a), telefonate per avere informazioni e iscrivervi.**

Potrebbe inviarmi delle informazioni per fax?
Ha un indirizzo e-mail?
Posso confermare per telefono?
Devo versare una caparra?
Quando si chiudono le iscrizioni?
Quali sono le modalità di pagamento?

e) **Scrivete un fax per iscrivervi al corso che avete scelto.**

8

a) **Simonetta Bellamoli si è iscritta ad uno dei corsi. Ora chiama l'istituto per chiarire un problema. Quale? Che cosa è successo? Ascoltate.**

Un attimo, aspetti che controllo ...
Ma noi la conferma gliel'abbiamo mandata la scorsa settimana!

Ma sì, gliel'ho appena detto. Me l'avete mandata. Ma ...

... **gliel**'ho appena detto ...
... **gliel**'abbiamo mandata ...

Es. 14, 15, 16, 17

b) **Riascoltate e prendete nota. Quali espressioni usa Simonetta per esporre il proprio problema? Come si giustifica la segretaria?**

Simonetta	la segretaria

c) **Vi siete iscritti anche voi ad un corso e c'è qualcosa che non va. Telefonate e chiarite l'equivoco. Lavorate in coppie.**

1 • Avete ricevuto la conferma dell'iscrizione al corso di pittura su vetro.
○ Voi volevate iscrivervi al corso di pittura su seta.

2 • Avete ricevuto un sollecito di pagamento.
○ Voi avete già pagato il corso.

3 • Avete richiesto del materiale informativo sul corso di ceramica.
○ Avete ricevuto il materiale per il corso di scultura.

AF 2001
AF - L'Artigiano in Fiera

L'Artigiano in Fiera
6° Mostra Mercato Internazionale dell'Artigianato.
Fiera Milano, 1-9 dicembre 2001

FIERA

AF è l'evento internazionale più importante dedicato alla produzione artigianale di qualità. Due milioni i visitatori che sono arrivati in fiera da tutta la Lombardia, dalle regioni del Nord Italia e dal Canton Ticino. Due milioni di visitatori che sono entrati nei padiglioni fieristici sicuri di trovarvi le più disparate offerte di qualità, le più accattivanti e preziose idee regalo mai presentate.

WWW
www.fieramilano.com/ita/cal/Fr.cal.htm

Quali sono secondo voi le merci artigianali esposte alla fiera? Stilate un elenco e confrontatelo poi con quello reale a pag. 136

Articoli da regalo: ceramica, tessuti ...
Arredamento & Co.: mobili, soprammobili ...
Oreficeria: orologi, ...
Prodotti eno-gastronomici: dolciumi ...

Tra arte e cultura

Dentro il design d'autore

Sulla costa tra Messina e Palermo esiste un hotel di design unico per immergersi in rarefatte atmosfere d'arte contemporanea. Seguendo un progetto di Antonio Presti, diversi artisti, tra cui Hidetoshi Nagasawa, Mauro Staccioli e Raoul Ruiz, hanno ideato 14 delle 40 camere, prevedendo la presenza dell'ospite come naturale completamento dell'opera. Linee essenziali, giochi di luce, colori intensi e, fuori, l'assolata bellezza della scogliera di Castel di Tusa. Lungo il percorso del fiume Tusa, nel Parco dei Monti Nebrodi, si trovano monumentali sculture postmoderne. Vicini, i siti archeologici di Halaesa e Tindari e la splendida Cefalù. Hotel Atelier sul Mare, via Cesare Battisti 4, Castel di Tusa (Messina), tel. 0921 334295. Doppie d'arte a partire da 200mila lire al giorno con prima colazione. Voli Air Europe da Malpensa per Palermo o Catania con noleggio auto da Hertz a partire da 469mila lire.

- **Che cos'ha di particolare quest'hotel?**
- **Vi piacerebbe trascorrere le vacanze in questo hotel? Perché?**
- **Conoscete degli alberghi particolari? Raccontate.**

Das Passiv: Formen und Gebrauch

→ 1.4

La scultura **viene comprata** da commercianti ...	è comprat**o**/viene comprat**o** è comprat**a**/viene comprat**a**	Zur Bildung des Passivs wird entweder das Hilfsverb *essere* (Zustandspassiv) oder das Hilfsverb *venire* (Vorgangspassiv) in der erforderlichen Zeitform verwendet.
... come **veniva lavorato** il marmo ...	era lavorato/veniva lavorato	
L'opera **verrà esposta** ...	sarà esposta/verrà esposta	
... **è stato fatto** da un artista.	è stato fatto	Zur Bildung der zusammengesetzten Zeiten wird beim Passiv ausschließlich das Hilfsverb *essere* verwendet.
In genere le sculture vengono comprate **dai** commercianti.	**dai** commercianti	Der Urheber der Handlung wird beim Passiv mit der Präposition *da* eingeführt.

Das Passiv mit *si* ("*si* passivante")

→ 1.4.3

Quando **si chiudono** le iscrizioni?	**si chiudono** = vengono chiuse	Die *si*-Konstruktion kann als Ersatz für das Passiv verwendet werden, wenn der Urheber nicht genannt wird.

Das Passiv mit *andare*

→ 1.4.1

Il costo del materiale **va pagato** ...	**va pagato** = viene pagato/ è pagato	Diese Ersatzform des Passivs wird mit dem Verb *andare* und dem Partizip Perfekt des Hauptverbs gebildet. Es bedeutet „müssen, sollen".

Wortbildung: Substantive - Bedeutungsänderung durch Suffixe

→ 2.4

Vendiamo **caminetti, colonnine, leoncini** ...	camino - camin**etto** colonna - colonn**ina** leone - leon**cino**	Die Suffixe -etto und -(c)ino geben eine Verkleinerung oder Verniedlichung wieder. Bei Wörtern auf -one wird vor dem Suffix -ino ein c eingefügt: -cino

Die Personalpronomen: Kombination von indirekten und direkten Objektpronomen

→ 4.3

Gliel'avevo detto. **Me l'**avete mandata.	gli + lo = gliel'avevo me + la = me l'avete me l'avete mandat**a** (f).	Die Akkusativpronomen werden vor dem Vokal apostrophiert. Kombination von Pronomen siehe Band 2, S. 74

5 Cinema che passione!

1 a) Nella pellicola sono impresse 18 parole. Trovatele e trascrivetele.

b) Conoscete altre parole sul tema "cinema"?
Aggettivi, verbi, sostantivi ...
Annotateli.

Es. 1, 2, 3

2 a) Guardate le locandine. Conoscete questi film? Quando li avete visti, vi sono piaciuti?

b) Quali sono i vostri film preferiti?
Conoscete qualche film italiano appena uscito?

3 a) **Ecco alcuni tra i personaggi più famosi e benvoluti ed alcuni tra i film più noti in Italia. Li conoscete?**

I grandi del cinema italiano

I famosi

Ornella Muti
Roberto Benigni
Sophia Loren
Marcello Mastroianni
Adriano Celentano

I beniamini del pubblico

Totò
Gina Lollobrigida
Claudia Cardinale
Massimo Troisi
Carlo Verdone
Alberto Sordi

I registi famosi

Federico Fellini
Luchino Visconti
Sergio Leone
Lina Wertmüller
Giuseppe Tornatore
Gabriele Salvatores

I film da vedere

La vita è bella (regia di R. Benigni)
Per un pugno di dollari (regia di S. Leone)
Mediterraneo (regia di G. Salvatores)
La dolce vita (regia di F. Fellini)
Il postino (regia di M. Troisi)
Il Gattopardo (regia di L. Visconti)

b) **Leggete le seguenti informazioni su registi o attori della classifica. A chi si riferiscono?**

1. Regista italiano, padre del western all'italiana ("spaghetti-western"). Ha girato molti film anche in America. Alcune colonne sonore, composte da Ennio Morricone per i suoi film, sono indimenticabili.
2. Comico e regista di origini toscane. Con uno dei suoi film ha ottenuto fama internazionale e vinto più Oscar. Il film tratta della vita di una famiglia italiana di origini ebraiche durante la seconda guerra mondiale.
3. È diventato famoso con *Il ragazzo della via Gluck*, ma non si è limitato solo a cantare. Ha interpretato innumerevoli film, e conduce anche trasmissioni televisive.
4. Nel 1947 arrivò terza al concorso di Miss Italia. Non immaginava certo che avrebbe girato tanti film e che sarebbe diventata un'attrice di fama internazionale. Molto amata in Italia e all'estero, simbolo della bellezza italiana, l'attributo che l'accompagnava era "nazionale".

> Non immaginava che **avrebbe girato** tanti film e che **sarebbe diventata** … !

> **Alcune** colonne sonore … !

Es. 4, 5

c) **Conoscete i personaggi e i film della classifica al punto 3 a)? Formate 4 gruppi – uno per ogni categoria – e cercate di scoprire il più possibile su di loro.**

Chi è Lina Wertmüller?

Beh, è una regista importante, ha fatto qualche film di fama internazionale ...

Quale tipo di ruoli interpreta?
Che film ha interpretato / diretto?
Conosci qualcuno dei suoi film?
Conosci qualche altro dei suoi film?
Racconta qualcosa di questo film / questa persona.
Conosci qualcuno degli altri interpreti?

Conosci **qualche** altro dei suoi film! !

Conosci **qualcuno** degli altri interpreti?
Conosci **qualcuno** dei suoi film?
Racconta **qualcosa di** questo film! !

Es. 6, 7, 8

4 a) ## Cinema, cinema!

Compilate la vostra classifica personale. Lavorate in gruppi.

I famosi	**I beniamini del pubblico**
I registi famosi	**I film da vedere**

b) ## Tanto per giocare. Svelate il mistero!

Formate 4 gruppi. Scegliete un personaggio o un film, descrivetelo brevemente su un foglio. Gli altri gruppi dovranno indovinare il personaggio o il film misterioso ponendo delle domande.

Ma intendi forse ...?
È conosciuto anche in ...?
È qualcuno che ...?
Con chi ha recitato?

Credo che sia ...
Forse si tratta di ...

5 **Sapevate che...?**

a) Cosa facevano prima di diventare famosi?

1. Dustin Hoffmann
2. Federico Fellini
3. Michelle Pfeiffer
4. Mickey Rourke
5. Rudy Valentino
6. Harrison Ford

a) commessa in un supermercato
b) lavapiatti, giardiniere e ballerino
c) vignettista per giornali satirici
d) falegname
e) infermiere in un ospedale psichiatrico
f) pugile dilettante

M. Monroe prima di diventare famosa era un'operaia.

b) Come si chiamavano prima di diventare famosi?

1. Woody Allen
2. Tom Cruise
3. Cary Grant
4. Sophia Loren
5. Dean Martin

a) Thomas Mapother IV
b) Allen Konigsberg
c) Sofia Scicolone
d) Dino Crocetti
e) Archibald Leach

6 a) **Totò - Il grande principe**

Un grande comico italiano, amato dal pubblico e dai registi .... Il principe Antonio de Curtis Gagliardi Griffo Focas Comneno di Bisanzio detto anche Totò. Inizia la carriera lavorando come attore di varietà e passando poi al teatro. Solo negli anni '40 inizia la sua carriera d'attore cinematografico di successo. Ha recitato per innumerevoli registi, negli ultimi anni della sua vita ha recitato per Pier Paolo Pasolini in diversi film come *Uccellacci e uccellini* (1966) o *Capriccio all'italiana* (1967). Nonostante la mediocrità di molti film, la forza e la comicità di Totò sullo schermo rimane inalterata, la sua vivacità e l'immediatezza della recitazione seducono le platee cinematografiche.

Totò (Napoli 1898 – Roma 1967) Antonio Griffo Focas Flavio Dicas Comneno Porfirogenito Gagliardi De Curtis di Bisanzio, Altezza Imperiale, conte palatino, cavaliere del Sacro Romano Impero, esarca di Ravenna, duca di Macedonia ed Illiria, principe di Costantinopoli, [...] di Tessaglia, [...] del Peloponneso, conte di Cipro e di Epiro, conte e duca di [...] Durazzo.

b) Preparate una biografia schematica di questo famoso personaggio.

Nome: Totò
Data e luogo di nascita: ...

Es. 9, 10, 11

7 a) Alessandro e Gabriella stanno parlando di un film. Che cosa ne pensano? Ascoltate il dialogo.

Non ha **nessun** talento. !

b) Leggete le frasi e ascoltate nuovamente il dialogo. Sottolineate le frasi che sentite.

1. a) Ma quando mai, che cavolate!
   b) Guarda che non sono cavolate!
2. a) Se non lo conosce nessuno?!
   b) Non c'è nessuno che lo conosce!
3. a) Nessun attore è migliore di lui.
   b) Qualsiasi altro attore è migliore di lui.
4. a) Secondo me era da piangere, un vero mattone.
   b) Era veramente da piangere, un mattone.
5. a) Lui non ha nessun talento.
   b) Non ha mai avuto talento.

c) Avete appena sentito le seguenti espressioni, che cosa significano? Quali espressioni sono positive e quali negative? Lavorate in coppia.

Era un attore in gamba.
Non era portato per il cinema.
Mi è passata la voglia.
Era da piangere, un mattone!
Che scontato!
Ha un certo non so che...
Un vero capolavoro!
Che cavolate!

+	–

→ Es. 12, 13

8 a) **Un film da vedere**
Leggete la trama di un film di Troisi.

... un film **da** vedere !

Non ci resta che piangere

Regia: Massimo Troisi, Roberto Benigni

Mario (Massimo Troisi) e Saverio (Roberto Benigni), uno bidello e l'altro insegnante elementare, durante un viaggio in macchina vengono catapultati nel passato e precisamente nel 1492. Mario e Saverio, riluttante il primo e di buon grado il secondo, devono ammettere che la vita continua e decidono di godersela ... Divertenti le situazioni in cui si trovano i due. Mario tenterà di sedurre una bionda fanciulla cantando canzoni d'oggi come *Volare, Yesterday* e *Fratelli d'Italia*. Saverio cercherà di far inventare a Leonardo da Vinci il treno, il lapsus freudiano, il semaforo e la lotta di classe ... I due proveranno a fermare Cristoforo Colombo che sta per partire alla scoperta dell'America perché la sorella di Saverio è nei guai a causa di un americano. Resteranno nel '400 senza riuscire a ritornare.

... cercherà **di** far inventare ...
... decidono **di** godersela ... !

... proveranno **a** fermare ...
... senza riuscire **a** ritornare. !

... devono ammettere ... !

b) **Leggete nuovamente il testo e sottolineate tutti i verbi seguiti da un infinito.**
Riflettete:

- Quale preposizione unisce il verbo coniugato e l'infinito?
- Segue sempre una preposizione?

Scrivete ora delle nuove frasi con i verbi che avete sottolineato.

c) **Sicuramente avete visto un film che non vi è piaciuto. Volete scrivere una breve critica?**
Lavorate in piccoli gruppi.

9 a) **Ascoltate la telefonata tra Luca e Marco. Che cosa vogliono fare?**

Sono stanco e poi avrei anche da finire un lavoro e ...

Sono stufo di vedere bidonate.

Vengo a prenderti stasera alle sette allora.

... avrei **da** finire ... !

Sono stufo **di** vedere ... !

Vengo **a** prenderti ... !

b) **Leggete le seguenti domande. Ascoltate nuovamente la telefonata e scegliete la risposta giusta.**

1. Cosa vuole fare Luca?	☐ andare al cinema	☐ andare a teatro	☐ andare a passeggio
2. Qual è il titolo della commedia?	☐ *Uno contro tutti*	☐ *Fantozzi contro tutti*	☐ *Siamo tutti Fantozzi*
3. Come la definisce Marco?	☐ molto divertente	☐ una cavolata	☐ una bidonata
4. Quale alternativa propone Luca?	☐ andare a teatro	☐ vedere una partita	☐ andare al bar
5. A che ora si incontrano e dove?	☐ alle otto da Luca	☐ alle sette davanti al teatro	☐ alle sette da Luca

→ **Es. 14, 15, 16, 17**

10 a) **5 buone ragioni per (non) andare ...**

... al cinema

1. Mi sembra di essere in un altro mondo.
2. ....
3. ....
4. I film di adesso sono tutti uguali.
5. ....

... a teatro

1. ....
2. Mi aiuta a dimenticare lo stress.
3. ....
4. È una noia mortale! Che pizza!
5. Impazzisco a restare fermo/a per delle ore!

b) **Dovete convincere qualcuno a venire al cinema o a teatro con voi. Scegliete una situazione e lavorate in coppia. Aiutatevi con le espressioni al centro.**

Nipote di 20 anni
Vuoi far divertire la nonna per una sera. Pensi di andare a teatro.

Marito
Non vuoi stare in casa anche questa sera. Hai voglia di uscire un po', forse di andare al cinema a vedere un film d'azione.

Nonna
Hai voglia di andare, ma pensi di essere troppo vecchia. Non te la senti.

Per esprimere disinteresse

Mi stufo!
Non mi va.
È di una noia mortale!
Sono tutte americanate.
Non ne ho nessuna voglia.
È una vera bidonata.
Che pizza!

Moglie
Sei pigra e preferisci restare davanti alla televisione. Tanto le americanate le puoi guardare anche in tivù.

Impiegata
Hai un nuovo collega simpatico e anche attraente ... Fatti coraggio ed invitalo. Forse gli piace la musica.

Per motivare ed invogliare

Ne vale la pena.
Ma dai, che poi ti diverti!
Su dai, muoviti!
Datti una mossa!
Ma non sei mica così vecchia!

Zia
Vuoi portar fuori tua nipote per il compleanno. Non ti piace il circo e proponi di andare allo zoo.

Collega
Hai appena avuto una relazione infelice e poi preferisci evitare storie sentimentali sul lavoro.

Bambina di 12 anni
Vuoi andare al circo, non allo zoo, ci sei già stata tante volte.

Es. 18

Sosia / La prima agenzia italiana

Stasera mi affitto Sharon Stone

Clinton. D'Alema. Berlusconi. E Stallone, Gere, Madonna ...
Spiccicati agli originali. E richiestissimi alle feste.

di Alessia Cruciali

L'hanno bevuta tutti. "Buongiorno, signor presidente", gli ha detto il numero uno di Mediobanca, convinto che quel signore che gli veniva incontro fosse il presidente del Consiglio. Ed è proprio lui il pezzo da novanta della scuderia di Mirka Cesari, fondatrice della prima agenzia italiana di sosia. L'idea è nata la notte di San Silvestro. Mirka, responsabile delle pubbliche relazioni della discoteca "Pineta" di Milano Marittima, aveva deciso di dedicare la serata al mitico Studio 54 di New York. In fila davanti alla discoteca si presentarono Sharon Stone, Mel Gibson, Richard Gere, Julia Roberts e tanti altri volti noti. Da non crederci, identici agli originali. Così è nata la sua agenzia, basta telefonare a Mirka e lei è in grado di far arrivare anche John Travolta, Stallone o il presidente degli Stati Uniti. Quanto costa affittare un sosia per una sera? "Si parte da un milione e mezzo per arrivare a sei" dice l'intraprendente manager. E l'agenzia ormai è conosciuta anche all'estero. I finti divi sono stati invitati persino ad alcune feste a Londra e a Parigi.

Gli originali finora non si sono mai lamentati, anzi. Silvester Stallone, per esempio, si è servito del suo sosia italiano, che nella vita di tutti i giorni fa il becchino, come controfigura. E chissà che emozione ha provato Alessandro Avorio, rappresentante di carta igienica e perfetto sosia di Richard Gere, quando ha potuto stringere la mano all'attore.

L'Espresso, 13 gennaio 2000

- **Affittereste un sosia? Quale?**
- **Dove andreste?**
- **Che cosa raccontereste agli amici il giorno dopo?**

Der Condizionale passato: Formen und Gebrauch

→ 1.5

Non immaginava che **avrebbe girato** tanti film (drehen würde) e che **sarebbe diventata** … (werden würde)	avrei girato avresti avrebbe avremmo avreste avrebbero sarei diventato/a saresti sarebbe saremmo diventati/e sareste sarebbero	Der Condizionale passato wird aus dem Condizionale presente von *essere* und *avere* und dem Partizip Perfekt des Hauptverbs gebildet. Der Condizionale passato drückt ein in Bezug auf eine vergangene Situation zukünftiges Ereignis aus.

Indefinita: Adjektive und Pronomen

→ 4.2

Conosci **qualcuno** degli interpreti? Conosci **qualcuno** dei suoi film? Racconta **qualcosa** di questo film!	qualcuno (m) qualcuna (f) qualcosa	Die Pronomen *qualcuno* und *qualcosa* werden nur im Singular verwendet. *Qualcosa* ist unveränderlich.
qualche altro attore **qualche** film di fama internazionale	qualche m attore	Das Adjektiv *qualche* ist unveränderlich. Das dazugehörige Substantiv steht im Singular.
alcune colonne sonore	alcuni (m) film alcune (f) attrici	Die Adjektive *alcuni/alcune* werden nur im Plural gebraucht.
Non lo conosce **nessuno**. **Non** ha **nessun** talento! **Nessun** attore è migliore di lui.	nessuno non … nessuno nessun attore nessun'attrice	*Nessuno* ist sowohl Pronomen als auch Adjektiv. Steht *nessuno* nach dem Verb, so wird vor dem Verb die Negation *non* hinzugefügt. Als Adjektiv wird es zu *nessun* (m) / *nessun'* (f) verkürzt.

Der Infinitivanschluss mit und ohne Präposition

→ 3.2

… **decidono di** godersela	decidere **di**	Viele italienische Verben und Wendungen schließen den Infinitiv mit einer Präposition an.
… **ho voglia di** andarci.	avere voglia **di** avere il coraggio **di**	Nach *avere* + Substantiv folgt oft die Präposition *di*.
Sono stufo di vedere bidonate.	essere stufo **di** essere contento **di**	Auch nach Wendungen mit *essere* + Adjektiv steht oft die Präposition *di*.
Vengo a prenderti alle sette.	venire **a**	Nach Verben der Bewegung wird der Infinitiv mit *a* angeschlossen.
… **devono** ammettere che …	dovere	Nach einigen Verben wird der Infinitiv ohne Präposition angeschlossen: *volere, potere, dovere, lasciar(si), fare, preferire* …

Essere da + Infinitiv

→ 3.2.4

(È) un film **da** vedere. Avrei un lavoro **da** finire.	**da** vedere = che deve essere visto/ che va visto	*Essere* + *da* mit Infinitiv bedeutet "müssen, sollen" und hat passivische Bedeutung.

6 Quo vadis famiglia?

1 a) **Mammo, hai fatto carriera!**

Osservate le fotografie. Qual è la vostra reazione? Vi sorprendono, vi scandalizzano … o rappresentano la normalità?

Trovo inaccettabile/scandaloso/sgradevole che …
Detesto … / Odio …
È normale …
È ora che …
Ma che roba!
La trovo originale.

scontato	originale
superato	insolito
discutibile	estetico
provocatorio	

b) **Scrivete delle didascalie per le foto in 1a).**

a) Le foto appariranno in una rivista conservatrice e tradizionalista.
b) Le foto appariranno in una rivista moderna e progressista.

→ Es. 1

2 a) **Leggete i testi che seguono. Quali dei temi qui proposti vengono affrontati?**

1. La situazione dei single in Italia. ☐
2. I problemi degli anziani nella famiglia. ☐
3. Il divorzio in Italia. ☐
4. La realtà delle monofamiglie. ☐
5. I problemi a cui vanno incontro i single. ☐
6. La struttura della famiglia italiana. ☐
7. I giovani che restano in famiglia. ☐
8. L'affidamento dei figli dopo il divorzio. ☐

SINGLE È BELLO?

Pare che i single, corteggiati fino a qualche tempo fa da un mercato sempre in cerca di nuovi protagonisti, abbiano perso un po' del loro smalto e del loro carisma, e che la situazione oggi sia cambiata. La realtà delle cosiddette monofamiglie – così vengono chiamate nel gergo anagrafico-burocratico le persone che vivono da sole – è una realtà che presenta più ombre che luci: da recenti studi risulta infatti che i single sarebbero più soggetti all'infarto degli sposati. Le cause? Una è sicuramente la solitudine che induce a condurre una vita più sregolata e provoca un maggiore stress emotivo. Anche nella vita pratica i problemi e gli svantaggi non sono pochi: i "soli" pagano più tasse, hanno in genere più spese e anche in vacanza pagano di più per un servizio peggiore ...

perderе
abbia perso
abbia perso
abbia perso
abbiamo perso
abbiate perso
abbiano perso

cambiare
sia cambiato
sia cambiato
sia cambiato
siamo cambiati
siate cambiati
siano cambiati

A CASA FINO AL MATRIMONIO, ANCHE NEL 2000

Secondo recenti statistiche, l'Italia è un paese popolato per lo più da veri "figli di mamma". Si calcola che oltre la metà degli italiani tra 20 e 34 anni viva ancora nel nido familiare e non abbia nessuna fretta di andarsene. I dati dimostrano che, prima di sposarsi, i giovani italiani non vanno via da casa per vivere da soli. In altri paesi d'Europa la situazione si presenta in maniera piuttosto diversa: è normale che i giovani intorno ai vent'anni lascino la casa dei genitori e vadano a vivere da soli.

[Internet: Il gazzettino ttp://www.chass.utoronto.ca/chass/rescentre/italian/12luglio01.html]

IL MATRIMONIO DÀ I NUMERI

Nonostante il numero delle separazioni sia in crescita, il nostro paese resta uno dei più fedeli al matrimonio. Su cento coppie, 98 continuano a preferire il matrimonio e resistono al tempo: gli italiani infatti sono i coniugi più solidi d'Europa. Sposarsi, insomma, è ancora di moda, benché il matrimonio sia molto cambiato. Ci si sposa sempre meno in chiesa e sempre più in comune ...

→ Es. 2, 3

nonostante
benché + congiuntivo
pare che

Pare che **abbiano perso** un po' del loro smalto e del loro carisma e che la situazione oggi **sia cambiata**.

6 b) Tanto per parlare

- La vita da single presenta più vantaggi o svantaggi?
- In Italia in genere i figli restano con i genitori fino al matrimonio, e da voi?
- Matrimoni, divorzi, separazioni. Qual è la situazione nel vostro paese?

Nonostante non sia sempre facile vivere da soli...
Mi sembra che la situazione sia molto cambiata.

Es. 4, 5

3

Congiuntivo imperfetto

a) Ascoltate il dibattito televisivo. Qual è il tema della discussione?

essere
fossi
fossi
fosse
fossimo
foste
fossero

finire
finissi
finissi
finisse
finissimo
finiste
finissero

potere
potessi
potessi
potesse
potessimo
poteste
potessero

Pensavano che fosse una scelta sbagliata che finisse tutto ...

Pensavo che il rapporto fra me e mia moglie potesse continuare come sempre ...

Es. 6, 7

b) Riascoltate il dibattito. Mettete le affermazioni nella sequenza giusta.

... è necessario avere un punto d'appoggio, qualcuno che ti dia calore e sicurezza ... a)

... ritengo che a questo riguardo si siano dette molte stupidaggini. b)

E non è detto che convivere significhi essere irresponsabili. Anzi! c)

Non so se questo sia il sistema migliore. d)

... penso che abbiano capito che noi stiamo bene così, hanno fiducia in noi. e)

... penso che il matrimonio sia stata la scelta giusta. f)

Ma per adesso il futuro è il prossimo concerto a cui andrò con la mia ragazza, le vacanze che faremo insieme. g)

Alla mia età non si può sapere se sarà per tutta la vita. h)

La donna ... può aspettare che arrivi la persona giusta con cui stabilire un rapporto basato sull'uguaglianza. i)

1	h
2	
3	
4	
5	
6	
7	
8	
9	

c) Chi l'ha detto?

Riascoltate il dibattito e attribuite le affermazioni del punto b) alla persona giusta: Michele Zanella / Piergiorgio Cunegatti / Lina Baldo / Alice Terragnoli.

Es. 8

4 a) Coppie di fatto. E di diritto.

Ecco una proposta di legge per tutelare i diritti delle coppie di fatto. Cosa ne pensate? Esiste anche nel vostro paese una legge simile?

Settecentomila persone abitano insieme, si amano, spesso hanno figli. Eppure, ufficialmente non esistono. I partner non hanno diritto né all'eredità né all'assegno di mantenimento. Ora un disegno di legge promette di cambiare le cose.

Cosa cambierà

Il disegno di legge riconosce la validità delle donazioni reciproche e la validità degli impegni presi. I patti tra i partner saranno riconosciuti anche se sono stati presi oralmente.

Si riconoscerà al partner anche la facoltà di decidere sulla salute del compagno.

Sposi sì, ma solo con rito civile.

Es. 9

b) Sposarsi o non sposarsi, questo è il dilemma!

Parlatene! Dividetevi in due gruppi. Un gruppo prepara una lista di argomenti a favore del matrimonio. Il secondo gruppo invece a favore della convivenza. Scegliete un moderatore e discutete.

- Oggigiorno ha senso sposarsi?
- Il matrimonio offre davvero sicurezza?
- La convivenza può essere un modello alternativo al matrimonio?

Non so se si possa affermare che ...

Pare che ...

Penso che non si sia fatto abbastanza per tutelare ...

È ora che ...

Non è giusto che ...

Mi sembra assurdo che ...

Peccato che ...

È una questione di scelte ...

5 a) **L'hit parade dell'infedeltà**

Il partito degli infedeli ha le sue regole.
E i suoi mestieri prediletti.

Gli intellettuali
Pare che siano più infedeli degli altri. Anche perché hanno una notevole capacità di ragionamento e dialettica che permette loro di giustificare il perché di un tradimento, nobilitandolo.

Rappresentanti di commercio, medici e operatori di borsa
Sono tra i più gettonati. Chi viaggia di più per lavoro, partecipa a conferenze e congressi sfugge difficilmente alla tentazione di una scappatella.

28 % **dei mariti inventa viaggi di lavoro per tradire**

87 % **delle mogli sogna di tradire il marito**

b) **Continuate voi l'hitparade delle tentazioni!**

Scrivete un commento adeguato per le seguenti categorie: insegnanti, casalinghe, attori e cantanti, dirigenti di successo.

Lei è più brava a tradire

Lascia in giro oggetti compromettenti
LUI 37 % LEI 5 %

Fa molti regali all'amante
LUI 29 % LEI 12 %

Si fa mandare delle e-mail dall'amante
LUI 27 % LEI 7 %

Cambia atteggiamento emotivo nei confronti del coniuge
LUI 37 % LEI 9 %

Continua ad avere normali rapporti sessuali con il coniuge
LUI 73 % LEI 90 %

Es. 10

6 a) Tra madre e figlia. Conflitti programmati?

Madre e figlia parlano di una nuova legge svedese secondo la quale anche i papà possono prendersi sei mesi di licenza-parto per occuparsi dei figli. Alla madre quest'idea non va proprio giù …

"Ci mancava anche questa! – disse – che i padri abbiano la licenza-parto come se i bambini li facessero loro!"
"E invece chi li fa?", dissi io polemica.
"Chi li fa? la madre, perdiana!"
"E i figli di chi sono?", dissi io.
"Della madre, diamine!", rispose lei.
"Infatti, – dissi io – portano il cognome della madre, la madre esercita la matria potestà."
"No, – disse lei – portano il cognome del padre, che scoperta. E la patria potestà dovrebbero esercitarla tutti e due. Però li fa la madre."
"Perché tutti e due – dissi io – se dici che i figli sono della madre?"
"Oddio, come sei noiosa, come sei suffragetta! – esclamò lei – E va bene. I figli sono di tutti e due. Però li fa la madre."
"Ci risiamo – dissi – Li fa da sola questa madre?"
"Ma no, uffa!, li fa in collaborazione con il padre."
"Brava, hai detto in collaborazione col padre. Il quale, mi sembra naturale che, di conseguenza, collabori a occuparsene."
"Ma cosa vuoi che capisca un uomo?", disse mia madre. E cercò di cambiare argomento, come sempre quando non riesce a convertire 1'interlocutore e si annoia: "Hai sentito cosa è successo all'Annetta?"
"Dicevi: che cosa vuoi che capisca un uomo", insistei.
"Ma sì, ma sì, – fece lei seccata – l'uomo è un cretino."
"E' un cretino e quindi è meglio che si occupi di lavori extradomestici, la donna è intelligente, quindi deve curarsi dei bambini."
"Uffa! – fece lei presa in trappola – Insomma, cosa vuoi che ti dica? La donna fa materialmente i bambini, li partorisce, è quindi logico che li allevi lei. Se poi si chiamano come il padre, sarà ingiusto, ma a me, come ti ho già detto tante altre volte, non me ne importa niente. Uffa, come mi annoi. D'altronde, scusa, (azzardò, convinta di colpire nel segno) a te sarebbe piaciuto che il Bosi allevasse le tue figlie?"
"Le nostre figlie. Sì. E il bello è che sarebbe piaciuto anche a lui."
Mi guardò con disprezzo. In quel momento arrivò il Bosi.
"State parlando di femminismo?", domandò sbiancando.
"Sì, sì, c'è questa suffragetta che hai sposato che vorrebbe trasformare gli uomini in donne di casa."
"Io, per me – disse il Bosi – ci sto".
"Ci stai – si arrabbiò mia madre – perché non sai che cosa vuol dire fare la donna di casa."
"Lo so benissimo, invece – disse il Bosi sprofondando in poltrona - è mia moglie che non lo sa."
"Lo sai per modo di dire – tagliò corto mia madre - e in ogni caso io disprezzo gli uomini che vogliono fare le donne di casa."
"Che cosa dovrebbero fare gli uomini?", chiesi.
"L'uomo fa l'uomo. Ai miei tempi questi problemi non esistevano. L'uomo faceva l'uomo e la donna la donna."

L. Fiumi, *Come donna, zero.* Mondadori 1973

fare
facessi
facessi
facesse
facessimo
faceste
facessero

allevare
allevassi
allevassi
allevasse
allevassimo
allevaste
allevassero

Come se i bambini li **facessero** loro!
A te **sarebbe piaciuto** che **allevasse** le tue figlie?

6

b) **Sinonimi – Cercate nel testo il sinonimo delle seguenti parole.**

femminista .... stupido ....

cooperazione .... mettere al mondo ....

argomento .... impallidire ....

c) **Rileggete il testo e sottolineate tutto ciò che esprime impazienza, disaccordo, insoddisfazione e disprezzo.**
Cercate di spiegare il significato delle espressioni che avete sottolineato.

d) **Rispondete alle seguenti domande.**

Es. 11, 12, 13

- Chi sono i personaggi del brano?
- Quale notizia ha provocato la discussione fra madre e figlia?
- Qual è il ruolo della donna secondo la madre? Qual è il ruolo dell'uomo?
- Come reagisce il Bosi all'argomento?
- Secondo voi cosa significa l'ultima frase della madre?
- Cosa ne pensate di questa madre?

7

a) **Che cosa gli sarebbe piaciuto?**
Ascoltate le esperienze di alcune persone. Che cosa avrebbero voluto?

A .... B ....

C .... D ....

b) **A voi cosa sarebbe piaciuto? Continuate.**

A me sarebbe piaciuto
che mio marito si prendesse più cura
dei nostri figli e venisse incontro
alle mie esigenze.

A me sarebbe piaciuto
che mia moglie fosse più indipendente
e avesse più interessi propri.

Es. 14, 15

Single, dove sei?

Laureato 31enne, doti fisiche e morali, serio, riservato, simpatico, colto, elevato livello socio-economico, contatterebbe, anche tramite genitori, scopo matrimonio, veramente graziosa, fine, intelligente, cultura universitaria, di assoluta moralità, max 26enne, appartenente a famiglia agiata, preferibilmente settentrionale. Gradita foto. Casella postale 12345 Milano

32enne, simpatica e aperta. Vivo e lavoro a Torino, amo il sole e le passeggiate all'alba, la musica jazz e blues anni '70. Cerco 40enne, libero, serio, simpatico, ottima cultura per iniziare una bella amicizia. Tel.: 030 - 34 56 78

Accompagnatore, autista, 30enne, bella presenza, classe, cultura, simpatia, massima riservatezza, disponibile pomeriggi, serate, esclusivamente signore/signorine distinte e facoltose. Tel.: 042 - 85 67 685

a) Scegliete uno di questi annunci e rispondete.

b) Cercate un partner? Scrivete il vostro annuncio.

Chi è il tuo ideale?
Con questo test scoprirai cosa cerchi davvero in un/una partner.

1) **Per rilassarsi nel tempo libero un/una manager ...**
   a) gioca a Monopoli con soldi veri.
   b) tira freccette contro le foto dei concorrenti.
   c) fa esercizi di yoga.
   d) legge libri di filosofia.

2) **Potresti far l'amore per denaro?**
   a) Sì, sarebbe eccitante.
   b) Sì, per disperazione.
   c) Forse, se il denaro è molto.
   d) No, mai.

3) **Si può morire di vergogna per aver ...**
   a) tradito un segreto.
   b) detto una bugia.
   c) fatto un grave errore sul lavoro.
   d) fatto una brutta figura.

4) **Chi si accontenta ...**
   a) gode.
   b) vive mediamente felice.
   c) è uno sconfitto.
   d) perde molte occasioni.

5) **La miglior vendetta è fare agli altri quello che ...**
   a) hanno fatto a te.
   b) certamente non si aspetterebbero da te.
   c) temono.
   d) desiderano.

6) **"Adesso siediti", dice ...**
   a) un fidanzato che chiede spiegazioni.
   b) una mamma al figlio irrequieto.
   c) un allenatore ad un atleta.
   d) il direttore alla segretaria.

7) **Una top model per cambiare la sua vita ...**
   a) apre un ristorante.
   b) si dà al cinema.
   c) diventa astronauta.
   d) sposa un miliardario.

8) **"Tu qui!?" Esclama un uomo vedendo ...**
   a) sua moglie in un night.
   b) la segretaria a casa sua.
   c) la sua amante in ufficio.
   d) un collega nella sua camera da letto.

Segna nella tabella qui sotto il punteggio ottenuto con le risposte per ogni domanda del test. Fai il totale e leggi il profilo corrispondente al tuo punteggio.

	1	2	3	4	5	6	7	8
a	3	0	9	9	3	6	3	9
b	0	6	6	6	6	9	0	3
c	6	3	0	0	0	3	6	0
d	9	9	3	3	9	0	9	6

Punteggio del test – per **la soluzione vedere pagina 147**

Ricorda

Der Congiuntivo passato: Formen

→ 1.6.3

Pare che **abbiano perso** ...	abbiano perso	Der Congiuntivo passato wird mit dem Congiuntivo presente von *essere* bzw. *avere* und den Partizip Perfekt des Hauptverbs gebildet.
Pare che la situazione **sia cambiata** ...	sia cambiata	

Der Congiuntivo imperfetto: Formen

→ 1.6.2

A te sarebbe piaciuto che **allevasse** ... ? Pensavo che il rapporto **potesse** continuare.	**allevare** allevassi allevassi allevasse allevassimo allevaste allevassero	**potere** potessi potessi potesse potessimo poteste potessero	Die erste und die zweite Person Singular sind gleichlautend. Fast alle Verben werden regelmäßig konjugiert, eine Ausnahme ist *essere*.
Pensavano che **finisse** tutto.	**avere** avessi avessi avesse avessimo aveste avessero	**finire** finissi finissi finisse finissimo finiste finissero	Das Hilfsverb *avere* sowie die Verben mit Stammerweiterung werden regelmäßig konjugiert.
Come se i bambini li **facessero** loro. Pensavano che **fosse** una scelta sbagliata.	**essere** fossi fossi fosse fossimo foste fossero	**fare** facessi facessi facesse facessimo faceste facessero	Das Verb *essere* ist unregelmäßig. Das Verb fare wird regelmäßig (aus der lateinischen Form "facĕre") gebildet.

Auslöser des Congiuntivo

→ 1.6.5

Pare che abbiano perso un po' del loro carisma.	pare che	Der Congiuntivo steht:
Ci si chiede quali siano le cause.	ci si chiede	• nach unpersönlichen Ausdrücken
A te **sarebbe piaciuto che** allevasse ...	sarebbe piaciuto che	• in der indirekten Frage
Nonostante il numero delle separazioni sia in crescita ...	nonostante	• nach dem Verb *piacere* im Hauptsatz
Benché il matrimonio sia ...	benché	• nach Konjunktionen wie no*nostante (che), benché, come se*. Nach *come se* steht der Congiuntivo imperfetto oder trapassato.
Come se i bambini li facessero loro.	come se	

Der Congiuntivo: die Zeitenfolge

→ 1.6.7

- **Ausgangspunkt Vergangenheit**

Pensavo che ...	... lavorasse	(damals zur selben Zeit)
	... lavorasse/... avrebbe lavorato	(später, danach)

- **Ausgangspunkt Gegenwart**

Penso che ...	... abbia lavorato	(gestern)
	... lavori	(jetzt)
	... lavori/lavorerà	(morgen)

Ist der Auslöser ein Konditional, so steht im Nebensatz zur Angabe der Gleichzeitigkeit bzw. der Nachzeitigkeit der Congiuntivo imperfetto.

Comprensione scritta

a) Cercate l'indirizzo Internet adatto alle seguenti persone.

1. Un appassionato d'arte cerca una mostra in una città del Nord.
2. Una giovane ragazza sta frequentando un corso di regia.
3. Una coppia s'interessa di cinema ed è in visita a Milano.
4. Un appassionato navigatore d'internet vuole conoscere le ultime novità.

a) www.fabbricadelvapore.org
Proseguono le attività della Fabbrica del vapore con lo Street film festival, rassegna milanese di cinema indipendente a cielo aperto.

b) www.webb.it
Webb.it 2001 apre i battenti alla Fiera di Padova. I partecipanti al più importante Internet event d'Europa potranno alloggiare 24 ore su 24 in un campus allestito per loro.

c) www.giffoniff.it
Al Giffoni film festival, l'evento cinematografico per giovani registi esordienti, si inaugureranno la Città del cinema e il progetto Multi media valley.

d) www.labiennale.org
L'arte in ogni sua espressione va in mostra a Venezia. Programmi, anteprime, servizi online della rassegna.

b) Le quattro persone scrivono una e-mail per avere informazioni. Abbinate le e-mail correttamente.

A) Gentili signore e signori,
questa settimana siamo a Milano e ci interessa il programma del festival cinematografico di Milano. Potreste inviarlo a Perio@tin.it? Grazie in anticipo
S. Perio

B) Sto frequentando un corso per registi e vorrei partecipare al festival. Dove posso avere informazioni sull'iscrizione?
Grazie e cordiali saluti
Maria Santi

C) Sono alla ricerca di un hotel per il periodo della fiera. La vostra organizzazione sa indicarmi qualcosa di accessibile? Vi ringrazio e resto in attesa di una sollecita risposta.
S. Soldati

D) Mi interesserebbe avere il catalogo della biennale, è possibile ordinarlo online?
Grazie – N. Sarduzzi

*) Im Testformat der Zertifikatsprüfung

2 Elementi di lingua

Elementi di lingua, parte 1

Leggete il seguente articolo e decidete quale parola manca negli spazi.

E in casa arrivò il terzo genitore.
– Nuova famiglia, istruzioni per l'uso –

Roma – Sono sempre ______ (1) gli uomini e le donne che si separano e formano nuove unioni, portando con sé i figli del precedente ______ (2). E sono sempre più giovani: 38 anni di media per lei, 41 per lui. Una miscellanea ______ (3) che rovina l'identità di un bambino, o una moltiplicazione degli affetti con conseguenze non necessariamente negative? "Il terzo genitore, in ______ (4) condizioni, rappresenta una risorsa importante per il bambino. Se la ______ (5) fra padre e madre non è avvenuta in maniera troppo traumatica, il figlio può arricchirsi per la ______ (6) con i nuovi fratelli e genitori". Lo sostiene Maurizio Andolfi, esperto delle relazioni familiari all'Università La Sapienza di Roma. Nel nostro paese sono 600.000 le famiglie ricomposte, frutto cioè di ______ (7) fra persone precedentemente sposate e con figli. In Francia la cifra raddoppia, in Gran Bretagna quasi triplica, negli Stati Uniti a malapena un quarto delle coppie sopravvivono al ______ (8) e un ragazzo su quattro vive in una famiglia ______ (9) da quella in cui è nato.

La Repubblica, 19/5/01

1. a) mai più
   b) di più
   c) per più

2. a) separazione
   b) divorzio
   c) matrimonio

3. a) familiare
   b) straniera
   c) economica

4. a) allegre
   b) povere
   c) determinate

5. a) convivenza
   b) separazione
   c) relazione

6. a) separazione
   b) matrimonio
   c) convivenza

7. a) unioni
   b) divorzi
   c) convivenze

8. a) povertà
   b) divorzio
   c) lavoro

9. a) diversa
   b) divertente
   c) ricca

Elementi di lingua, parte 2

Segnate la forma corretta per completare la frase.

Marco crede ________ (1) irresistibile.
Pensi che i tuoi amici ________ (2) del libro?
Dubito che lei ________ (3) davvero così indipendente come dice.
Non sono sicuri ________ (4).
Aspetta che ________ (5).
Se volete ________ (6) in tempo, cercate di sbrigarvi.
Bisogna che ________ (7) la responsabilità.
Basta ________ (8) le proprie responsabilità.

1. a) che sia
   b) di essere
   c) che è

2. a) si ricordano
   b) ricordarsi
   c) si ricordino

3. a) è
   b) sia
   c) sarà

4. a) di poter venire
   b) che possono venire
   c) che potevano venire

5. a) ritornare
   b) ritorniate
   c) ritornate

6. a) arrivare
   b) arriverete
   c) arriviate

7. a) assumerti
   b) ti assumi
   c) ti assuma

8. a) assumiamo
   b) si assuma
   c) assumersi

3 Comprensione auditiva

Dopo che la cassetta è stata messa in funzione non si interrompe fino a che non si sentono le parole: "Fine della comprensione auditiva".

Comprensione auditiva

Leggete prima le affermazioni e poi ascoltate il commento di un giornalista radiofonico su un dibattito televisivo riguardante il tema "Coppie di fatto e le nuove famiglie". Decidete quali affermazioni sono vere. Riascoltate e verificate.

1. Che cosa critica il giornalista?
   a) La tematica ormai superata.
   b) Le opinioni molto divergenti.
   c) L'attualità del tema.

2. Qual è la sua opinione sulla trasmissione?
   a) È molto interessante.
   b) È troppo moderata.
   c) Non è attuale.

3. Quali sono gli argomenti attuali?
   a) La legalizzazione delle coppie omosessuali.
   b) I divorzi in generale.
   c) La scelta tra matrimonio civile e religioso.

4 Espressione scritta

Per questa parte avrete a disposizione 20 minuti di tempo.

Espressione scritta

a) *Compilate il modulo d'iscrizione con i vostri dati: volete iscrivervi al corso di restauro mobili.*

SCHEDA DI ISCRIZIONE
Corsi Estivi

Alla segreteria dell'Istituto per l'Arte e il Restauro Palazzo Spinelli
Borgo Santa Croce, 10 - 50122 Firenze

Cognome:	....	Nome:	....
Data di nascita:	....	Luogo di nascita:	....
Nazionalità:	....	M – F	....
Indirizzo:	....	CAP, Città:	....
Tel. (abit.):	....	Tel. lavoro:	....
Cellulare:	....	Fax:	....
E-mail:	....		....
Corso:	....	Data:	....

b) *Scrivete voi la conferma da parte dell'Istituto.*

Istituto per l'Arte e il Restauro
Palazzo Spinelli
Borgo Santa Croce, 10 - 50122 Firenze

Firenze, 02/02/200...

Gentile ... ,
Le confermiamo...

L'Italia: noi, voi, loro ...

7

Congiuntivo trapassato, gerundio

L'Italiano medio, questo sconosciuto ...

1

a) **Com'è "l'italiano medio" secondo voi?**

Quali sono le sue caratteristiche fisiche?
Qual è il suo svago preferito?
Come si veste di preferenza e quanto spende?
Quante ore guarda la TV?
Qual è la sua bevanda preferita?
Va regolarmente in vacanza?
Che cosa sogna?
Risparmia molto o poco?
Qual è la sua macchina preferita?
Da quante persone è composta la sua famiglia?

b) **Provate ad immaginare la vita delle persone nelle foto: lavoro, abitudini, famiglia, tempo libero ecc.**

Presumo che Immagino che Suppongo che	sia un abitudinario non faccia altro che ... si occupi di ... passi il tempo a ... il suo passatempo/hobby sia ...

2

a) **Anna ha letto un articolo e ne parla a Stefano.**

A: Ho letto un articolo davvero interessante. Parlava di Beppe Russo, l'italiano medio e ...
S: L'italiano medio?! Per me non esiste, è solo un'invenzione degli istituti di statistica ...
A: Lo pensavo anch'io. Però devo ammettere che leggendolo mi sono quasi ricreduta.
Alla fine ho avuto proprio l'impressione che avessero preso a modello il mio vicino di casa!
Aspetta, ti faccio vedere la rivista!

... **ho avuto** l'impressione che **avessero preso** ... !

leggendo**lo** !

prendere
avessi preso
avessi preso
avesse preso
avessimo preso
aveste preso
avessero preso

Es. 1, 2, 3, 4

LA SCHEDA

BEPPE RUSSO l'italiano medio

Le sue caratteristiche fisiche, le abitudini e i suoi gusti, secondo statistiche e sondaggi

La carta d'identità

Il nome di uomo più comune in Italia è Giuseppe Russo; l'altezza media è di 174 cm, l'età è 30-35 anni e il peso 70-72 kg. L'aspettativa di vita di un uomo è di 74,9 anni. La maggior parte degli italiani ha gli occhi marroni e i capelli (tagliati corti) di colore castano.

Casa e famiglia

La famiglia media è composta da 2,7 persone; risiede al Nord, in una casa di proprietà.

Sveglia alle 7

Per andare al lavoro (lavora nel settore dei servizi), si sveglia ogni mattina tra le 7 e le 7.30.

Come Schumi

Il sogno nel cassetto di quasi metà degli italiani è pilotare un'auto di Formula 1.

Al cinema

Lo svago preferito è il cinema, seguito dagli spettacoli sportivi (la maggioranza relativa è juventina).

Non legge, chiama

Beppe Russo ha un cellulare, ma legge un quotidiano (il più venduto è il "Corriere della Sera") solo un giorno ogni sette.

Tv e radio

L'italiano medio ha tv (in un caso su tre la guarda 3 ore al giorno), videoregistratore, radio (che ascolta tutti i giorni) e impianto hi-fi.

b) **Adesso sapete tutto di Beppe Russo. Cosa ne pensate?**

Non immaginavo che gli italiani risparmiassero tanto.	Allora è proprio vero che ...
Strano! Non credevo che fossero ...	Non pensavo che avessero cambiato le loro abitudini ...
Mi sorprende che non vadano mai in vacanza!	

c) **Basandovi sui temi proposti dall'immagine, fate una ricerca in classe e create l'identikit del cittadino medio del vostro paese. Preparate una pagina da pubblicare su una rivista.**

Es. 5

3

Congiuntivo trapassato

a) **Ascoltate. Si può parlare di "gene italiano"?**

Sa io, come forse tanti altri italiani, pensavo che fossero stati gli etruschi ad aver dato origine al nostro popolo ...

No, non è così. Il popolo italiano è una miscela non ben definibile.

... **pensavo** che **fossero stati** gli etruschi ... !

essere
fossi stato
fossi stato
fosse stato
fossimo stati
foste stati
fossero stati

b) **Riascoltate l'intervista e rispondete.**

Il Professor Piazza parla di alcuni antichi popoli italiani. Quali?

Osco-piceni	☐	Liguri	☐
Romani	☐	Sanniti	☐
Etruschi	☐	Sardi	☐

c) **Leggete le affermazioni e poi riascoltate l'intervista. Quali sono corrette?**

Il professor Piazza si occupa di antropologia. ☐
È stata scoperta l'origine genetica degli italiani. ☐
Vi è un'unica componente genetica che conta nel DNA degli italiani. ☐
La Magna Grecia è una regione della Grecia. ☐
Gli abitanti della Magna Grecia erano etruschi. ☐

→ **Es. 6, 7**

d) **Informazioni più o meno fondate.**

turchi/romani
costruire

architetto
spagnolo/italiano
progettare

greci/romani
fondare

napoletani/
cinesi
inventare

fiorentini/
veneziani
creare

- *Sai che sono stati i romani a costruire gli acquedotti?*
– *Davvero? Pensavo che li avessero costruiti i turchi.*

Continuate voi ...

→ **Es. 8, 9**

4 a) Rossi, Bianchi o Verdi?

Come ci chiamiamo? I cognomi italiani sono nati ispirandosi al mestiere, al carattere o alle particolarità fisiche degli antenati.

di Carmelo Currò

Il colore rosso dei capelli degli invasori longobardi ci ha lasciato in eredità migliaia di Rossi, Russo (la prima è la versione settentrionale, l'altra quella meridionale). Una professione che ha creato altrettanti cognomi è stata quella del fabbro: Ferrari, Ferraro, Fabbri, Ferrero ... Ma da quando gli italiani hanno il cognome? Nel IX secolo, per distinguere i diversi Ugo, Sergio e Lamberto l'uno dall'altro, fu introdotto un nome "aggiunto". La scelta cadde per lo più sul nome del padre o della madre, per esempio "de Lonardo" figlio di Lonardo o su parole beneauguranti Bencivenga, Prosperi ecc., o su nomi che indicavano l'origine, la città, ecc. Romano, Vicentino ... Molti sono i cognomi che derivano da una caratteristica fisica: Biondi, Calvi ecc. L'origine illegittima è riconoscibile da cognomi come Proietti, Trovati, Esposito.

Col tempo e con l'introduzione dei registri di battesimo molti cognomi si cristallizzarono, alcuni sparirono, altri se ne aggiunsero. Oggigiorno aumentano i cognomi doppi. Infine, l'aumento dei cittadini italiani provenienti da paesi esteri farà

certamente entrare nella nostra lingua anche cognomi di altre lingue. Magari italianizzati, per semplificare la vita degli amici non più costretti a scioglilingua per chiamare il vicino.

Focus Extra n. 2 – 2000

ROSSI Renzo, 23 v. Kyoto ------------------ 681 83 34
» Renzo, Mesticheria Ferramenta Colori
6 lg. Boscoli ------------------------------ 68 55 88
» Revo, 64 Costa S. Giorgio --------------- 234 43 87
» dr. Riccardo, 15 v. Giglio ---------------- 28 23 98
» dr. Riccardo, 73 v. S. Ammirato ---------- 67 80 63
» Riccardo, 19 v. Bronzino ----------------- 70 14 97
» dr. Riccardo, Dottore Commercialista
15 v. Giglio ------------------------------- 28 73 81
» Rigoletto, 14 v. Bugiardini -------------- 732 23 96
» Rina, 13 v. Giglio ------------------------ 29 25 03
» Rina, 65 v. Faentina --------------------- 47 31 13
» RISANI Cesarina, 1 v. Salvini ----------- 57 71 19
» Rita, 21 v. Bardelli ---------------------- 48 72 59
» Rita, 167 v. Argin Grosso ---------------- 78 36 19
» prof. Roano, Pediatra 44 v. Mad. Querce -- 58 89 56
» Roberta, 81 v. Faenza -------------------- 21 04 52
» Roberta, 32 vl. Mamiani ------------------ 60 23 78
» Roberta, 18 vl. Magnolie ----------------- 71 22 02
» Roberta, 12 v. C. Bravo ----------------- 732 16 93
» Roberto, 41 v. Ricasoli ------------------ 28 22 86
» Roberto,
» Roberto,
» Roberto,
» dr. Robert
» Roberto,
» Roberto,
» Roberto,
» Roberto,
» Roberto,
» Roberto,
» Roberto,
» Roberto,
» Roberto,
» Roberto,
» ing. Rober
» Roberto,
» rag. Rober
» Roberto,
» Roberto,
» rag. Rober
» Roberto,
» Roberto,
» Roberto,
63/r. bg. Cr
» rag. Rober
Aziendali 8

RUSSO avv. Agatino, Studio Professionale
54 v. L. il Magnifico ----------------------- 48 10 35
» Albino, 14 v. Pandolfini ---------------- 234 75 51
» Aldo, 2 p. Peruzzi ------------------------ 21 36 30
» Aldo, 15 v. Carducci ---------------------- 24 13 66
» Aldo, 107 v. Argin Grosso ---------------- 78 17 63
» Alessandro, 6 p. Duomo ------------------ 28 17 24
» Alessandro, 120 v. S. Gallo -------------- 48 76 39
» Amina, 28 v. Montebello ----------------- 21 56 40
» dr. Angela, 1 v. Toscanella -------------- 21 99 57
» Angela, 3 v. Sprone ---------------------- 26 43 95
» Angelo, 2/a v. Bassi ---------------------- 78 33 76
» Angelo, 5 v. Datini ---------------------- 680 22 10
» arch. Anna Maria, 32 v. S. Antonino ----- 21 01 24
» Anna Maria, 13 bg. SS. Apostoli --------- 28 62 23
» Anna Maria, 8 v. Gaggia ----------------- 70 66 72
» Antonietta, 81 v. Ghibellina ------------- 24 17 54
» dr. Antonio, 116 v. Ghibellina ----------- 21 92 13
» dr. Antonio, 2 v. Ponte di Mezzo --------- 36 78 19
» arch. Antonio, 77 v. S. Gallo ------------ 49 07 35
» Antonio, 53 v. Sercambi ----------------- 58 67 69
» Antonio, 1 v. Minghetti ------------------ 66 90 39
» Antonio, 1 v. Manin -------------------- 247 87 32
» Antonio, 29 v. Casella -------------------- 78 30 24
(prendera' il 78 14 22)
» Augusto, 120 v. S. Gallo ----------------- 47 57 08
» Augusto, Bar e Caffe' 4 v. Colonna ------- 24 53 50
» Barbara, 19 v. Monaco ------------------- 35 57 32
» Bianca Maria, 76 v. S. Gallo ------------- 48 25 65
» BONO Paolina
224/c v. Bolognese Vecchia ---------------- 40 05 62
» Carlo, 19 v. Monaco ---------------------- 32 10 95
» dr. Carlo, Commercialista
32/c v. Targioni Tozzetti ------------------ 35 00 21
» Carlo Renato, 31 v. S. Gervasio ---------- 58 98 22
» Carmela, 205/a v. Baracca -------------- 436 19 16
» CERRETI Vittoria, 23 v. B. Dei ---------- 41 68 10
» contramm. Ciro, 8 vl. F.lli Rosselli ------- 238 28 94
» Claudio, 19 v. Ponte All'Asse ------------ 33 02 91
» Claudio, Rappresentante 12 bg. Albizi --- 234 08 40
» Corrado, 24/1 v. S. Martini ------------- 739 88 03
» dr. Cosimo Roberto, 80 vl. F.lli Rosselli - 21 55 94
» Cristofaro, 14/3 v. Pratese --------------- 31 84 28
» Cristofaro, Salumeria Formaggi

scioglilingua !

b) **Rispondete alle domande.**

- Quando furono introdotti i cognomi in Italia?
- Che cosa indicavano spesso i cognomi?
- Quali sono i cognomi più comuni in Italia?
- Quali cognomi indicano l'origine illegittima?
- A cosa porta l'aumento di stranieri in Italia?

Progetto "Made in Italy", pag. 112/113

Es. 10

5 a) Noi nel mondo

L'Italia? Ce ne sono due. Milioni e milioni di italiani ed oriundi italiani vivono lontano dalla penisola.

Italiani residenti attualmente all'estero

Per continente	Totale persone
Europa	1 634 587
Asia	18135
Africa	42 164
America settentrionale e centrale	441 335
America meridionale	424 396
Australia e Oceania	126 532
Antartide	297
Territorio non definito	66 855
Totale	2 748 321
Dal sito AIRE* in internet	

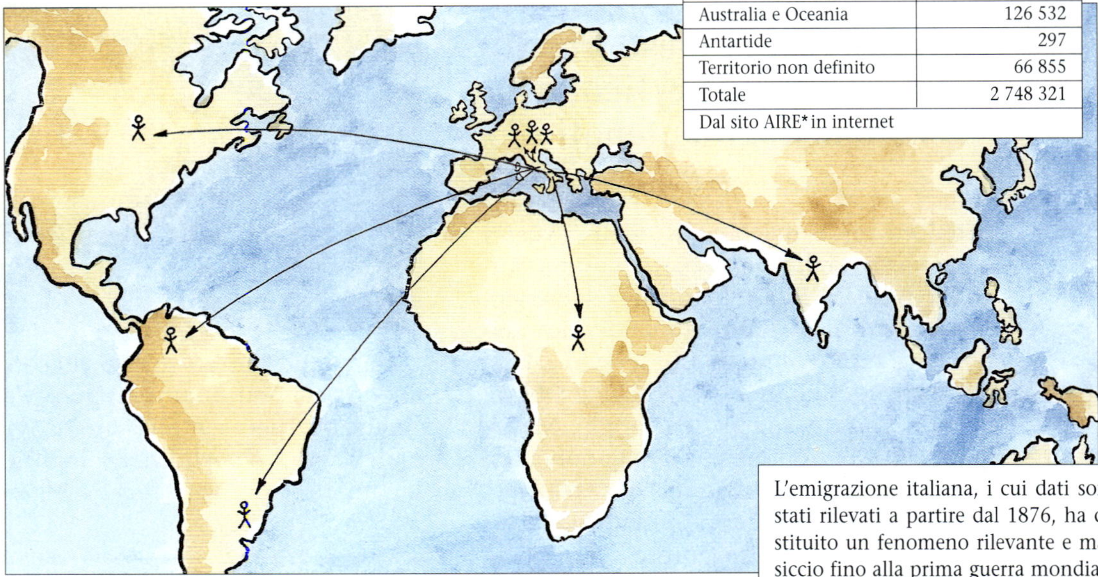

Focus Extra no. 2 – 2000

L'emigrazione italiana, i cui dati sono stati rilevati a partire dal 1876, ha costituito un fenomeno rilevante e massiccio fino alla prima guerra mondiale, specie verso i paesi d'oltreoceano. Questa fase è caratterizzata da uno spostamento proveniente da tutte le regioni, causato dai grandissimi problemi economici in cui versavano i ceti meno abbienti. Durante il periodo fascista l'emigrazione italiana calò fortemente, riprendendo dopo la seconda guerra mondiale, ma in direzione prevalentemente continentale. Infatti, verso la metà degli anni Cinquanta, vi fu una forte emigrazione di italiani verso l'Ovest ed il Nord europeo: Francia, Svizzera, Germania, Belgio.

b) Commentate le informazioni presenti nella cartina e nel testo.

- Dove esiste la maggior concentrazione di italiani all'estero?
- In quali periodi vi sono state forti emigrazioni?
- Di che tipo di "emigrazioni" si tratta?

c) Tanto per parlare

- Nel vostro paese esiste o esisteva il fenomeno dell'emigrazione?
- Verso quali paesi sono emigrati i vostri connazionali?

6 a) Figlia di italiani – 32 anni – attrice di teatro. Un destino come un altro? Che cosa fa la ragazza invece di andare a trovare i nonni? Ascoltate.

Mio padre credeva che io fossi andata a trovare i nonni e invece …

b) Avete mai raccontato una bugia? No??? Allora cominciate adesso!

Mio marito credeva che io fossi andata al cinema e invece …

Continuate voi!

Es. 11

* AIRE = Anagrafe italiani residenti all'estero

7 a) Il mondo da noi

Guardate la cartina. Scrivete un commento aiutandovi con la statistica.

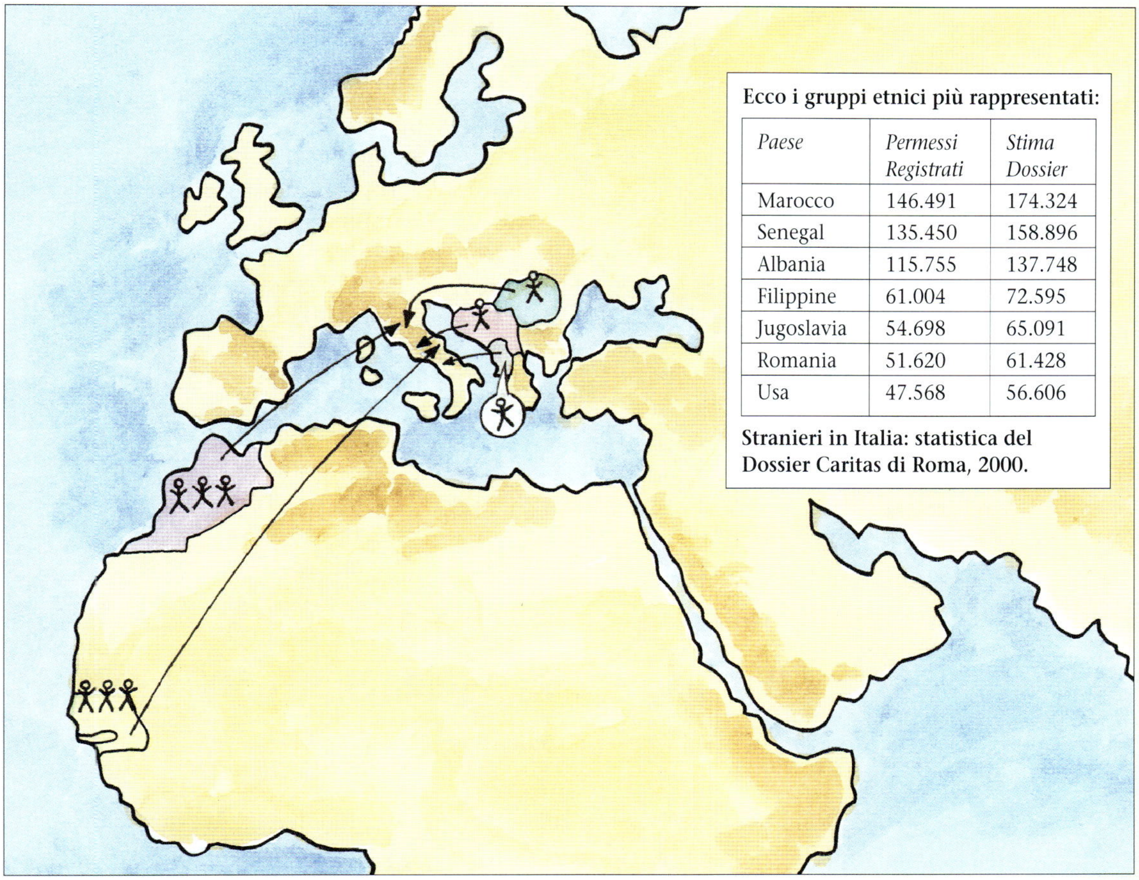

Ecco i gruppi etnici più rappresentati:

Paese	*Permessi Registrati*	*Stima Dossier*
Marocco	146.491	174.324
Senegal	135.450	158.896
Albania	115.755	137.748
Filippine	61.004	72.595
Jugoslavia	54.698	65.091
Romania	51.620	61.428
Usa	47.568	56.606

Stranieri in Italia: statistica del Dossier Caritas di Roma, 2000.

Focus Extra no. 2 – 2000/Italia

b) **Che cosa fanno?**

Gli immigrati in Italia sono presenti in moltissimi settori. Nel campo dell'edilizia, nella gastronomia (ristoranti, mercati ecc.), nell'agricoltura ed anche nell'ambito domestico.
Senza di loro l'Italia sarebbe immobilizzata: niente più pane, niente più verdura nei supermercati, famiglie allo sbaraglio ...

c) **L'immigrazione esiste anche nel vostro paese?**

- Di che nazionalità sono gli immigrati nel vostro paese?
- Quali sono i gruppi numericamente più forti?
- Quali attività svolgono?

Es. 12

Kossi Amekowoyoa Komla-Ebri

Nato in Togo nel 1954.
Maturità in Francia nel 1973.
Studi di medicina a Bologna, laurea nel 1982.
Rientra in Togo dove lavora fino al 1988 e si interessa di traumatologia.
Ritorno in Italia e specializzazione in Chirurgia Generale presso l'Università di Milano nel 1988.
Sposato con un'italiana, due figli.

Lavora come medico all'ospedale di Erba, Como.

Ha pubblicato diversi racconti e vinto concorsi letterari. Presidente e fondatore della A.S.A.E. Associazione Solidarietà Africana Erba, un'organizzazione che divulga la cultura, le tradizioni ed i valori africani.

a) **Un malinteso imbarazzante ...**
Di quale malinteso si tratta?

"Bel negro, vuoi guadagnarti 500 lire?"

di Kossi Komla-Ebri

Un giorno uscivo dal supermercato con mia moglie, che è un'italiana. Avevamo fatto tanta spesa da riempire due carrelli. Dopo aver caricato il tutto nel portabagagli della macchina, mia moglie mi spinse i due carrelli da riportare per recuperare le due 500 lire.
M'incamminavo con i miei due carrelli, quando sentii dietro le spalle un "ssst !" accompagnato da uno schioccare di dita. Mi girai e vidi un signore sulla cinquantina farmi segno con l'indice di avvicinarmi, ed abbozzare il gesto di spingere il suo carrello verso di me. Lo guardai con un'espressione che mia moglie descrisse poi come carica di lampi e fulmini.
Comunque il mio sguardo doveva essere stato eloquente, perché lo vidi trattenersi il suo carrello e portarselo per conto suo.
Senz'altro, visto il colore della mia pelle e il gesto d'affido dei carrelli da parte della mia signora, il "sciur" aveva fatto la somma deduttiva: negro + carrelli = povero extracomunitario che sbarca il lunario.
Tornando alla macchina, vidi la mia dolce metà, che conoscendo la mia permalosità, si contorceva dalle risate. Mi misi poi a ridere anch'io. Ora ogni volta che andiamo a fare la spesa, lei mi spinge, ammiccando, il carrello con voce scherzosa: "Ehi bel negro, vuoi guadagnarti 500 lire?".

b) **Rispondete alle domande.**

- Perché Kossi è furioso?
- Perché la moglie di Kossi si contorce dalle risate?
- Avete assistito anche voi a episodi simili?

Der Congiuntivo trapassato: Form und Gebrauch

→ 1.6.4

... ho avuto l'impressione che **avessero preso** a modello il mio vicino di casa.	**avessero preso**	Der Congiuntivo trapassato wird mit dem Congiuntivo imperfetto von *essere* bzw. *avere* und dem Partizip Perfekt des Hauptverbs gebildet. Diese Form drückt Vorzeitigkeit gegenüber den Ereignissen im Hauptsatz aus
Pensavo che **fossero stati** gli etruschi ...	**fossero stati/-e**	

Der Congiuntivo: die Zeitenfolge

→ 1.6.7

- **Ausgangspunkt Gegenwart**

  Penso che ...   ... **siano stati** gli etruschi

- **Ausgangspunkt Vergangenheit**

  Pensavo che ...   ... **fossero stati** gli etruschi

Das Gerundio mit Pronomen

→ 1.9

... **leggendolo** mi sono quasi ricreduta.	leggendo**lo**	Personalpronomina werden an das Gerundium angehängt. Gerundium siehe auch Bd. 2, S. 86

Wortbildung: zusammengesetzte Wörter

→ 2.1

... per semplificare la vita degli amici non più costretti a **scioglilingua** per chiamare il vicino.	sciogli + lingua lo/gli scioglilingua	Pluralbildung: Die zusammengesetzten Substantive können aus unterschiedlichen Wortarten gebildet werden. Ihre Pluralbildung weist viele Unregelmäßigkeiten auf. Unverändert bleiben zusammengesetzte Wörter, die aus folgenden Wortteilen bestehen: Verb + Substantiv (fem. Sing.) Verb + Substantiv (Plur.)
... ma non la **lavastoviglie**.	lava + stoviglie la/le lavastoviglie	

8 Giallo, rosa, d'avventura o ...?

1 Libri, libri ...

Conoscete tutte le parole? Ve ne vengono in mente altre?

2

a) Osservate le copertine dei libri. Di che cosa parlano? Quale potrebbe essere la trama?

Es. 1

Potrebbe essere una storia d'amore.
Forse si tratta di un romanzo d'avventura.
È ambientato in ... / a ...
La copertina / il titolo mi fa pensare a...

divertente	
avvincente	noioso
appassionante	banale
originale	scontato
romantico	mediocre

b) Che genere letterario preferite? Quale dei libri proposti vi piacerebbe leggere?

saggio		poliziesco / giallo
biografia		d'amore / rosa
documentazione	romanzo	d'avventura
poesia		di fantascienza
		storico

Es. 2

3 Leggere: come, dove e quando ...

a) Dove preferisce leggere il regista cinematografico Gabriele Salvatores?

Non mi piace leggere a letto. Non lo sopporto. Mi è capitato e mi capita di farlo, a volte, quando sono pressato dal bisogno o dall'urgenza di finire un libro, ma appena posso lo evito. Preferisco leggere di pomeriggio, seduto con il libro appoggiato su un tavolo o su una scrivania oppure in divano, con il libro in mano. Neanche in spiaggia mi piace leggere. D'estate, in vacanza, preferisco stare in casa da solo, nella penombra, e leggere. Appena posso lo faccio.

b) Fate il test e poi confrontate con il vostro vicino.

Test

Quali libri ha comprato negli ultimi sei mesi?
- a) saggistica
- b) letteratura
- c) altro tipo

Dove legge?
- a) seduto in poltrona
- b) a letto
- c) in autobus/metropolitana

Perché legge?
- a) per divertimento
- b) per rilassarmi
- c) per motivi di lavoro/studio

Quando legge?
- a) in vacanza
- b) la sera
- c) il fine settimana

c) E adesso vi facciamo il terzo grado ... Lavorate in coppia: intervistatevi a vicenda.

La prima lettura? ....
La citazione preferita? ....
Il libro più divertente? ....
Il più triste? ....
Un personaggio con cui identificarsi? ....
Il personaggio più odiato? ....
Un personaggio a cui farebbe la corte? ....
Un libro da portare sullo schermo? ....
Un libro che dovrebbe avere un seguito? ....
Un classico mai letto? ....
Un libro che Le ha fatto paura? ....
Un libro che porterebbe su un'isola deserta? ....
Il libro che sta leggendo? ....

d) Confrontate i risultati in classe. Parlate delle vostre abitudini "letterarie".

e) Parlate con il vostro vicino di un libro che avete letto ultimamente: genere, trama, personaggi, ambientazione.

4 a) *Se torno a nascere* di Luca Goldoni

Periodo ipotetico

In questo libro il giornalista e scrittore Luca Goldoni descrive con vivace ironia e con spirito critico la realtà italiana degli anni '70 – '80.

Forse lo disse o lo pensò il primo uomo apparso sulla terra. Ma se c'è un periodo[1] in cui lo ripetiamo dalla mattina alla sera, è proprio questo. Se torno a nascere, nasco donna. Se torno a nascere, nasco maschio. Se torno a nascere, non mi sposo più. Se torno a nascere, non voglio figli. Se torno a nascere, faccio l'idraulico, l'antennista o il dentista, [...]. Se torno a nascere, nasco in un'isola della Polinesia e non faccio niente: pesco due aragoste al giorno, una me la mangio e l'altra la baratto con una bottiglia di champagne. Se torno a nascere, non nasco più.
Solo Fanfani, Craxi & C[1]. non pensano mai "se torno a nascere". Prima di tutto perché è impossibile: sono immortali. Secondo: perché sembrano così soddisfatti di sé che, se tornassero a nascere, rifarebbero tutto da capo.
Mi sembra che il titolo di questo libro non abbia bisogno di ulteriori chiavi di lettura. E tuttavia sento che qualcosa devo aggiungere.

Se torno a nascere, Introduzione. Mondadori 1981

Se torno a nascere, **faccio** l'idraulico.	**Se tornassero** a nascere, **rifarebbero** tutto da capo.

b) **E voi cosa fareste, se tornaste a nascere?**

Es. 3, 4, 5

5 a) In libreria. Che cosa vuole il cliente? Ascoltate.

b) **Vero o falso?**

	vero	falso
1. Al cliente non piacciono i gialli.	☐	☐
2. Il libro di Mannuzzu tratta di giurisprudenza.	☐	☐
3. Al cliente non piace Camilleri perché usa espressioni dialettali.	☐	☐
4. Il libro di Eco è ai primi posti in classifica.	☐	☐
5. Camilla Baresani è una scrittrice che ha scritto molti libri.	☐	☐

c) **Il mio sogno nel cassetto**

Il signor Gianni sarebbe la persona più felice del mondo se riuscisse a pubblicare un libro. E voi?

Sarei la persona più felice di questo mondo **se** ...

1) Il libro è stato scritto nel 1981. In quel periodo Fanfani e Craxi erano uomini politici di rilievo.

6 a) **Saranno famosi?**

Molti scrittori famosi hanno scritto filastrocche.
Ecco un'opera di una scrittrice esordiente.

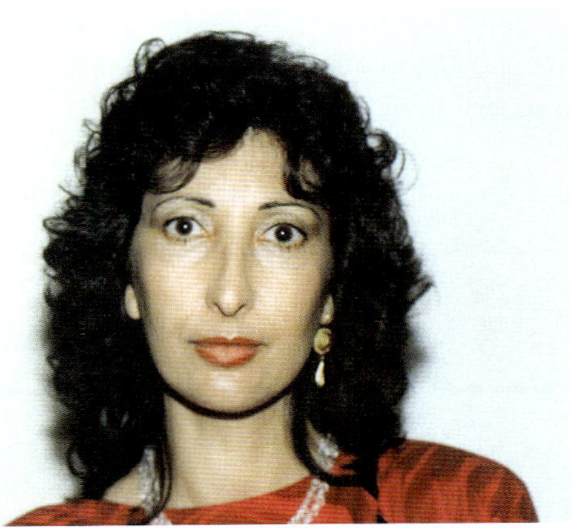

Assunta Esposito-Sitzia è nata a Ittiri in Sardegna.
Insegnante elementare, sognatrice, autrice di storie e filastrocche per bambini e di racconti gialli.
Vive e lavora in un paese vicino a Cagliari.

Se il mondo fosse tondo

Mostrava la cartina
Cristoforo Colombo.
Era certo, convinto,
che il mondo fosse tondo.

Lo ascoltava e pensava
la regina Isabella.
Pensava, quasi quasi
gli do una caravella.

Dunque tondo e non piatto,
era quasi convinta.
Se fosse proprio tondo
potrei dargli la Pinta.

Non credeva che l'India
fosse così lontana,
pensava di arrivarci
in qualche settimana.

la ciurma !

Così andò per mare
Cristoforo Colombo.
Gridava la sua ciurma:
"Qui si va tutti a fondo!"

Perché dopo tre mesi
passati in alto mare
qualche dubbio ti viene:
a che pro navigare?

"Che sia o non sia tondo
io andrò fino in fondo."
Colombo continuò
e scoprì il Nuovo Mondo.

Assunta E. Sitzia

b) **Siamo tutti poeti!**

Ognuno di voi scrive su un foglietto un verso su uno dei temi a seguito e lo mette su un tavolo. Formate poi dei gruppi e scrivete una filastrocca combinando i versi a piacere.

Se non ci fosse il mare …
Se il cielo fosse rosso …
Se fosse sempre giorno …

**Se non ci fosse il mare
forse i pesci potrebbero volare.**

Es. 6

7 a) *A Berlino e ritorno*, racconto di Giuseppe Culicchia

L'autore fermo ad un semaforo, vede una bellissima ragazza che sta aspettando l'autobus. Lei lo fissa intensamente e lui ne resta affascinato …

Perché l'autore non ha avuto il coraggio di parlare con la sconosciuta?

Ad un tratto dalla realtà è sbucato un autobus, e lei allora mi ha sorriso, dicendomi qualcosa: naturalmente non ho capito. Ho cercato qualche parola dentro di me, ma le uniche che mi sono venute alla bocca sono state "Heute ist Freitag". Lei a quel punto è salita sull'autobus, e l'autobus ha richiuso le sue porte ed è ripartito. Da dove mi trovavo ho cercato di distinguere la sua sagoma tra quelle degli altri passeggeri, ma non ci sono riuscito. Per qualche minuto, o forse per un'ora, non sono stato capace di muovermi, consapevole del fatto che non l'avrei rivista mai più, chiedendomi che cosa potesse avermi detto, e che cosa potevano aver voluto dirmi i suoi occhi. Adesso, in albergo, dal letto guardo oltre la finestra la scritta luminosa BERLINER ENSEMBLE; chissà lei dove sarà: l'autobus era diretto verso Est, e a quest'ora la ragazza più bella che io abbia mai incontrato avrà passato l'Oder, la Polonia, l'Ucraina, la Russia, gli Urali, la Siberia, la Mongolia, oppure starà dormendo a due isolati da qui, il che non la rende meno irraggiungibile. E del resto: se anche avessi capito le sue parole, e le avessi risposto qualcosa di sensato, che cosa sarebbe accaduto? Avrebbe rinunciato ad andarsene? Ci saremmo conosciuti? Potevo almeno cercare di fermarla. Inventarmi un non so che. Fingere uno svenimento. O seguirla sull'autobus. Ma già, sono italiano. Avrebbe pensato di essersi imbattuta in uno di quei pappagalli di cui probabilmente sua madre deve averle parlato sin da bambina, prima di partire per la classica vacanza sulle famigerate spiagge di Rimini. L'immagine dell'Italia e degli italiani, da queste parti, sarà sempre condizionata dal comportamento dei bagnini romagnoli.

… **se le avessi risposto** qualcosa di sensato, **avrebbe rinunciato** ad andarsene? !

… la più bella che io abbia mai incontrato !

b) **Cercate nel testo l'espressione corrispondente.**

spuntare dal nulla	....	ragionevole	....
profilo, silhouette	....	perdita dei sensi	....
cosciente	....	incontrare per caso	....
che non si può raggiungere	....	di cattiva fama	....

Es. 7

c) **Ipotesi, ipotesi …**

- La ragazza prima di salire in autobus dice qualcosa allo scrittore. Che cosa potrebbe avergli detto?
- Chi potrebbe essere questa ragazza? Da dove viene? Dove sta andando?
- Che cosa avrebbe potuto dirle l'autore?

d) **Catena di ipotesi. Che cosa sarebbe accaduto se lo scrittore avesse fermato la ragazza? Continuate la storia.**

Se lui l'avesse convinta a non salire sull'autobus, lei non sarebbe partita. Se lei non fosse …

e) **Lavorate in gruppi e scrivete la fine della storia.**

Es. 8, 9, 10, 11

f) Come potrebbe essere la ragazza che l'autore ha visto? Cercate di descriverla: aspetto fisico, carattere, ecc.

Carattere	Aspetto fisico
timida	*snella*

8 a) Il Premio Campiello. Leggete e rispondete.

Es. 12, 13, 14, 15

Premio Campiello

Il campiello, a Venezia, è la piazzetta nella quale sboccano le calli.
Il Premio Campiello è stato istituito nel 1963 a Venezia, dove si svolge ogni anno nel mese di settembre. Il suo ente promotore è la Fondazione Industriali del Veneto.
La giuria tecnica di 14 membri – dal 1994 rinnovabile ogni anno – assegna il premio "Selezione Campiello" a cinque autori della narrativa italiana contemporanea. Tra i cinque finalisti, la giuria popolare di 300 lettori (rinnovati ogni anno) designa il vincitore del Premio Campiello.
http://www.italialibri.net

1.
a) È una pubblicità per le novità letterarie.
b) È un concorso per scrittori esordienti.
c) È un premio letterario annuale.

2.
a) Che cos'è il Premio Campiello?
b) Chi promuove il Premio?
c) Chi designa il vincitore?

b) Di che cosa stanno parlando Carla e Franca? Sono della stessa opinione? Ascoltate.

c) Riascoltate e annotate.

Nomi dei premi letterari	Aggettivi che caratterizzano il libro	Caratteristiche che un buon libro dovrebbe avere
Premio ...		

d) Leggete prima le domande, riascoltate e rispondete.

- Che cosa dice Carla per invogliare la sua amica a leggere il libro?
- Che cosa dice Franca per giustificare la sua poca voglia di leggerlo?
- Cosa pensa Franca dei premi letterari?

e) E voi, cosa ne pensate?

- Oggigiorno scrivono tutti, si pubblicano troppi libri.
- I premi letterari sono inutili, e poi al lettore piacciono altre cose.
- Un libro deve distendere, rilassare e non costringere il lettore a fare ginnastica mentale.

Curriculum da veri campioni

Isabella Bossi Fedrigotti
Firma del Corriere della Sera, questa signora con una predilezione per la letteratura francese dà il meglio di sé come ritrattista di psicologie femminili: *Di buona famiglia*, Premio Campiello '91

Alessandro Baricco
È nato a Torino nel 1958. Autore di grande successo, ha ricevuto numerosi premi letterari, tra cui il premio Selezione Campiello. Tra i suoi romanzi più famosi ricordiamo *Castelli di Rabbia, Novecento* e *Seta*. Autore di saggi, è inoltre critico musicale e drammaturgo.

Luca Goldoni
Giornalista e scrittore. Acuto e attento osservatore della vita italiana, che descrive con ironia, prendendo in giro se stesso e gli altri. Tra i suoi numerosi libri *Cioè* e *Non ho parole*.

Giuseppe Culicchia
Diventato famoso con il suo *Tutti giù per terra*, Premio Autore esordiente '95, da cui è stato tratto il film omonimo. Usa un linguaggio ironico, disincantato e divertente.

Salvatore Mannuzzu
Nato in Sardegna, vive tra Sassari e Roma. È stato magistrato e poi deputato. Ha scritto poesie e romanzi. Tra le sue opere più famose *Un morso di formica* e il romanzo giallo *Procedura*.

Ricette d'autore

Gli aspiranti scrittori hanno oggi a disposizione uno strumento in più: le scuole di scrittura. La Scuola Holden, aperta da Alessandro Baricco alcuni anni fa, è una di quelle con le migliori credenziali. Con l'aiuto di insegnanti come Carlo Lucarelli e Giulio Mozzi si propone di formare narratori di romanzi, poeti, ma anche sceneggiatori di film e spot pubblicitari.
Per informazioni: ☎ 011 66 32 812;
e-mail:holden@tin.it

Signor Russo Superstar

Immortali come Dante e Shakespeare. E senza sforzarsi di scrivere neppure una parola. Basta accendere il computer, collegarsi al sito www.bioregistry.com e commissionare la propria biografia. Una scuderia di biografi superquotati trasformeranno una vita qualsiasi in una avvincente biografia. Il "biografato" di turno deve solo spiattellare tutto di sé (o anche inventare) e prepararsi a pagare ogni parola a peso d'oro. Le tariffe? Dai due ai cinque dollari a ... parola!

b) **Diventate biografi!**
Intervistate il vostro vicino raccogliendo i dati più importanti della sua vita e provate a scrivere una biografia: interessante, avvincente, divertente e ... non sempre veritiera!

Bedingungssätze

→ 1.7

Se torno a nascere non **mi sposo** più.	Se torno ... Ind. Präs.	non mi sposo Ind. Präs.	Wenn die Erfüllung einer Bedingung als sehr wahrscheinlich oder real gilt, steht das Verb sowohl im *se*-Satz wie im Hauptsatz im Präsens bzw. Futur.
Se tornassero a nascere **rifarebbero** tutto da capo. Se fosse proprio tondo **potrei** ...	Se tornassero ... Cong. Imperf. Se fosse ... Cong. Imperf. ...	rifarebbero Konditional I potrei Konditional I	Wird die Erfüllung der Bedingung in der Gegenwart oder in Zukunft eher als unwahrscheinlich betrachtet, dann steht im *se*-Satz der Congiuntivo Imperfetto und im Hauptsatz der Konditional I.
... se le avessi risposto ... **avrebbe rinunciato** ad andarsene?	se le avessi risposto Cong. Trapassato	avrebbe rinunciato Konditional II	Bezieht sich die Bedingung auf etwas, das in der Vergangenheit nicht stattgefunden hat, dann steht im *se*-Satz der Konjunktiv Plusquamperfekt, im Hauptsatz der Konditional II.

Auslöser des Congiuntivo

→ 1.6.5

... la più bella che io **abbia** mai **incontrato**	la più bella che + Congiuntivo	Dem relativen Superlativ (siehe Lekt. 3) folgt ein Congiuntivo.

Kollektive Begriffe – i nomi collettivi

→ 2.2

Gridava la sua **ciurma**: "Qui si va tutti a fondo!"	la ciurma = i marinai	Es handelt sich um Substantive, die eine Mehrzahl von Lebewesen oder Sachen bezeichnen. Sie stehen meistens im Singular und haben in der Regel keine Pluralform.

9 Vi prendiamo per la gola

1

In questa lezione

parliamo del piatto globale – la **pizza italiana**: la mangiano da Napoli all'Antartide. La pizza, fast food italiano o opera d'arte culinaria? Il creatore del sito www.pizza.it assicura che i giovani amano sempre più la pizza e sempre meno gli hamburger.

I fondatori di **Slow Food** ci hanno spiegato che il mangiare piano, gustando i sapori, è una questione di principio.

Mangiar bene è mangiar sano? Il boom del **biologico** in Italia; un'azienda nel cuore della Toscana.

Operazione piatti puliti (dai veleni). I due autori di *Quattro sberle in padella* affermano che, con il loro libro, vogliono sensibilizzare gli italiani all'inquinamento alimentare.

Buon appetito e salute!

Quello che dicono	Quello che riferiamo
Il creatore del sito assicura: "I giovani **amano** sempre più la pizza."	Il creatore del sito assicura che i giovani **amano** sempre più la pizza.
I fondatori di Slow Food ci hanno spiegato: "... **è** una questione di principio."	I fondatori di Slow Food ci hanno spiegato che ... **è** una questione di principio.
I due autori affermano: "Con il nostro libro **vogliamo** sensibilizzare ..."	I due autori affermano che, con il **loro** libro, **vogliono** sensibilizzare ...

2 **Abitudini culinarie. Intervistate il vostro vicino e riferite.**

- Cosa mangia a colazione/pranzo/cena?
- Come mangia?
- Dove mangia?
- Quando mangia?

Dice che / Ha detto che ...	di solito abitualmente in genere	mangia	in piedi in fretta lentamente	presto / tardi la mattina il pomeriggio più volte al giorno

Es. 1, 2, 3

3 a) **Il piatto globale**

Da Napoli all'Antartide: c'è chi la fa col nero di seppia e chi con il serpente arrosto. Pizza – la ricetta italiana più imitata nel mondo. Che piace a tutti e batte, fra i teenager, perfino gli hamburger.

Paese che vai, pizza che trovi

MESSICANA: con salsa di pomodoro, peperoni gialli, olive nere, capperi, acciughe, origano e peperoncino

NORDICA: con filetto di merluzzo, capperi, aglio e polpa di pomodoro

TEDESCA: cipolle, provola affumicata, wurstel, speck e cetriolini sottaceto

LONDINESE: con bacon, gruviera, parmigiano e noce moscata

CINESE: con germogli di bambù (o di soia), filetti di pescecane e tofu (formaggio preparato con soia e acqua)

AFRICANA: con pomodoro, spezzatino di polpo e zicnik (impasto di spezie diverse)

INDIANA: con rafano (una radice piccante) e tocchetti di serpente arrostito

b) **Per fare la pizza ci vuole ...**
Rileggete e trascrivete gli ingredienti delle pizze negli appositi spazi.

Es. 4, 5, 6, 7

c) Voi e la pizza. Che cosa ne pensate? Lavorate in coppia, prendete nota e poi riferite in classe quello che ha detto il vostro vicino.

1. Vi piace la pizza? Quale preferite?
2. Dove preferite mangiarla? Ve la fate portare a casa, la mangiate in pizzeria?
3. Dove avete mangiato la miglior pizza? Quando?
4. Quali delle pizze descritte vorreste provare?
5. Secondo voi, qual è il piatto "globale"? Pizza, spaghetti, hamburger, patatine fritte ...

Peter dice che la pizza gli piace molto.

Helga ha detto che vorrebbe provare la pizza con ...

4 Gino: un pizzaiolo racconta.

Leggete prima le domande e poi ascoltate. Prendete nota e rispondete.

- Che cosa ha fatto il nonno di Gino?
- Che cos'è la pizza per Gino?
- Come custodisce la ricetta dell'impasto?
- Che cosa gli avevano proposto?
- Che cosa ha preferito fare?
- Cosa sta facendo sua figlia?

Mi avevano proposto di aprire un locale in America, ma ho preferito aprire un terzo locale a Roma. Tutti dicevano che ero matto a perdere un'occasione simile ...

Mi avevano proposto: "**Apra** un locale."
Mi avevano proposto **di aprire** un locale.

Tutti dicevano: "**Sei** matto a perdere ..."
Tutti dicevano che **ero** matto a perdere ...

5

a) I genitori, si sa, danno sempre molti consigli, più o meno buoni. Anche i vostri? A turno riferiteli come negli esempi.

Es. 8, 9

b) Continuate così:

Devi mangiare piano → Mia madre mi diceva sempre che dovevo ...

6

a) **Conoscete questo simbolo? Avete già sentito parlare dello Slow Food? Conoscete dei ristoranti che vi aderiscono?**

Slow Food®

b) **Che cosa si prefigge lo Slow Food? Ascoltate quello che ci racconta un membro dell'associazione.**

Avevano deciso che al Fast-Food avrebbero risposto offrendo una cucina tipica.

Moltissimi ristoratori hanno subito chiesto se potevano partecipare ...

Moltissimi ristoratori hanno subito chiesto: "**Possiamo** partecipare?"
Moltissimi ristoratori hanno subito chiesto **se potevano** partecipare.

Avevano deciso: "Al Fast-Food **risponderemo** con ..."
Avevano deciso che al Fast-Food **avrebbero risposto** con ...

c) **Vero o falso? Ascoltate.**

	vero	falso
1. Lo Slow Food è un'associazione che organizza banchetti.	☐	☐
2. L'associazione Slow Food è stata fondata in occasione dell'apertura del primo MacDonald a Roma.	☐	☐
3. L'Italia produce molti prodotti biologici.	☐	☐
4. Il simbolo dello Slow Food è una lepre.	☐	☐

d) **Riascoltate l'intervista. Quali domande ha fatto il giornalista? Prendete nota.**

Com'è nato ...?

Ora riferite.

Ha chiesto se/come ...
Ha domandato perché/dove ...

e) **Avete mai deciso di cambiare qualcosa? Riferite le vostre decisioni.**

Due anni fa ho deciso: "Non berrò più caffè."
→ *Due anni fa ho deciso che non avrei più bevuto caffè.*

Es. 10, 11

Continuate voi.

7 Come sopravvive un italiano all'estero?

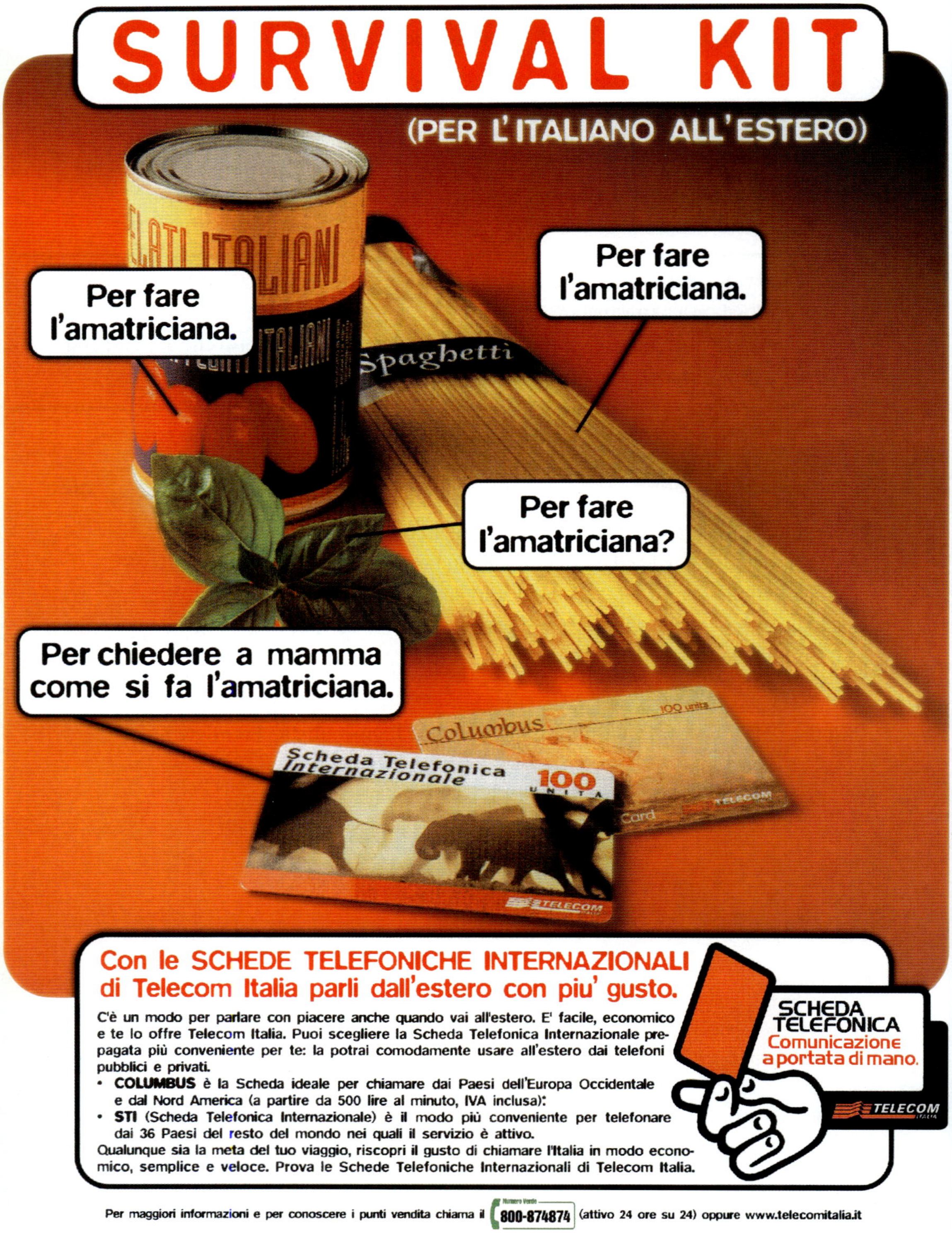

Come potrebbe essere il "Survival Kit" del vostro paese?
Lavorate in gruppi e riferite in classe.

Es. 12

8 a) **Il biologico è “in”.**

Una famiglia italiana è in vacanza in un'azienda bioagricola. Leggete.

Caro Giuseppe,

ti ricordi di Mario? Ci aveva raccontato che un suo conoscente tedesco si era trasferito in Italia e aveva creato un'azienda bioagricola in Toscana. Ebbene ... eccoci qui!

Stiamo passando delle vacanze meravigliose, mangiando bene e sano. E i dintorni poi ... Da consigliare!

Un caro saluto

Ci aveva raccontato: “Un mio conoscente tedesco **si è trasferito** ... e **ha creato** ...“
Ci aveva raccontato che un suo conoscente tedesco **si era trasferito** ... e **aveva creato** ...

b) **Riferite qualcosa che siete venuti a sapere tempo fa.**

Un mio conoscente tempo fa mi aveva raccontato che aveva deciso di ...

Es. 13

c) **LaSelva – prodotti biologici toscani**

Nel cuore della Maremma Toscana, in un ambiente dal clima mite e dal paesaggio ricco di fascino, si estende, su una superficie di 345 ettari, l'Azienda Bioagricola LaSelva, che Karl Egger conduce dal 1980.

Coltiviamo cereali, ortaggi, viti, olivi e piante da frutta. Alleviamo bovini e pecore. Noi controlliamo dall'inizio alla fine la lavorazione dei nostri prodotti, nel rispetto della tradizione toscana, che con ingredienti semplici e genuini, esalta il sapore naturale dei prodotti. Gli antichi casali dell'azienda, completamente restaurati, offrono un'ospitalità agrituristica confortevole e ricca di attrattive (il mare a 3 km ed un hinterland di affascinanti città d'arte). I nostri ospiti potranno constatare di persona la cura e la passione che mettiamo nel nostro lavoro.

www.laselva.de/italiano/home_ita.html

... un ambiente **dal** clima mite ...

d) **Cinque buoni argomenti**

Che cosa ne pensate dei prodotti biologici?
Fate una lista di argomenti pro e contro e parlatene.

Es. 14, 15, 16

4 sberle in padella

Salmone alla diossina, dopo i bovini ed i polli ora toccherebbe ai salmoni venire rimpinzati con farine animali tossiche. Ogni anno ingoiamo circa 12 chilogrammi di additivi chimici: coloranti, conservanti, antiossidanti, addensanti. Nelle etichette sono segnalati da una "E" seguita da alcune cifre. Per fare chiarezza in questa giungla chimica Stefano Carnazzi e Stefano Apuzzo hanno scritto un manuale di autodifesa per consumatori intitolato *Quattro sberle in padella*. "Per le nostre denunce abbiamo utilizzato la vasta bibliografia scientifica internazionale e documenti ufficiali", assicura Carnazzi.

Salute in tavola: miniguida di sopravvivenza alimentare

Nella spremitura si usano solventi chimici. Meglio scegliere quello extravergine, per cui questo non avviene.

Stagionati contengono meno additivi. Preferite quelli prodotti almeno da sei mesi.

L'uva subisce trattamenti antiparassitari. Meglio scegliere un produttore di fiducia, almeno si sa con chi prendersela.

Il latte contiene spesso antibiotici e ormoni usati per allevare le mucche. Scegliete un prodotto d'alta qualità.

La buccia lucida indica la presenza di pesticidi o di cere. Sbucciate i frutti fino a 6–8 mm di polpa.

La carne può contenere antibiotici. Cuocere a lungo per sciogliere il grasso in cui si depositano le sostanze tossiche.

I dadi per il brodo contengono glutammato, che provoca allergie e cefalee. Meglio quelli vegetali.

Si usano farine animali e antibiotici anche negli allevamenti ittici. Meglio il pesce azzurro*: non può essere allevato.

Dove andremo a finire? Mucca pazza, prodotti trattati, transgenici ...
I continui scandali condizionano le vostre abitudini alimentari?

* pesce azzurro = sardine, sgombri e acciughe

Die indirekte Rede: Einführungssatz Präsens

→ 1.8.1

Il creatore del sito assicura che i giovani **amano** sempre più la pizza.	assicura: "I giovani amano ..." → assicura che i giovani **amano** ...	Die indirekte Rede wird von Verben wie *dire, spiegare, affermare, assicurare* etc. eingeleitet. Steht das Verb im Einführungssatz im Präsens, so bleibt die Zeitform in der indirekten Rede unverändert.
I due autori affermano che, con il loro libro, **vogliono** sensibilizzare gli italiani.	affermano: "Vogliamo sensibilizzare ..." → affermano che **vogliono** sensibilizzare ...	
I fondatori di Slow Food ci hanno spiegato che **è** una questione di principio.	hanno spiegato: "È una questione di principio ..." → hanno spiegato che **è** una questione di principio ...	Dies gilt auch, wenn im Einführungssatz ein Passato prossimo steht, dass sich auf die unmittelbare Vergangenheit bezieht.

Die indirekte Rede: Einführungssatz Vergangenheit

→ 1.8.2

Tutti dicevano che **ero** matto ...	dicevano: "Sei matto ..." → dicevano che **ero** matto ...	Einführungssatz Vergangenheit: • Die Präsensform der direkten Rede wird in der indirekten Rede zum Imperfetto.
Avevano deciso che **avrebbero risposto** ...	Avevano deciso: "Risponderemo ..." → Avevano deciso che **avrebbero risposto** ...	• Futur wird zu Condizionale passato.
... ci aveva raccontato che un suo conoscente **si era trasferito** ...	aveva raccontato: "Un mio conoscente si è trasferito ..." → aveva raccontato che un **suo** conoscente **si era trasferito**	• Perfekt wird zum Plusquamperfekt.

Die indirekte Rede: Wiedergabe des Imperativs

→ 1.8.3

Mi avevano proposto **di aprire** un locale	Mi avevano proposto: "Apra un locale." → Mi avevano proposto **di aprire** un locale.	Der Imperativ wird in der indirekten Rede mit *di* + Infinitiv wiedergegeben.

Die indirekte Frage

→ 1.8.5

Moltissimi ristoratori hanno chiesto se **potevano** partecipare.	hanno chiesto: "Possiamo partecipare?" → hanno chiesto se **potevano** partecipare.	Die indirekte Frage steht nach Verben wie *domandare, chiedere* usw. und wird durch Fragewörter wie *se, come, quando, dove, perché* eingeleitet. Für die Zeitenfolge gelten die o. g. Regeln. (In der Schriftsprache wird auch der Congiuntivo verwendet.)

Die Präposition *da*

→ 3.1

... in un ambiente **dal** clima mite ...	**dal** clima mite	Die Präposition *da* wird u. a. für die Wiedergabe von Merkmalen verwendet.

10 *tioffrolavoro.it*

1 a) Che cosa offre questo sito internet?

Es. 1

b) **Parliamone insieme.**

- Conoscete siti simili in internet?
- Secondo voi è un mezzo valido per cercare lavoro?
- Ve ne siete già serviti?

Oggigiorno esistono nuove possibilità ...
Al giorno d'oggi si può ...
Da un lato è ... dall'altro ...
Fino a qualche anno fa ...

c) **In che altro modo si può trovare lavoro? Giornali, ufficio di collocamento ... Voi come avete trovato lavoro?**

2 a) Mondo del lavoro

Brain-storming: a turno scrivete alla lavagna le parole che vi vengono in mente su questo tema.

orario
stipendio

b) **Suddividete le parole in tre gruppi inserendo anche quelle scritte alla lavagna.**

annuncio | ufficio di collocamento | offerta di lavoro | tredicesima
rappresentante | inserzione | manager | retribuzione | stipendio
lettera di presentazione | interprete | impiegato | straordinari | referenze
part time | assistente | domanda di lavoro | curriculum vitae | orario flessibile

A	B	C
professione	**condizioni di lavoro**	**ricerca di lavoro**
rappresentante		

Es. 2

c) **Descrivete brevemente il vostro lavoro su un foglio seguendo la traccia indicata. Dopo aver raccolto tutti i fogli ognuno di voi ne sceglie uno, lo legge ad alta voce cercando di indovinare di chi si tratta.**

- Qual è la vostra formazione professionale?
- Qual è la vostra professione?
- Presso quale ditta lavorate?
- Che tipo di ditta è?
- Quali sono i vostri compiti?
- Siete contenti del vostro lavoro?
- Come sono i colleghi?

- Che cos'è più importante per voi:
  retribuzione
  ambiente di lavoro
  tempo libero/vacanze
  che il lavoro vi piaccia
  carriera
  indipendenza

Ho seguito corsi di ...
Ho frequentato ...
Ho un'ottima/una discreta conoscenza di ...
Sono specializzato in ...

Lavoro nel campo tecnico/amministrativo ...
Sono responsabile di ...
Mi occupo di ...
Mi hanno affidato ...
Mi hanno nominato ...
Sono incaricato di ...

3 Partizip Perfekt

a) **Leggete i seguenti annunci e sottolineate i requisiti dei candidati, le aspettative delle ditte e i titoli preferenziali.**

Affermata Casa Editrice medico-scientifica ricerca per le sedi di Roma e Milano:

Key Account

Le responsabilità: sviluppo del portafoglio clienti esistenti (aziende farmaceutiche) e ricerca di nuovi clienti garantendo il raggiungimento degli obiettivi economici assegnati.
Il profilo: significativa esperienza nel settore, conoscenza delle problematiche e dei processi di marketing farmaceutico, doti di autonomia, flessibilità, capacità organizzativa e massima disponibilità a trasferte in tutto il territorio.
La provenienza da aziende farmaceutiche e/o da case editrici medico-scientifiche costituirà titolo preferenziale.

Inviare lettera e curriculum (consenso ex L. 675/96) a Corriere 147-RS – 00100 Roma

... degli obiettivi economici **assegnati**. !

Es. 3, 4

Filiale Italiana di multinazionale tedesca nel settore dell'elettronica ricerca

Responsabile Vendite

Il candidato ideale avrà:
un background tecnico con conoscenza di base di logica Analogica e/o Digitale;
esperienza almeno biennale di vendita nel settore della Distribuzione e/o Automazione;
un diploma oppure una laurea in Elettronica/Elettrotecnica;
massima disponibilità a viaggiare in Italia e all'estero;
buona conoscenza scritta e parlata della lingua inglese;
titolo preferenziale la conoscenza della lingua tedesca;
età max 32 anni;
dinamicità ed autosufficienza decisionale.

Scrivere a Corriere 684-LZ – 20100 Milano

WWW

b) **Inserite nella tabella ciò che avete sottolineato.**

	requisiti dei candidati	aspettative delle ditte	titoli preferenziali
Key Account			
Responsabile Vendite			

Es. 5

4 **a) Per motivi di lavoro Giorgio Mazzuoli e sua moglie vivono in città diverse. Giorgio a Firenze e sua moglie Livia a Roma. Dopo aver letto gli annunci del *Corriere del Lavoro*, Giorgio invia la sua domanda. Leggete la sua lettera di presentazione. A quale degli annunci ha risposto?**

Corriere del Lavoro

Firenze, 28 marzo 200..

Gentili signori,

in risposta alla Vostra inserzione sul Corriere del Lavoro del 28 marzo 200.. invio il mio curriculum vitae. Come potrete constatare offro i requisiti richiesti avendo lavorato per dieci anni presso una nota casa farmaceutica ed essendo stato responsabile delle vendite negli ultimi cinque anni. Sono laureato in Economia e Commercio; finiti gli studi ho fatto uno stage di 6 mesi in Inghilterra e uno in Italia. Ho frequentato regolarmente corsi di aggiornamento e perfezionamento. Per motivi personali desidero trasferirmi a Roma, l'offerta di lavoro mi sembra interessante e corrisponde alle mie esperienze. Sperando di poter illustrare personalmente la mia esperienza professionale, rimango a disposizione per eventuali chiarimenti e porgo i miei più distinti saluti.

Giorgio Mazzuoli

... **finiti** gli studi ho fatto ... !

... **avendo lavorato** per dieci anni ...
... **essendo stato** responsabile ... !

Es. 6, 7, 8

b) Avete letto un annuncio che vi interessa. Scrivete una lettera di presentazione.

Avendo frequentato ...
Essendo già stata/stato ...
Avendo già lavorato ...
Considerando le esperienze fatte ...
Finiti gli studi ...

5 **a) Giorgio Mazzuoli riceve una telefonata. Di che cosa si tratta? Ascoltate.**

- Una richiesta di partecipare ad una statistica di mercato. ☐
- Un invito a un colloquio di lavoro. ☐
- Una proposta di lavoro per un'azienda di prodotti medicinali. ☐

b) Leggete le domande e riascoltate.

- Qual è la posizione della persona che chiama Giorgio?
- Perché la ditta vuole assumere un nuovo collaboratore al più presto?
- Quando può essere a Roma Giorgio?
- Perché il colloquio deve aver luogo di mattina?

6 a) **Tanti modi di lavorare. Abbinate!**

lavorare
- sodo
- di gomiti
- di cervello
- come un somaro
- per la gloria

b) **Che cosa significa? Provate a spiegare le seguenti espressioni. Verificate con l'insegnante le vostre ipotesi.**

rimboccarsi le maniche — sfacchinare — sgobbare — ammazzarsi di lavoro — rompersi la schiena — guadagnarsi il pane — scaldare il posto

c) **Come si potrebbe dire nella vostra lingua?**

d) **Il lavoro può essere ...**

pesante — faticoso — impegnativo — interessante — monotono — ripetitivo — manuale — intellettuale — provvisorio — temporaneo — saltuario — stagionale — a tempo pieno — part time — a ore — autonomo — dipendente

Trovate delle professioni alle quali si possono riferire gli aggettivi proposti.

Es. 9

7 a) **Giorgio Mazzuoli è a Roma per il colloquio di presentazione.**

Quando dovrebbe cominciare il nuovo lavoro?
Ascoltate.

b) **Quali espressioni vengono usate nelle situazioni indicate? Riascoltate.**

- Motivare il ritardo: ....
- Iniziare il colloquio: ....
- Esprimere comprensione: ....
- Constatare un dato di fatto: ....
- Esprimere una piccola riserva: ....
- Esprimere interesse per il candidato: ....

c) **Quali domande fa la signora Ricci? Riascoltate.**

1. ....
2. ....
3. ....
4. ....

d) **Gioco a ruoli**

Formate delle coppie: candidato e selettore. Scegliete una situazione e fate i dialoghi secondo le informazioni a disposizione.

1)

A

- Ditta: Publiman spa
- Posizione offerta: segretaria di direzione
- Mansioni: accoglienza ospiti, agenda e appuntamenti, organizzazione viaggi, preparazione materiale di presentazione

B

- Licia Coffani
- Esperienza pluriennale
- Conoscenza di due lingue
- Diploma di segretaria e corrispondente in lingue estere
- Conoscenza dei programmi Windows e internet

2)

A

- Ditta: NordSud International
- Posizione offerta: responsabile vendite
- Requisiti: Laurea in Economia e Commercio, esperienza vendita macchinari per l'industria tessile
- Conoscenza inglese e tedesco
- Disponibilità a trasferte

B

- Stefano Benti
- Laurea in Economia e Commercio
- Stages in Inghilterra e Germania
- Esperienza di 4 anni presso una ditta italiana del settore tessile
- Disposto a viaggiare

8 **Giorgio Mazzuoli è stato assunto. Per festeggiare sua moglie organizza una visita della città.**

In giro per Roma

a) **Conoscete i posti visitati da Giorgio e sua moglie? Guardate le foto: che cosa rappresentano? Se desiderate ulteriori informazioni consultate le descrizioni.**

L'itinerario attraversa la zona che, costeggiando il Palatino, arriva a Trastevere.

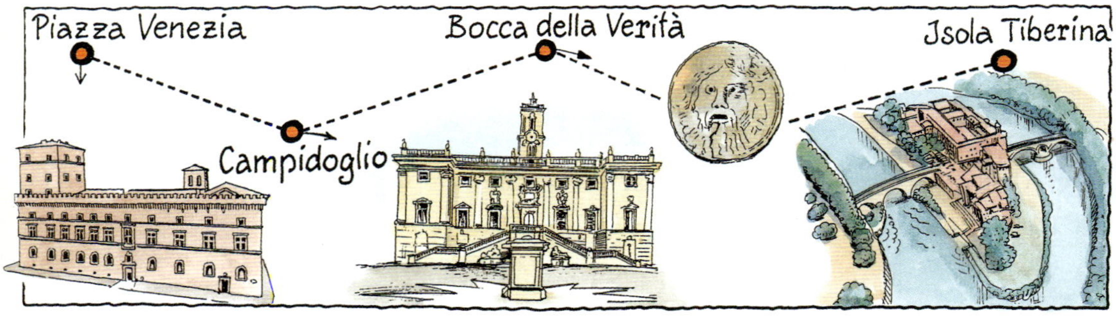

Piazza Venezia

Prende il suo nome dal Palazzo Venezia, fatto costruire da Paolo II nel 1455, mentre era ancora cardinale. La costruzione del monumento a Vittorio Emanuele II, non molto amato dai romani, che gli hanno dato soprannomi ironici come *torta nuziale* e *macchina da scrivere*, richiese una risistemazione della piazza.

Campidoglio

Disegnata da Michelangelo a forma di trapezio, la piazza è chiusa su tre lati dal Palazzo Senatorio, dal Palazzo dei Conservatori e dal Museo Capitolino. Sul quarto lato si apre la *Cordonata*, che scende verso piazza d'Aracoeli. Al centro della piazza fino al 1981 si trovava la statua equestre di Marco Aurelio, conservata oggi al piano terra del Museo Capitolino.

Bocca della Verità

Volete togliervi ogni dubbio sulla sincerità del vostro lui o della vostra lei? Andate alla Bocca della Verità, sotto il portico della chiesa di S. Maria in Cosmedin. Si dice infatti che ai bugiardi venga tagliata la mano. Questa convinzione risale al Medioevo, quando i giudici, per provare la sincerità degli imputati, si servivano di questa bocca e di un soldato armato di spada appostato lì dietro.

Isola Tiberina

Una passeggiata per tutti gli innamorati, da fare verso sera. Il rosso del tramonto, il Tevere e, in lontananza, la Cupola di S. Pietro. Quest'isola ha la forma di una nave e con i suoi due ponti porta da un lato a Trastevere, caratteristico quartiere romano, con ottimi ristoranti, e dall'altro, al Ghetto, una delle zone più caratteristiche di Roma.

b) Guardate le foto. Di quali monumenti si tratta? Parlatene.

Progetto "Itinerari romani", pag. 114/115.

9 **La giovane coppia decide di concludere la giornata con una cenetta in un locale di Trastevere. Tra gnocchi e saltimbocca ascoltano alcune canzoni tra cui una famosissima canzone su Roma.**

a) **Ascoltate la canzone.**

- È una canzone allegra, nostalgica, malinconica o romantica?
- La persona che canta secondo voi ha un legame particolare con la città?

b) **Ascoltando la canzone avrete notato alcune espressioni particolari. Si tratta del dialetto romano. Per facilitarvi il compito, ecco un piccolo glossario romanesco – italiano.**

se specchia : si specchia	di': dire	na : una
ar fontanone : nella fontana	der : del	co du : con due
er : il	bono : buono	de : di
so' : sono	nun te lasso : non ti lascio	ce so' : ci sono

c) **Riascoltate e completate.**

ROMA CAPOCCIA

.... Roma
quand'è sera,
quando la luna se specchia
dentro ar fontanone,
e le coppiette se ne ....
Quanto sei bella Roma
....

Quanto sei grande Roma
quand'è er ....
quando l'arancia rosseggia ancora
sui ....
E le finestre son tanti occhi
che te .... di':
quanto sei bella.

Oggi me sembra che
er tempo se .... qui.

Vedo la ....
der Colosseo,
....
der cupolone,
e so' più vivo e so' più bono
No (nun) te lasso mai
Roma capoccia

der mondo .... (bis)

Na carrozzella va
co du stranieri,
un rubivecchi te chiede
un po' de stracci.
Li passeracci so' ....
io ce so' nato Roma
io t'ho ....

stamattina. (bis)

Oggi me sembra che
er tempo si .... qui.

d) **Che cosa sono il fontanone ed il cupolone?**
[Fontana di Trevi, San Pietro]

!
fontan**one**
copp**iette**
carrozz**ella**
passer**acci**

Es. 10

Generazione fai - da - te

Se vi accade di chiamare un idraulico o un elettricista e vi trovate di fronte la stessa persona che appena qualche mese prima avevate ingaggiato come dog-sitter o come web-master non stupitevi. L'ipotesi più probabile è che sia uno di quegli intraprendenti trentenni in grado di cambiare mestiere con la stessa disinvoltura di Claudia Schiffer nel cambiar vestiti. Uno della cosiddetta generazione fai-da-te. Flessibili, che più flessibili non si può, nell'organizzare la propria esistenza.

Laureati. Brillanti. Pieni di idee. Non hanno un posto fisso, vivono ancora in famiglia, ma fanno mille lavori. Ecco alcune storie.

Davide Marchi, 29 anni, torinese. Abbandonata la speranza di custodire la propria vita nella cassaforte del posto fisso si è impegnato con uguale successo come barista, idraulico, muratore, bagnino. "All'inizio può essere difficile misurarsi con una situazione che non hai scelto. Ma poi ti rendi conto di quanto bene ti abbia fatto vivere una serie di esperienze, che, se non ci fossi stato costretto dalla necessità di mettere insieme un salario, ti saresti perso."

Cristina di Maggio, trentenne napoletana, laureata in lingue e superflessibile, commenta: "Il contratto a tempo indeterminato è desiderabile fino a quando non trovi qualcuno che te lo propone. Poi quando arriva il momento ti sembra di dover consegnare la tua libertà a un secondino." Così, fuggendo dal mostruoso carceriere, Cristina rimbalza da un'occupazione all'altra: ragazza immagine in discoteca, insegnante di sostegno per studentelli svogliati, pierre, istruttrice di yoga.

L'Espresso 13/7/2000

Regole d'oro del perfetto ragazzo flessibile

1. Non rifiutare un lavoro senza averlo provato.
2. Non farti mai trovare sprovvisto di una copia aggiornata del tuo curriculum.
3. Considera la tua vita lavorativa come un insieme di esperienze specifiche.
4. Non avere fretta di lasciare la casa dei tuoi genitori, a meno che non ti chiedano di farlo.

Continuate voi! Ci sono altre regole importanti?
Cosa pensate di questi giovani? Vi piacerebbe lavorare così?

Ricorda

Das Gerundio composto

→ 1.9.2

… **avendo lavorato** per dieci anni …	avendo lavorato = poiché ho lavorato	Diese Form wird mit dem Gerundio semplice der Hilfsverben *essere* bzw. *avere* und dem Partizip Perfekt des Hauptverbs gebildet. Das Gerundio composto wird u.a. zur Angabe der Ursache verwendet.
… **essendo stato** responsabile …	essendo stat**o/a** = poiché sono stat**o/a**	

Das Partizip Perfekt

→ 1.10

… garantendo il raggiungimento degli obiettivi economici **assegnati** ….	assegnat**i** = che sono stati assegnati (da …)	Das Partizip Perfekt kann ein Passiv ersetzen und wird oft als Adjektiv empfunden.
Finiti gli studi ho fatto uno stage in Inghilterra.	**finiti** = dopo che avevo finito = dopo aver finito	Das Partizip Perfekt ersetzt Nebensätze, die durch *appena*, *dopo che* oder *quando* eingeleitet werden.

Wortbildung: Bedeutungsänderung durch Suffixe

→ 2.4

fontan**one** copp**iette** carrozz**ella** passer**acci**	fontana – fontanone ⚠ coppia – coppietta carrozza – carrozzella passero – passeraccio	Das Suffix -one gibt eine Vergrößerung wieder. Substantive mit diesem Suffix sind immer maskulin: **la** fontana – **il** fontan**one**. Die Suffixe -ella/-ello und -etta/-etto drücken eine Verkleinerung oder Verniedlichung aus. Mit dem Suffix -accia/-accio wird dem Wort eine negative Bedeutung beigemessen.

Comprensione scritta

Leggete il seguente articolo con attenzione e completate le informazioni mancanti nel testo a seguito.

L'Italia, un paese a colori

Da domani su RaiDue alle 10.05 il programma sull'immigrazione

Nuova edizione per "Un mondo a colori", il programma nato da un'idea di Massimo Fichera e realizzato da Rai Educational, in onda da domani su RaiDue alle 10.05. Dedicata al tema dell'immigrazione in Italia, la trasmissione si articola in inchieste, testimonianze e reportage, costituisce una sorta di osservatorio permanente sulla vita degli immigrati nel nostro paese.
"Stiamo assistendo a un'evoluzione del fenomeno immigrazione", spiega il capo progetto Marco Sabatini, "è sempre maggiore la presenza di un'immigrazione cosiddetta di qualità (il livello d'istruzione e formazione professionale s'innalza considerevolmente)". Nuovi scenari culturali si offrono alla riflessione.

La Repubblica 30/7/01

La ____________ (1) in onda su Rai Educational ha come tema ____________ (2) in Italia. La trasmissione si basa su ____________ (3), testimonianze e reportage, vuole essere ____________ (4) sulla vita degli immigrati nel nostro paese. L'immigrazione sta cambiando aspetto, abbiamo quella che si può chiamare immigrazione ____________ (5), perché si tratta per lo più di persone con una preparazione scolastica ed una formazione ____________ (6) alle spalle.

(1) ...... *trasmissione* ......
(2) ....
(3) ....
(4) ....
(5) ....
(6) ....

*) Im Testformat der Zertifikatsprüfung

2 Elementi di lingua

Elementi di lingua, parte 1

Leggete la seguente lettera e decidete quale parola o gruppo di parole manca negli spazi vuoti.

Cara nonna,
eccomi finalmente qui. Sono felice, emozionato e naturalmente ... stanco!
Chi ______ (1)? Sono qui – per imparare i segreti della cucina italiana. Il mio sogno ______ (2), mi sembra quasi incredibile. E lo devo a te, nonna, che mi hai sempre sostenuto e che hai sempre creduto in me. Ti ricordi quando nonno ______ (3) che ero un buonanulla, che non sarei mai ______ (4) niente di buono? E come ti ______ (5) con lui? Non ti ______ (6) di avermi aiutato, vedrai! Appena torno ...

1. X l'avrebbe mai detto
   b) lo aveva mai detto
2. a) si era avverato
   b) si è avverato
3. a) direbbe
   b) disse
4. a) riuscito a fare
   b) riuscirebbe a fare
5. a) arrabbieresti
   b) arrabbiasti
6. a) pentirai
   b) pentiresti

Elementi di lingua, parte 2

Leggete con attenzione il racconto e segnate la forma verbale corretta per completare le frasi.

Una mattina mi svegliai in preda ad un incubo: sognai che tutti gli immigrati in Italia ______ (1) di tornarsene in patria! Che ne ______ (2) di noi? Vedevo il nostro triste futuro: ______ (3) i cantieri edili bloccati, le fabbriche ferme, i ristoranti chiusi, i banchi dei fruttivendoli vuoti, le famiglie allo sbaraglio. In due parole, l'Italia immobilizzata.
È un ipotesi, va bene, ma se ______ (4) davvero?
Se gli immigrati non ci ______ (5), sarebbero disoccupati più di duemila insegnanti!
Il proprietario di un ristorante nei pressi di Modena ammette "Se non ______ (6) loro, ora sarei un poveraccio, tuttavia non sono molto favorevole a fare entrare tutti gli extracomunitari senza far distinzione".

1. X avevano deciso
   b) abbiano deciso
2. a) sia stato
   b) sarebbe stato
3. a) avremmo avuto
   b) avessimo avuto
4. a) succederebbe
   b) succedesse
5. a) fossero
   b) siano
6. a) avessi avuto
   b) abbia avuto

3 Comprensione auditiva

Leggete le frasi con attenzione e poi ascoltate il racconto. Completate le frasi secondo il senso. Riascoltate e verificate.

1. Mauro chiuderebbe il negozio se ....
2. Carla non esiterebbe a cambiare attività se ....
3. Carla sarebbe disposta a trasferirsi all'estero se ....

4 Espressione scritta

Per questa parte avrete a disposizione 20 minuti di tempo. Il testo dovrà essere di circa 200 parole.

Leggete attentamente l'introduzione di un articolo su un tema d'attualità.

Fooding: Food & Feeling

Cibo sì, ma con sentimento – Il "fooding" conquista tutti

Sushi artistico, musica, vino: è di moda mangiare così

Mode in tavola

Vanno forte riso, alghe, fritti leggeri, sashimi e tè aromatico. Ma l'importante è cenare in un ambiente caldo e confortevole.

Cosa è fooding		Cosa non è fooding	
Le verdure che guarniscono i piatti	i menù di carta riciclata	il fumo	il chewing gum
il tè verde	i sottofondi sonori ambientali	i fast food	i locali alla moda, specie se rumorosi
i cibi preparati davanti al cliente	i comfort familiari (sofà, cuscini, camino)	la coca cola	
		il tex mex	

La Repubblica 7/1/01

Scrivete l'articolo relativo tenendo conto dei seguenti punti:

1. il cambiamento delle abitudini gastronomiche in Italia,
2. il significato della parola "fooding",
3. che cos' è o non è "fooding",
4. chi mangia "fooding" e perché,
5. apprezzamento finale personale sul tema.

Tradizioni natalizie

Albero o presepe?

L'albero di Natale è senza dubbio una tradizione nordica, che in Italia è giunta in tempi relativamente recenti.
In Italia l'albero di Natale è spesso di plastica e addobbato con palle e nastri variopinti e vistosi.

Più tipicamente italiano è invece il presepe.
In Italia esistono dei veri e propri capolavori conservati in chiese e musei, dove possono essere ammirati seguendo un itinerario che attraversa tutta la Penisola. Dal presepe in mollica di pane di Crea (Monferrato) a quello in pietra policroma di Matera; da quello subacqueo di Laveno (Lago Maggiore) a quello lungo cento metri di Pompei.

E i regali chi li porta?

Santa Lucia il 13 dicembre in Sicilia, Veneto e parte dell'Emilia; Gesù Bambino la mattina del 25 dicembre; la Befana il 6 gennaio; Babbo Natale ... l'Italia è ricca di "portaregali" per la gioia di adulti e bambini.

Formate dei gruppi di lavoro, suddividetevi i compiti e con l'aiuto di libri, internet, racconti di conoscenti e amici raccogliete le informazioni necessarie. In classe rielaborate insieme le informazioni raccolte e preparate una cartina che commenterete in plenum.

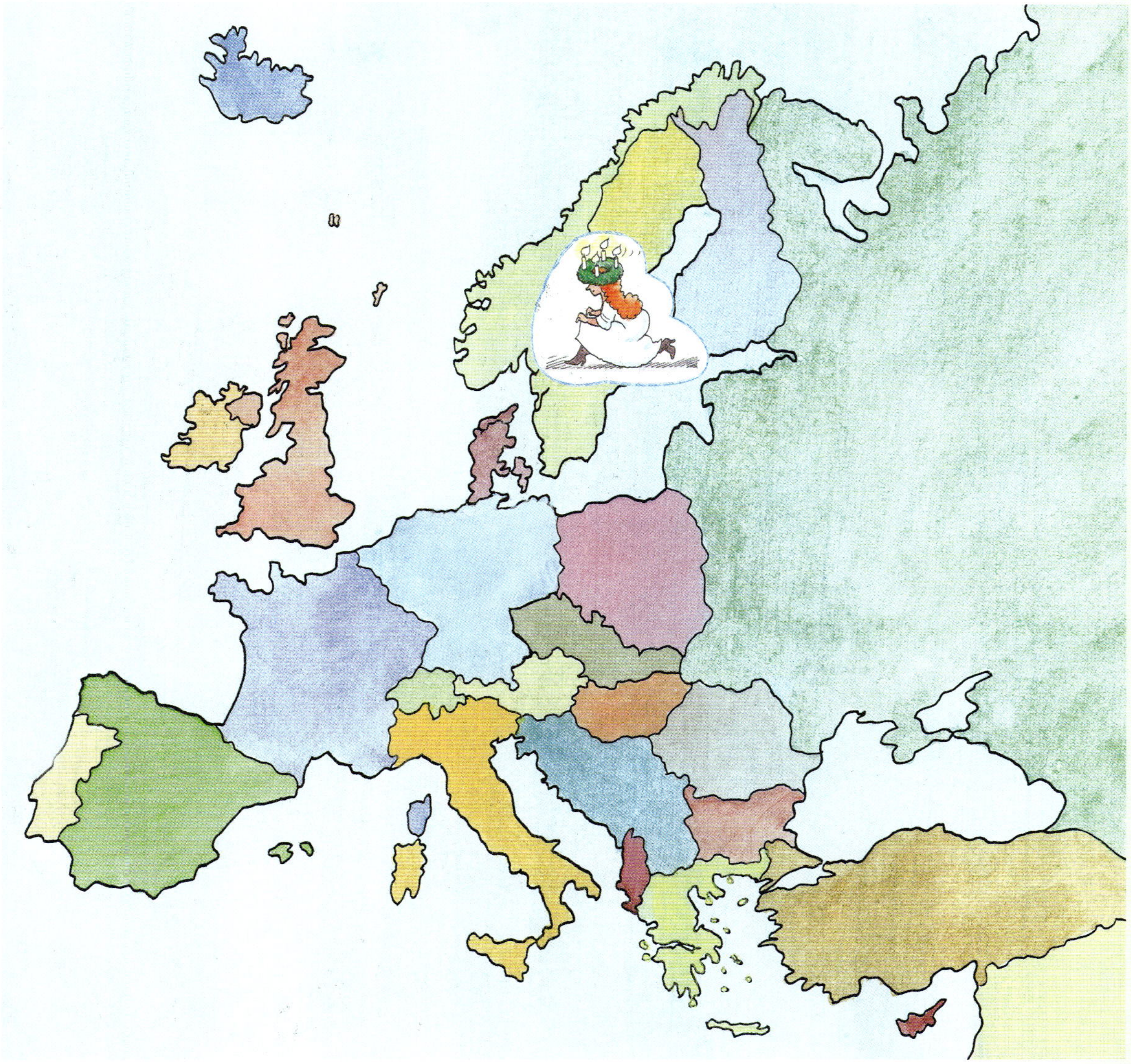

In rete si trovano molte informazioni sul tema feste e tradizioni.
Se volete fare delle ricerche sul tema vi consigliamo l'uso di motori di ricerca, come per esempio: www.google.it; www.virgilio.it; www.altavista.it; www.excite.it; www.yahoo.it.
Cercate di definire esattamente la vostra ricerca per ottenere dei buoni risultati. Normalmente la ricerca si può precisare digitando più termini di ricerca. Alcuni motori di ricerca visualizzano solo le pagine che contengono *tutti* i termini ricercati (aggiungendo automaticamente l'operatore booleano "and"). Per limitare ulteriormente la ricerca è sufficiente aggiungere altri termini. Potete comunque aggiungere il segno di addizione + se non ne siete sicuri.
Esempi:
+Natale +Italia +festa (oppure anche +tradizione ecc.; qui troverete probabilmente dei siti sul Natale in Italia)
"San Valentino" (in questo caso potrete trovare dei siti sulla festa di San Valentino in Italia. San Valentino è tra virgolette in quanto deve "venir inteso" come un unico termine di ricerca dal motore.)

Progetto 2 (Lez. 7)

Made in Italy
Il made in Italy si trova in tutto il mondo.

In giro per il mondo ci sono molti più oggetti italiani di quanti ne potremmo immaginare.
Lampade: il design italiano è tra i più apprezzati.
Abbigliamento: la moda italiana è leader nel mondo.
Scarpe: è italiana la fabbrica più grande del mondo.
Gioielli: il 90% dell'oro lavorato è italiano.
Pattini in linea: il 60% del mercato mondiale
Scooter: siamo tra i maggiori produttori di motori.
Cabine telefoniche: molte di quelle presenti sulle strade di tutto il mondo sono italiane.
Sanitari e piastrelle: l'Italia produce più di metà delle piastrelle vendute nel mondo.
Pistole: italiane, fra le altre, sono quelle di polizia e marines negli Usa.
Arredamento: 50% del mercato mondiale

- **L'Italia a casa vostra. Pensate al vostro appartamento: avete oggetti made in Italy? Quali? Dove li avete comprati? È facile trovare il made in Italy da voi? È "in"?**

- **Quali sono i made in Italy che preferite? Caffè, letteratura, lampade, sport, uomini, macchine ...**

Lo stile made in Italy

Il portale si rivolge agli italiani ma anche agli stranieri.
È il negozio online delle cose particolari e di qualità, rigorosamente chic. Ma anche un magazine di informazione su tutto ciò che l'Italia ha di bello.

La mia Italia – Dalla ricetta alla mostra d'arte.
Create un sito inseritendovi i vostri luoghi preferiti, i made in Italy che amate, tutto ciò che secondo voi l'Italia offre di bello.

arte | letteratura | viaggi | food&wine | motori | sport

Progetto 3 (Lez. 10)

Itinerari romani

Formate dei gruppi di lavoro e scegliete uno degli itinerari proposti. Suddividetevi i compiti e a casa cercate il materiale necessario con l'aiuto di libri, internet o racconti di conoscenti e amici. In classe poi elaborate le informazioni raccolte e preparate una visita guidata che proporrete in plenum.

Itinerario 1

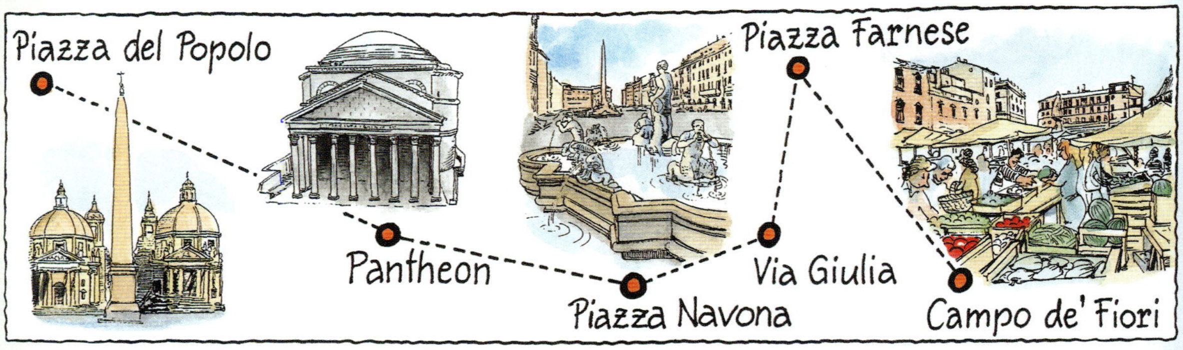

L'itinerario, che parte da Piazza del Popolo,conduce sulle tracce dei monumenti dell'antica Roma, attraversa l'antico Campo Marzio per raggiungere il cuore di Roma, con il Pantheon e le Piazze Navona, Farnese e Campo de'Fiori.

- Piazza del Popolo
- Pantheon
- Piazza Navona
- Via Giulia
- Piazza Farnese
- Campo de'Fiori

Itinerario 2

Dalla scalinata di Piazza di Spagna alla fontana di Trevi, l'itinerario passa attraverso il cuore mondano e commerciale della città, per raggiungere il Quirinale e concludersi alla Terme di Diocleziano, il più grande monumento dell'antica Roma.

- Piazza di Spagna
- Via dei Condotti
- Fontana di Trevi
- Quirinale
- Piazza Barberini
- Piazza della Repubblica

Itinerario 3

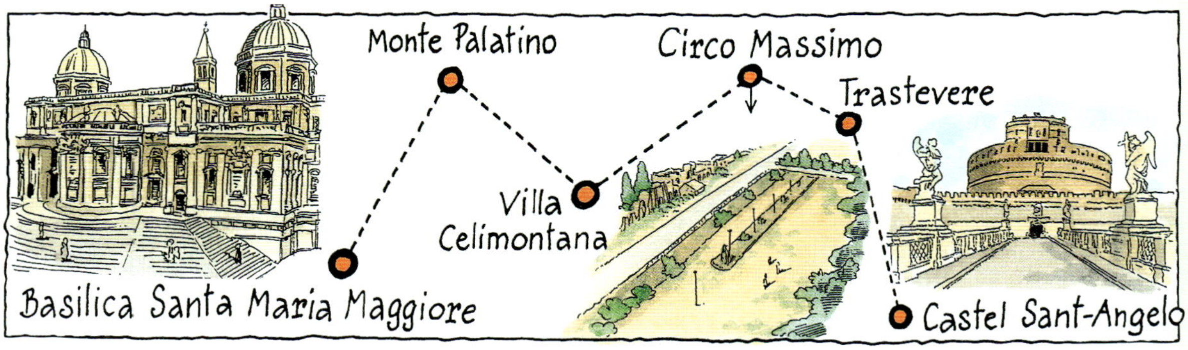

Dalla Basilica di Santa Maria Maggiore l'itinerario passa attraverso la zona caratteristica di Trastevere per finire "in grandezza" con Castel Sant'Angelo.
• Basilica di Santa Maria Maggiore • Monte Palatino • Villa Celimontana • Circo Massimo • Trastevere • Castel Sant'Angelo

Cartina di ROMA – Seguite gli itinerari sulla cartina.

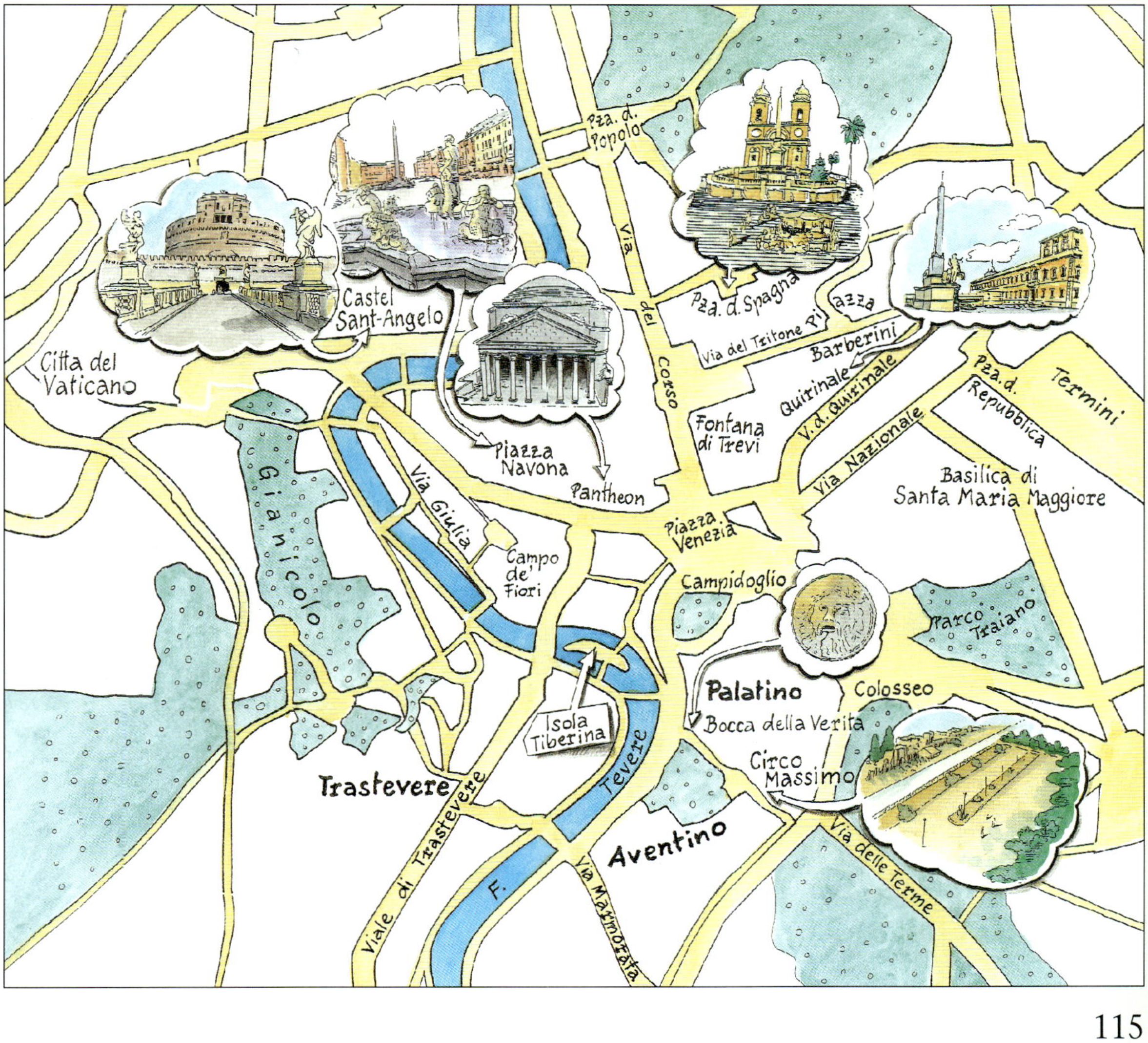

Esercizi

1

Completate la tabella sottostante con le forme mancanti del passato remoto. Tutti i verbi sono regolari.

	io	tu	lui/lei/Lei	noi	voi	loro
accettare	accetta**i**			accett**ammo**		
dovere		dov**esti**			dov**este**	
diventare			diventò		divent**aste**	
eseguire	esegu**ii**			esegu**immo**		
progettare		progett**asti**				progett**arono**
dichiarare			dichiarò			

2

Ascoltate queste domande con attenzione. Riconoscete dei passati remoti? Scriveteli.

a. .... b. ....

c. .... d. ....

3

Riguardate le foto a pagina 8 e proponete delle didascalie di vostra invenzione.

Diventò famoso ...
L'Unesco ha scelto la Villa Valmarana ...

4

Marco e Luisa sono all'APT. Ascoltate il dialogo. Vero o falso?

	vero	falso
1. L'impiegata sta parlando al telefono.	☐	☐
2. Marco chiede del materiale sulle chiese di Vicenza.	☐	☐
3. Marco e Luisa stanno cercando un ristorante in centro.	☐	☐
4. L'impiegata cerca un libro sulla storia di Vicenza.	☐	☐
5. Marco e Luisa hanno già trovato un albergo.	☐	☐
6. Marco e Luisa vogliono restare a Vicenza per alcune settimane.	☐	☐

5

Nella lezione avete visto anche alcuni verbi irregolari al passato remoto. Completate la seguente tabella.

	io	tu	lui/lei/Lei	noi	voi	loro
perdere	persi	perdesti				
essere						
avere						

6 **Anche nell'irregolarità esiste un sistema. Vi ricordate quale?
Cercate di completare questa "regola".**

Passato remoto, verbi irregolari
Solamente la prima e la terza persona .... e la terza persona .... sono irregolari. Le desinenze[1] sono:

io	pers*i*.....
lui/lei/Lei	pers.....
loro	pers.....

7 **Completate il seguente brano con il passato remoto.**
Solo i verbi *essere* e *perdere* sono irregolari.

Il nucleo di Vicenza esisteva probabilmente già prima dell'epoca romana, ma (essere) .... (1) solo sotto il dominio romano che Vicenza (diventare) .... (2) importante per il territorio. Successivamente all'impero romano Vicenza (perdere) .... (3) un po' d'importanza in quanto le città limitrofe, Verona e Padova, in posizione molto più strategica, avevano un ruolo più dominante. Nel periodo medievale queste due città (lottare) .... (4) a lungo per ottenere il controllo su Vicenza, fino a che la Repubblica di Venezia, la cosiddetta Serenissima, non la (inglobare) .... (5) nel suo territorio. Quello veneziano (essere) .... (6) per Vicenza il periodo di maggior splendore.

8 **Chi siamo? Alcuni famosi personaggi storici si presentano. Completate con il passato remoto. Sapete di chi si tratta?**

1. (progettare) *Progettai*..... tante cose e (essere) .... anche un grande pittore.
2. (riuscire) .... ad avere tre navi dalla regina Isabella e (scoprire) .... un nuovo continente.
3. (avere) .... molte amanti e non solo a Venezia.
4. (noi – essere) .... i primi a volare, e (essere) .... un momento davvero indimenticabile.
5. (diventare) .... famoso come architetto di bellisssime ville.
6. Grazie a me la Francia (diventare) .... molto potente, ma purtroppo (perdere) .... una battaglia molto importante.

9 **Com'è semplice! Formate dai nomi delle città gli aggettivi corrispondenti.**

a. Gli abitanti di Bologna sono i bolog**nesi**.	Ferrara, Genova, Verona, Messina, Milano
b. Gli abitanti di Vicenza sono i vicen**tini**.	Perugia, Trento, Trieste, Taranto, Varese
c. Gli abitanti di Venezia sono i venez**iani**.	Brescia, Caserta, Mantova, Foggia, Roma

[1] Endungen

⚠ **Als Fußnoten erscheinen nur die neuen Wörter, die Sie zum Lösen der Aufgaben benötigen. Weitere finden Sie im Abschnitt "Esercizi" des Lektionsvokabulars.**

10 Qual è la mia professione?

Vendo mobili antichi. ➤ *antiquario*

1. Lavoro nei boschi.
2. Faccio gioielli.
3. Progetto case e palazzi.
4. Le mie opere sono in cornice.
5. Faccio tipici oggetti regionali.
6. Sostituisco o aiuto il direttore.

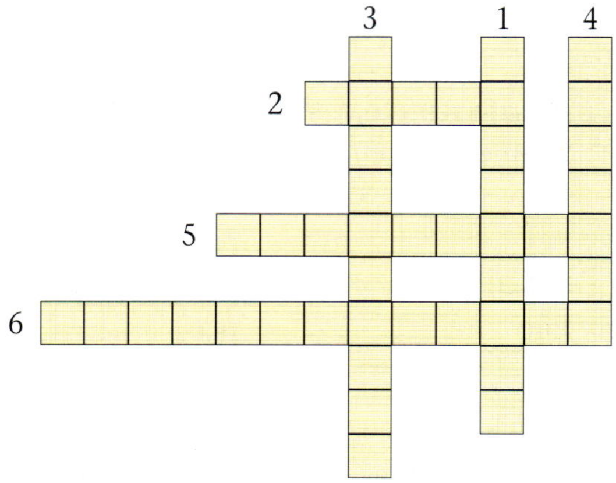

11 Una grande storia d'amore. Completate il testo con il verbo corretto.

conobbero[1] | era | permetteva | avete sentito | abitarono

morirono | separarono | trovarono | erano | innamorarono

A Montecchio maggiore si trovano due castelli, in cui, secondo la leggenda, ... (1) Giulietta e Romeo. I due giovani .... (2) figli di famiglie rivali: i Montecchi ed i Capuleti. Giulietta e Romeo si .... (3) e si .... (4) perdutamente[2]. Purtroppo la rivalità delle due famiglie .... (5) troppo forte e non .... (6) ai due innamorati di stare insieme. Le famiglie li .... (7), ma i due giovani .... (8) il modo di vedersi di nascosto. I nostri amanti .... (9) per un tragico errore. I due castelli ricordano la tragica storia d'amore di cui sicuramente .... (10) già parlare.

12 Cercate l'intruso!

arte – architettura – stile – ~~regione~~

1. industria – dipinto – produzione – economia
2. edicola – panini – biglietti – riviste
3. edificio – villa – viale – palazzo
4. epoca – Medioevo – Ottocento – primavera
5. duomo – basilica – convento – oreficeria
6. antiquario – pastore – boscaiolo – intervistato

13 Completate le frasi con il pronome relativo corretto.

che | in cui | di cui | con cui | in cui | per cui

1. Ecco gli ingredienti .... hai bisogno per il baccalà alla vicentina!
2. È la città .... si trovano molti edifici del Palladio.
3. Il cimbro è un'antica lingua .... si parla ancora in una zona del Veneto.
4. La piazza .... si gioca la partita a scacchi è a Marostica.
5. Le opere del Palladio sono il motivo .... siamo venuti qui a Vicenza.
6. È quella l'impiegata .... abbiamo parlato?

---

[1] conobbero (conoscere)
[2] leidenschaftlich

14 Giochiamo insieme. Descrivete le seguenti immagini usando i pronomi relativi.

stazione — *È il posto* ***da cui*** *partono i treni.*
occhiali — *È un oggetto* ***che*** *si porta sul naso.*

a)

b)

c)

d)

e)
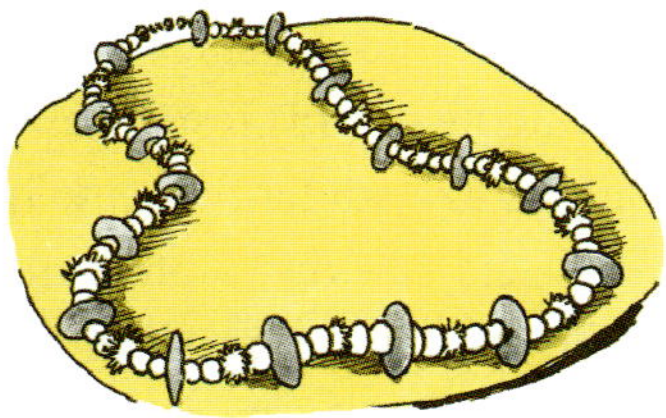

f)

15 Formate un'unica frase utilizzando il pronome relativo corretto.

È una città famosa. Tutte le guide turistiche ne parlano.
➞ *È una città famosa* ***di cui*** *parlano tutte le guide turistiche.*

1. È una grande oreficeria. Lì puoi comprare gioielli bellissimi.
2. Eseguì stupendi affreschi. Li potete vedere a Villa Valmarana.
3. Ecco gli ingredienti. Ne hai bisogno per preparare il baccalà alla vicentina.
4. Ecco la piazza. Sulla piazza si gioca una famosissima partita a scacchi.
5. È un'importante zona vinicola. Lì si producono tre tipi di vino bianco.
6. È una cucina ricca di sapori. La potete gustare in una tipica osteria della città.
7. È l'antiquario. Ha i prezzi più alti di tutta la città.

16 Come si dice in italiano?

1. .... (früher einmal) la vita era diversa.
2. Ci siamo conosciuti .... (vor langer Zeit).
3. .... (heutzutage) tutto è così frenetico.
4. Non la vedo molto .... (in letzter Zeit).
5. Nel museo d'arte .... (zeitgenössisch) ci sono opere interessanti.
6. .... (damals) vivevamo ancora in Sicilia.

1

Rileggete il brano sulla battaglia delle arance a pagina 17 e completate le seguenti informazioni.

1. La battaglia delle arance è una tradizione che cominciò ....
2. Si tratta di una battaglia tra i .... di Ivrea.
3. La battaglia comincia alcuni ....
4. La battaglia dura ....
5. Chi non vuole combattere deve ....
6. Per partecipare basta ....

2

Per raccontare un avvenimento bisogna situarlo nel tempo. Completate il testo con le seguenti espressioni:

ancora oggi | col tempo | in precedenza | alcuni giorni dopo | quando

Nel diciassettesimo secolo, ... (1) il carnevale durava addirittura sei mesi, a Venezia le feste in maschera si susseguivano l'una all'altra. .... (2) i festeggiamenti invece erano molto più limitati. .... (3) i Veneziani dimenticarono questa tradizione. Uno dei motivi è certamente il fatto che Napoleone ne proibì i festeggiamenti e vietò l'uso delle maschere. Il carnevale è rinato in tempi recenti grazie anche agli studenti che ne hanno fatto rivivere le figure e i personaggi. .... (4) lo si festeggia ed è diventato famoso in tutto il mondo.
Le giornate più importanti, quelle in cui potete vedere le maschere più belle, sono il giovedì grasso e, ... (5), il martedì grasso, giorni in cui in questa città vincono il colore e la fantasia.

3

Ricordate il passato remoto? Completate come nell'esempio.

nascere	divenire	perdere
io nacqui	io	io ....
lui nacque	lui	lui ....
loro nacquero	loro	loro ....

essere	cominciare	riuscire
io	io	io ....
lui	lui	lui ....
loro	loro	loro ....

4

Cercate il passato remoto.
Nel disegno sono nascoste alcune forme del passato remoto. Trovatele!

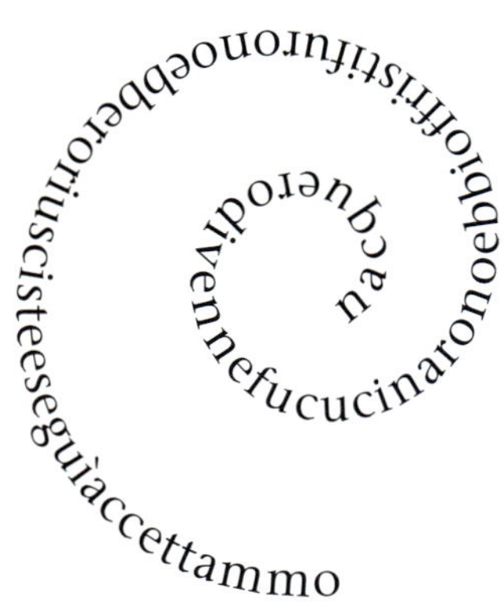

5 **Quanti ricordi! Completate con l'imperfetto o il passato remoto dei verbi tra parentesi.**

Da bambina (io–mangiare) .... (1) in continuazione ed (essere) .... (2) piuttosto grassa.

Una volta (noi–andare) .... (3) in vacanza al Poetto[1], che allora (essere) .... (4) una spiaggia bellissima.

Per andare a scuola (io–dovere) .... (5) prendere il treno. (io–alzarsi) .... (6) sempre all'ultimo momento e ogni giorno (io–fare) .... (7) una corsa folle per non perderlo.

Una volta (io–perdere) .... (8) il treno e mia madre (dovere) .... (9) portarmi a scuola in macchina.

Le mie compagne di scuola (prendermi) .... (10) sempre in giro, perché (io–sembrare) .... (11) un pallone.

Mio fratello (farmi) .... (12) sempre arrabbiare. Lui e i suoi amici (dire) .... (13) tante bugie e (farmi) .... (14) brutti scherzi.

Nel 1958 (noi–trasferirsi) .... (15) nel Nord Italia. Non (io–trovarsi) .... (16) bene ed (io–avere) .... (17) molti problemi con la scuola.

6 a) **Trasformate come nell'esempio.**

vino   bere   → *un vino be**vibile***

1. città   vivere
2. proposta   accettare
3. libro   leggere
4. storia   credere
5. vestito   portare
6. progetto   realizzare
7. oggetto   utilizzare

b) **Con l'aiuto dei prefissi formate il contrario degli aggettivi ottenuti.**

in-   im-   ir-   il-

È un vino bevibile.   →   È un vino **im**bevibile.

[1] Poetto = bekannter Strand bei Cagliari

7 Completate le lettere con le parti mancanti.

A

Roma, 3 aprile 200...

.... (1) Raffaelli,

leggo da molti anni la Sua rubrica e molto spesso sono d'accordo con Lei.

...

.... (2)

Firma[3]

1 a) Caro signor
b) Signore
c) Egregio[1] signor

2 a) Ti saluto
b) Distinti saluti[2]
c) Ciao

B

Genova, 8 marzo 200...

.... (1) Baldo,

proprio oggi mi sono ricordata che volevo mandarLe le foto della festa di compleanno.

...

.... (2)

Firma

1 a) Cara
b) Egregia signora
c) Gentile signora

2 a) Affettuosamente[4]
b) Tanti saluti
c) Cordiali saluti

C

I.D.D.
Viale Volli 1
Livorno

Carri & Corri
Via Dotti 3
37027 Grezzana (VR)

Roma, 3 aprile 200...

.... (1): documentazione smarrita

.... (2) Ditta I.D.D.,

Faccio riferimento alla Vostra lettera del ...

...

In attesa di una sollecita risposta Vi porgo i miei più

.... (3)

Firma

1 a) Ordine
b) Ogg.[5]
c) Riferimento[6]

2 a) Spett.le[7]
b) Egregia
c) Gentile

3 a) Cari saluti
b) Distinti saluti
c) Affettuosi saluti

8 I periodi storici - Completate lo schema secondo l'esempio:

1800 – 1899 = l'Ottocento / il diciannovesimo secolo

1700 – 1799 = il Settecento / ....

1600 – 1699 = ... / il diciassettesimo secolo

1500 – 1599 = il Cinquecento / ....

---

[1] sehr geehrter
[2] Mit freundlichen Grüßen
[3] Unterschrift
[4] Liebe Grüße
[5] Oggetto = Betreff
[6] Bezug
[7] Spettabile (Anrede für Firmen) = Sehr geehrte

1400 – 1499 = ... / il quindicesimo secolo
1300 – 1399 = il Trecento / ....
1200 – 1299 = ... / il tredicesimo secolo

9 Scegliete la forma corretta.

Dopo la messa si .... (1) veloci a casa perché mia suocera, che era già rientrata, ... (2) la colazione: il latte con la polenta. E dopo, verso l'una, tutta la famiglia si .... (3) a tavola per il pranzo. Mi ricordo che una volta .... (4) un agnello intero e .... (5) chili di patate. Tuo nonno .... (6) a prendere anche il vino buono, che festa!
L'anno dopo .... (7) la guerra e .... (8) tempi davvero duri.

1 a) corse
b) correva

2 a) preparò
b) aveva preparato

3 a) sedette
b) sedeva

4 a) cucinammo
b) cucinavamo

5 a) rosolavamo
b) rosolammo

6 a) andò
b) andava

7 a) iniziava
b) iniziò

8 a) furono
b) erano

10 Abbinate le frasi.

1. Gli dissi che
2. Mi ha telefonato
3. Mi rispose che
4. Sono rimasta in ufficio perché
5. Ti sei ricordato
6. È arrivato alla stazione quando

a. dei libri che mi avevi promesso?
b. il treno era già partito.
c. non avevo finito il lavoro.
d. se n'era dimenticato.
e. ero arrivato in ritardo.
f. solo dopo che ero già uscito.

11 Benedetta famiglia!?

Claudia racconta in quale caos ha trovato l'appartamento quando è rientrata a casa. Completate le frasi con il trapassato prossimo.

Il bagno era allagato perché qualcuno (dimenticare il rubinetto aperto)
→ *Il bagno era allagato perché qualcuno aveva dimenticato il rubinetto aperto.*

1. La finestra era aperta, perché mia figlia (dimenticare di chiuderla)
2. In cucina tutto era sporco, perché nessuno (fare le pulizie)
3. La camera dei bambini era in un caos totale, perché (buttare le loro cose sul pavimento)
4. Invece di fare i compiti i bambini (andare a giocare)
5. La biancheria era bagnata, perché nessuno (pensare a stenderla)
6. Il frigo era vuoto, perché mio marito (dimenticare di far la spesa)

12 Prima e dopo

Ascoltate e modificate le frasi secondo l'esempio.

Le riporto il libro che le ho chiesto in prestito.

➛ *Le ho riportato il libro che le* ***avevo chiesto*** *in prestito.*

13 Vi ricordate di San Valentino? Quali parole corrispondono alle spiegazioni?

fondo | istituire | dote | guarire | profano | martirio

1. Superare una malattia: ....
2. Somma di denaro che serve per un certo scopo: ....
3. Creare, fondare: ....
4. Grave sofferenza o morte per un ideale: ....
5. Denaro o altri beni che la moglie porta nel matrimonio: ....
6. Contrario di sacro, religioso: ....

14 Non solo il passato remoto!

Tra questi verbi ci sono alcuni passati remoti. Sistemateli nel contenitore apposito.

nacque | comincio | può
decido | diveniste | vissi
riuscì | fu | divenne
vivrò | fa | decise | visse
decisero | mangio | prese

15 Completate le frasi con il passato remoto o l'imperfetto dei verbi.

formare | avere | cominciare | vivere | decidere | durare | portare | diventare | offrire

San Valentino

1. San Valentino .... nel terzo secolo dopo Cristo.
2. .... famoso per le sue guarigioni miracolose.
3. San Valentino .... di istituire un fondo per le ragazze povere.
4. .... una dote alle ragazze che non .... denaro per sposarsi.

La battaglia delle arance

5. La battaglia delle arance .... nell'Ottocento.
6. I quartieri di Ivrea .... nove squadre.
7. La battaglia delle arance .... 2 – 3 giorni.
8. In segno di neutralità si .... un berretto rosso.

16

a) **Nell'ascolto al punto 16 b) sentirete le parole seguenti. Ne conoscete il significato? Sottolineate la spiegazione corretta, aiutandovi con il dizionario.**

1. immemorabile	a) da tanto tempo	b) di buona memoria
2. friulano	a) abitante di Foggia	b) del Friuli
3. commissionato	a) ispettore di polizia	b) ordinato
4. sfera	a) circolo	b) globo
5. culminante	a) più importante	b) più alto
6. torcia	a) candela	b) fiaccola

b) **La radio locale di Venzone racconta della tradizionale festa della zucca. Ascoltate e ricostruite la storia mettendo le immagini nella sequenza giusta.**

c) **Scrivete la storia con l'aiuto dei seguenti verbi.**

cadere | sostituire | rompersi | salire | pagare | commissionare

1 Conoscete il contrario di...?

1. silenzioso ....
2. sopportabile ....
3. pessimo ....
4. organizzato ....
5. bruttissimo ....
6. uguale ....
7. taciturno ....
8. ordinato ....

2 Completate le frasi con il congiuntivo presente.

Mi sembra che ... – lui / loro – essere preoccupato

➜ *Mi sembra che lui* ***sia*** *preoccupat*o.

Mi sembra che loro **siano** *preoccupat*i.

1. Trova che	tu / voi	essere disorganizzato
2. Non so se	lei / loro	avere abbastanza tempo
3. Crede che	tu / lei	avere poca voglia di lavorare
4. Mi sembra che	lui / voi	essere scontento
5. Penso che	tu / loro	avere problemi
6. Ti sembra che	io / noi	essere disordinato?

3 Modificate le frasi come nell'esempio e controllate poi la vostra risposta con l'aiuto della cassetta.

Secondo me è molto disorganizzato. – (Trovo che)

➜ *Trovo che* ***sia*** *molto disorganizzato.*

4 Come sono gli italiani? Completate le frasi con il verbo giusto al congiuntivo.

essere — avere — lavorare — parlare — amare

pensare — mangiare — vivere

1. Credete che .... solo spaghetti?
2. Pensate che .... solo la mamma?
3. Trovate che .... solo al denaro?
4. Vi sembra che .... troppo ad alta voce?
5. Vi sembra che .... per vivere?
6. Credete che .... dei mammoni?
7. Pensate che .... poca voglia di lavorare?
8. Trovate che .... alla giornata?

5 Formate le frasi secondo l'esempio.

il popolo – rumoroso – esistere

➜ *È il popolo* ***più*** *rumoroso* ***che esista****.*

1. la ragazza – bella – io/conoscere
2. l'amico – caro – tu/avere
3. il libro – interessante – esserci
4. il paese – caotico – esistere
5. le persone – antipatiche – noi/conoscere

6

Completate lo schema con le forme del congiuntivo presente.

	io	tu	lui/lei/Lei	noi	voi	loro
lavorare	lavori				lavoriate	
esistere		esista		esistiamo		esistano
sentirsi	mi senta					
potere			possa		possiate	
sapere		sappia				
avere			abbia			abbiano
essere	sia				siate	

7

Formate delle frasi secondo il modello.

gli italiani / essere molto superficiali
➛ *Trovo che gli italiani* ***siano*** *molto superficiali.*

1. i francesi / vestirsi bene
2. gli inglesi / cucinare male
3. gli spagnoli / ballare bene
4. i greci / assomigliare agli italiani
5. i tedeschi / essere grandi lavoratori
6. gli americani / mangiare troppi hamburger

8

Ricostruite le frasi coniugando i verbi e mettendoli al posto giusto.

1. Penso che Carlo	avere	bene qui.
2. Non so se Paola	essere	della riunione.
3. Credo che tu	non sentirsi	riuscirci.
4. Ho l'impressione che voi	potere	a vostro agio.
5. Ci sembra che loro	sapere	contenti.
6. Non siamo sicuri che lui	trovarsi	tempo.

9

Congiuntivo o infinito? *Che o di?* Completate.

1. Credo (lui–essere) .... d'accordo.
2. Credo (io–essere) .... a casa per le otto.
3. Pensiamo (noi–non avere) .... tempo.
4. Pensiamo (loro–non avere) .... tempo.
5. Pensi (loro–potere) .... venire con noi?
6. Pensi (tu–potere) .... venire con noi?
7. Vi sembra (voi–lavorare) .... abbastanza?
8. Vi sembra (lei–lavorare) .... abbastanza?
9. Credete (lui–avere) .... ragione?
10. Credete (voi–avere) .... ragione?
11. Ti sembra (tu–sapere) .... tutto?
12. Ti sembra (loro–sapere) .... tutto?

10 Non sempre è necessario il congiuntivo!

a) Sottolineate le espressioni e i verbi che richiedono il congiuntivo.

penso che | secondo me | mi sembra che | non so se | forse
ho l'impressione che | trovo giusto che | il più bello che | credo che

b) Ed ora formate delle frasi con le espressioni ed i verbi che avete sottolineato.

11 I contrari: trovate le coppie giuste.

1. perdere
2. netto
3. guerra
4. paradiso
5. in anticipo

a. inferno
b. pace
c. in ritardo
d. lordo
e. vincere

12 Il paroliere

a) Formate delle parole nuove con i prefissi:

dis ordine | **in** fedeltà | **s**lealtà

fortuna | felicità | correttezza | organizzazione | cortesia
utilità | attenzione | capacità | onestà

b) Ed ora formate gli aggettivi corrispondenti.

__dis__ordine → *__dis__ordinato*
__in__fedeltà → *__in__fedele*
__s__lealtà → *__s__leale*
....

13 Quali abitudini sono prettamente italiane e quali meno? Inseritele nella casella giusta.

usare il cellulare[1] | bere birra | festeggiare l'Avvento | fare colazione al bar | scioperare
mangiare pasta | cenare al lume di candela[2] | fare la coda[3] | gesticolare

[1] Handy [2] bei Kerzenlicht [3] Schlange stehen

14

Trasformate le seguenti frasi secondo il modello.

*Sono loro **che** si **sanno** godere la vita.*

→ *Sono loro **a sapersi** godere la vita.*

1. Sono sempre loro che creano problemi.
2. Qui l'unico che lavora sono io.
3. Sono sempre i soliti che stanno al telefono per ore.
4. Sei sempre tu che cominci con certi discorsi.
5. Siamo sempre noi che ci occupiamo di tutto.
6. È sempre lui che si rifiuta.

15

Completate la lettera secondo il senso con le forme del congiuntivo dei seguenti verbi:

potere — ricevere — avere — idealizzare

prendere — avere — potere

Caro Marco,
ho appena letto la tua lettera e devo ammettere che sono un po' sorpreso che tu .... (1) deciso di trasferirti a Torino, credo che tu .... (2) un po' la cosa e non .... (3) in considerazione i problemi pratici che ne deriveranno. Mi sembra tra l'altro che tua moglie e i tuoi figli non .... (4) tanta voglia di lasciare la Calabria ed io a dire il vero non capisco quali vantaggi tu .... (5) avere da questo trasferimento. Da quanto mi hai detto, mi pare che tu non .... (6) né un aumento di stipendio né facilitazioni di nessun tipo. Temo inoltre che i tuoi figli .... (7) avere qualche difficoltà; dovrebbero fare nuove amicizie, ambientarsi in una nuova scuola. Comunque sei tu che devi decidere.
Ti consiglio di riflettere, è una decisione molto importante in cui tra l'altro è coinvolta anche la tua famiglia.
Un caro saluto

Gino

16

a) **Ascoltate cosa dice una psicologa svedese sugli uomini europei. Completate.**

Italians do it better.

Secondo una statistica fatta recentemente gli italiani sono .... (1). Questa è una conclusione a cui .... (2) in uno studio sul comportamento erotico dei maschi europei. .... (3) i più romantici nel corteggiamento, ... (4) l'arte della seduzione. Chi invece non ha nessuna ragione di gioire è l'uomo inglese: sembra che le donne europee .... (5) del vecchio continente, una vera e propria catastrofe. E gli altri? Gli spagnoli sono troppo possessivi e un po' pomposi nel corteggiamento. I greci sono troppo venali, ... (6). I francesi a quanto pare non corrispondono alle aspettative, ... (7). I tedeschi? Ahimè, sono coscienziosi ma frettolosi e non sempre romantici.

3

b) Purtroppo nel glossario c'è un po' di confusione. Rimettetelo in ordine.

1. corteggiamento	a) Verführung
2. seduzione	b) Erbin
3. gioire	c) gewissenhaft
4. pomposo	d) an Geld interessiert
5. venale	e) sich freuen
6. coscienzioso	f) Umwerbung
7. ereditiera	g) pompös

17 **Anche un grande quotidiano tedesco ha parlato di questo sondaggio. Traducete.**

Evviva la mamma!

Italienische Frauen sind die besten Mütter Europas. Dies ergab eine Umfrage unter zweitausend Frauen aus ganz Europa im Auftrag einer italienischen Modezeitschrift. Die Europäerinnen halten nach dieser Umfrage die Italienerin nicht nur für die beste *mamma*, sondern auch für die beste Köchin und Hausfrau. An deutschen Frauen bewundern sie vor allem den Erfolg im Berufsleben.

1

Che confusione!
Un virus ha colpito il nostro computer. Aiutateci a ricomporre le parole.

tito – lare
leon
chette
labora
gianale
ture
ine
cino
torio
arti
cami
scul
capi
colonn
telli
vas
netti

2

Leggete una parte dell'intervista con Giuliano, l'artigiano artista, e sottolineate le forme passive. Quali sono? Riportate le frasi alla forma attiva.

- • Comunque ... anche se ha una fotografia, la scultura viene creata da Lei. Si ritiene più un artigiano o un artista?
- ○ Un artigiano, sicuramente. Anche se è necessario un po' d'estro, di capacità artistica.
- • Chi compra le Sue sculture?
- ○ In genere vengono comprate da commercianti e da qualche privato. So che vanno molto all'estero, sono molto richieste, soprattutto da tedeschi e svizzeri.
- • Da tedeschi e svizzeri, davvero?
- ○ Sì, ...

3

Cercate i sostantivi che si riferiscono al verbo.

1. la terra	a) viene lavorato
2. il marmo	b) vengono comprate
3. il tedesco	c) vengono completati
4. le lingue	d) vengono insegnate
5. il gioiello	e) viene creata
6. la scultura	f) viene insegnato
7. i lavori	g) viene creato
8. le sculture	h) viene lavorata

(1. la terra → h) viene lavorata)

4

Formate delle frasi al passivo con i seguenti elementi.

quadro – dipingere – pittore
→ *Il quadro **viene / è dipinto dal** pittore.*

1. statua – fare – scultore
2. gioielli – creare - orafo
3. villa – progettare – architetto
4. affresco – realizzare – pittore
5. scultura – comprare – commerciante
6. opere – apprezzare – molte persone

5 **Leggete i seguenti titoli e volgeteli al passivo.**

1. A Venezia hanno esposto alcune opere di Picasso.
2. Hanno riaperto al pubblico la Cappella Sistina.
3. Hanno concluso i lavori agli affreschi di Piero della Francesca.
4. Nella zona di Pompei hanno ritrovato due antiche statue.
5. A Palermo hanno riaperto il Museo Archeologico.
6. Ladri sconosciuti hanno rubato un'opera di grande valore.

6 **Chi l'ha fatto? Formate delle frasi complete.**

scoprire / Cristoforo Colombo

→ *L'America* ***è stata scoperta da*** *Cristoforo Colombo.*

....

....

....

....

....

....

- scolpire / Michelangelo
- dipingere / Leonardo da Vinci
- distruggere / Vesuvio
- fondare / Romolo e Remo
- progettare / Palladio
- ritrovare / subacqueo

7 **Piccolo mondo! Trasformate con i suffissi: -(c)ino/-(c)ina, -etto/-etta**

leone

leoncino

1. camino ....
2. colonna ....
3. pallone ....
4. casa ....
5. negozio ....
6. vasca ....
7. villa ....
8. ragazzo ....
9. anello ....
10. lavoro ....
11. oggetto ....
12. mobile ....
13. gruppo ....
14. cena ....
15. regalo ....

8 Dall'attivo al passivo. Trasformate correttamente aiutandovi con la tabella.

	futuro	imperfetto	passato prossimo
attivo	farà	faceva	ha fatto
passivo	sarà fatto verrà fatto	era fatto veniva fatto	è stato fatto

dipingerà ➤ ***sarà dipinto / verrà dipinto***

1. progetterà ....
2. ha organizzato ....
3. ha diretto ....
4. faceva ....
5. organizzava ....
6. ha progettato ....
7. finirà ....

9 Trasformate le frasi come nell'esempio usando i tempi necessari.

L'artigiano eseguirà il lavoro.
➤ *Il lavoro* ***sarà / verrà eseguito dall'****artigiano.*

1. Il pittore ha dipinto il quadro.
   Il quadro .... pittore.
2. Un architetto famoso progetterà l'edificio.
   L'edificio .... un architetto famoso.
3. Gli artigiani facevano gli altri lavori.
   Gli altri lavori .... artigiani.
4. Un artista della regione ha dipinto gli affreschi della chiesa.
   Gli affreschi della chiesa .... un artista della regione.
5. Un grande direttore d'orchestra dirigerà l'opera.
   L'opera .... un grande direttore.
6. Organizzano la festa sempre le stesse persone.
   La festa .... sempre .... stesse persone.
7. Un artista sconosciuto ha scolpito questa statua.
   Questa statua .... un artista sconosciuto.

10 Tanti modi di dire ... Trovate la spiegazione corretta.

1. Lui è di casa da noi.
2. È un opera che resiste al tempo.
3. Lei ha la luna di traverso.
4. È proprio nato con la camicia.
5. Sono sempre al verde.
6. Andava a tutta birra.
7. Ti va proprio a pennello!
8. Mi hanno trattato a pesci in faccia.

a) Guidava a tutta velocità.
b) È proprio fortunato.
c) Non ho mai un soldo.
d) È sempre moderna e attuale.
e) È di malumore.
f) Frequenta regolarmente la nostra famiglia.
g) Mi hanno trattato malissimo.
h) Ti sta benissimo.

11 **Divertiamoci con il dizionario.** **L** **Cercate i derivati dei verbi e scriveteli.**

lavorare
conservare
creare

iscrivere
partecipare
valutare

la·vo·ra·re I *v/i (av)* **1** arbeiten **2** funktionieren **3** *(negozio ecc.)* laufen II *v/t* 1 bearbeiten 2 *(pasta)* durchkneten ⊔ **~ *a maglia*** stricken; **~ *in nero*** schwarz arbeiten; **~ *part time*** halbtags arbeiten; **~ *in proprio*** selbstständig arbeiten.
la·vo·r|a·ti·vo *agg* Arbeits-: ***giornata -a*** Arbeitstag *m.* **~*a·to*** *agg* **1** be-, verarbeitet **2** AGR. bestellt **3** Fertig-: ***prodotto*** **~** Fertigprodukt *n* ⊔ **~ *a mano*** handgearbeitet.
la·vo·ra·to·re I *agg* Arbeiter-, Werk-, werktätig II *m* **1** Berufstätige *m*, Werktätige *m* **2a** **~ *dipendente*** Arbeitnehmer *m* **b** **~ *autonomo*** Selbstständige *m* **3** FIG. Arbeiter *m* ⊔ **~ *in nero*** Schwarzarbeiter *m;* **~ *specializzato*** Facharbeiter *m;* **~ *stagionale*** Saisonarbeiter *m;* **~ *a tempo parziale, pieno*** Teilzeit-, Vollzeitbeschäftigte *m.*

lavorativo
lavoratore

12 **Spiegate cosa si fa nei seguenti corsi.**

Corso di ceramica – fare oggetti con l'argilla
→ *Nel corso di ceramica **si fanno** degli oggetti con l'argilla.*

1. Corso di pittura – dipingere acquerelli
2. Corso di italiano – imparare la lingua
3. Corso di danza – imparare balli africani
4. Corso di restauro – restaurare quadri
5. Corso di cucina – cucinare piatti esotici

13 a) **Il dovere è dovere – completate le frasi con il passivo.**

L'esame .... (preparare) in tempo.
→ *L'esame **va preparato** in tempo.*

1. Il passaporto (rinnovare) .... in tempo.
2. I clienti (informare) .... subito.
3. Le modifiche (eseguire) .... con tempestività.
4. Le melanzane (mettere) .... nell'acqua salata.
5. Le pastiglie (prendere) .... prima dei pasti.
6. La ginnastica (fare) .... regolarmente.
7. Il materiale (trattare) .... con cura.

b) **Certe cose vanno proprio fatte!**
Ascoltate le frasi e modificate come nell'esempio.

I soldi si versano durante la prima lezione.
→ *I soldi **vanno versati** durante la prima lezione.*

14 Completate la tabella.

	lo	**la**	**li**	**le**	**ne**
mi		me la		me le	me ne
ti	te lo	te la			
gli / le / Le			glieli		gliene
ci	ce lo		ce li		
vi		ve la		ve le	
gli	glielo			gliele	

15 Fate piccoli dialoghi usando i pronomi combinati.

Che bella collana! *Chi **te l'**ha regalata?* – ***Me l'**ha regalata mia sorella.*

1. Che bel vestito! Chi .... Me ....
2. scarpe ....
3. stivali ....
4. camicetta ....
5. cappellino ....
6. quadri ....
7. borsetta ....

16 Formate delle frasi complete.

1. I dischi di cui parlavi	me lo	porti?
2. E questo famoso aperitivo	me li	offri?
3. Di libri	te l'	sono veramente tanti qui!
4. Questa storia chi	ce ne	ha raccontata?
5. La ricevuta era di Mario,	glieli	hai data?
6. Questi giornali sono di Lia,	glierl'	dai tu?

17 a) Abbinate le parole al disegno corrispondente. Le sentirete poi in una vecchia canzone popolare.

fazzolettino

fonte

stendere

rama di rose

stirare

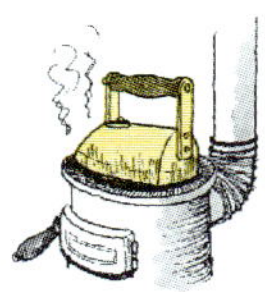
1

2

3

4

5

b) Ascoltate e completate con i pronomi mancanti.

Il fazzolettino

1. Amor dammi quel fazzolettino,
Amor dammi quel fazzolettino,
vado alla fonte, ... vado a lavar.

2. .... lavo alla pietra di marmo,
ogni sbattuta un sospiro d'amor.

3. .... stendo a una rama di rose,
ogni sbattuta un sospiro d'amor.

4. .... stiro col ferro a vapore,
ogni pieghina un bacino d'amor.

5. .... porto di sabato sera,
di nascosto di mamma e papà.

6. C'è chi dice l'amore non è bello,
certo quello l'amor non sa far.

Ecco una parte dell'elenco del repertorio ammesso all'esposizione della Fiera di Milano, presentato nel gazzettino a pag. 46

1 Articoli da regalo:

Ceramica
Legno
Ferro e rame
Tessuto
Carta e cartone
Marmo e pietre dure
Vetro
Argento
Altri materiali

2 Arredamento & Co.

Mobili
Soprammobili
Tende e tappeti
Quadri
Cornici
Sculture
Lampade e illuminazione
Articoli per la tavola e la cucina
Biancheria per la casa

3 Oreficeria e gioielleria

Oro e argento
Corallo
Pietre dure

4 Prodotti eno-gastronomici

Vini e bevande alcoliche
Salumi
Conserve
Paste alimentari fresche e secche
Dolciumi
Formaggi
Altri prodotti alimentari

1

a) Cinema, cinema, cinema ... Qual è il significato? Abbinate.

1. riprese	a) Hauptdarsteller
2. regista	b) erzielen
3. riscuotere	c) Aufnahmen
4. genere	d) Regisseur
5. protagonista	e) Genre

b) Completate le frasi con la parola giusta.

riprese	regista	riscuotendo	ha interpretato	genere	film

1. Nel 1991 esce il film *Johnny Stecchino* di Benigni, ... un grandissimo successo.
2. L'attrice italiana Maria Grazia Cucinotta .... un film giallo.
3. Questo .... fa sempre lo stesso tipo di film: che noia!
4. Con il suo straordinario .... *La vita è bella* ha ottenuto 5 nomination agli Oscar 1999.
5. Queste scenografie[1] sono utilizzate per le .... del film *Il Vangelo secondo Matteo* di Pasolini.
6. *Lo chiamavano Trinità*, del 1969, è un film che rientra[2] nel .... del western all'italiana.

2

Ricomponete le frasi.

1. Il regista	a) troppo violenti.
2. L'attrice ha recitato	b) sono state fatte da uno specialista.
3. L'interpretazione	c) almeno mille comparse.
4. Le scenografie	d) dell'attore è stata ottima.
5. I film gialli sono	e) gira un film.
6. In questo film storico appaiono	f) una parte[3] interessante.

3

Leggete i titoli dei film. Di quale genere si tratta? Divideteli nelle categorie sottostanti. Ascoltate una breve descrizione di ogni film, vi aiuterà a classificarli.

film d'avventura	film comico	film epico o storico	film di fantascienza	film giallo	western all'italiana
....	....	....	....	....	....
....	....	....	....	....	....

1. *Anatomia di un omicidio*[4], 1959, di Otto Preminger
2. *La guerra Lampo*[5] *dei fratelli Marx*, 1933, regia di Leo McCarey
3. *C'era una volta il West*, 1968, regia di Sergio Leone
4. *La corazzata Potëmkin*, 1926, regia di Sergej Ejzenštejn
5. *Guerre stellari*, 1977, regia di George Lucas
6. *The Blues Brothers*, 1981, regia di John Landis
7. *Novecento*, 1976, regia di Bernardo Bertolucci
8. *Totò le Mokò*, 1949, di Carlo Ludovico Bragaglia
9. *I predatori*[6] *dell'arca perduta*, 1984, di Steven Spielberg

[1] Filmkulissen [2] gehört zu [3] Rolle [4] Mord [5] Blitzkrieg [6] Räuber

4 Trasformate le frasi secondo il modello.

Non immagina che avrà successo. (Adesso)

→ *Non immaginava che* ***avrebbe avuto*** *successo. (Tempo fa)*

1. Scrive che verrà al Festival di Venezia.
2. Dice che interpreterà il ruolo principale.
3. È sicuro che vincerà l'Oscar.
4. Dicono che sarà il film più importante dell'anno.
5. I giornali scrivono che avrà un grande successo.
6. Il regista è convinto che il film farà grandi incassi.

5 Ascoltate le frasi e modificate come nell'esempio. Controllate la vostra risposta con l'aiuto della cassetta.

Non crede che sarà così facile.

→ *Non credeva che* ***sarebbe stato*** *così facile.*

6 Completate con:

qualche **alcuni** **alcune**

1. .... film di Sergio Leone sono molto famosi, specialmente i suoi western all'italiana.
2. Ennio Morricone ha composto .... colonna sonora di gran successo.
3. Roberto Benigni ha interpretato .... parti comiche in film internazionali.
4. Adriano Celentano ha condotto[1] .... trasmissione televisiva.
5. .... ammiratore della bella Gina Lollobrigida forse non sa che è anche una brava fotografa e scultrice.

7 Trasformate secondo l'esempio.

Ho comprato dei biglietti per il teatro. Vieni anche tu?

→ *Ho comprato* ***qualche*** *biglietto per il teatro. Vieni anche tu?*

1. Ho visto dei libri sul cinema francese.
2. In Italia ci sono dei registi di fama internazionale.
3. Ho visto solo delle puntate[2] dello sceneggiato. Non l'ho visto tutto.
4. Ieri sera al cinema ho incontrato degli amici.
5. È un regista che ha girato dei film veramente interessanti.
6. Nel film ci sono delle scene violente.

[1] moderiert
[2] Folge

8

***Qualcosa* o *qualcuno*? Completate.**

1. Conosci .... che possa aiutarmi?
2. Non ho visto più Mario. Ne sai .... ?
3. C'e .... che non quadra[1].
4. Hai trovato .... che si occupi dei bambini?
5. Ha chiamato .... per te, ma non mi ricordo più il nome.
6. Hai .... di interessante da leggere?

9

Sottolineate tutti i nomi di città e paesi che conoscete. Sapete trovare il corrispondente in tedesco?

Antonio Griffo Focas Dicas Comneno Porfirogenito Gagliardi De Curtis di Bisanzio, Altezza Imperiale, conte palatino, cavaliere del Sacro Romano Impero, esarca di Ravenna, duca di Macedonia ed Illiria, Principe di Costantinopoli, di Tessaglia, del Peloponneso, conte di Cipro e di Epiro, conte e duca di Durazzo ...

Bisanzio – Byzanz

10

Inserite i nomi geografici sottostanti nella cartina geografica.

1 Spagna
2 Serbia
3 Croazia
4 Turchia
5 Svezia
6 Norvegia
7 Finlandia
8 Danimarca

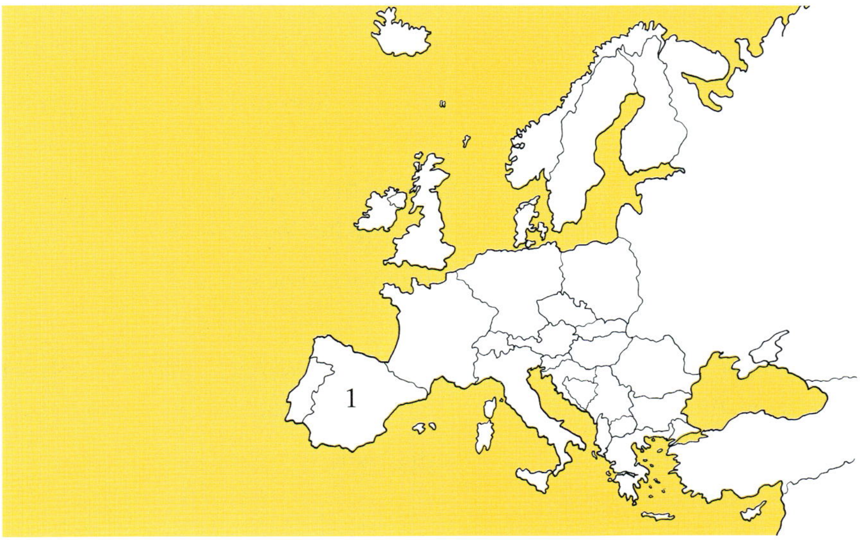

9 Portogallo
10 Polonia
11 Romania
12 Bulgaria
13 Corfù
14 Elba
15 Corsica
16 Cipro

11

a) Sua maestà il re! Scrivete i titoli nobiliari nella sequenza giusta.

conte duca
imperatore principe
re barone

barone

popolo

b) Conoscete il femminile di questi titoli nobiliari? Completate la scaletta.

---

[1] das nicht stimmt

12 **Leggete attentamente lo stralcio di un articolo scritto dal regista italiano Dino Risi. Sottolineate gli indefiniti che conoscete.**

E se provassero loro a realizzare un film?

di Dino Risi

Leggo dappertutto critiche troppo lunghe. Alcuni critici mancano di sintesi. Per commentare un film non occorrono due colonne. Quasi più nessuno ha la capacità di sintesi che ammiravo tanto, nemmeno i critici francesi che un tempo facevano scuola. A qualcuno di questi critici parigini che hanno pubblicato una lista dei film "*che fanno venir voglia di cambiare mestiere*", direi questo: cambiate pure mestiere e provate a fare qualche film, così vi renderete conto di alcune cose.

La Repubblica 2/1/2000 (adattato)

13 **Completate con gli indefiniti.**

qualche	qualcosa	qualche	nessun	qualcosa	niente

1 • È un'attrice che non ha proprio .... talento. Non è portata per il cinema.
○ Beh, io non la trovo mica male.

2 • È un noto regista finlandese che ha girato dei film impegnati[1].
○ Davvero? Allora raccontami .... di lui. Io non lo conosco.

3 • C'è .... film italiano degli ultimi anni che ti piace?
○ No, mi sembrano tutti superficiali.

4 • Mi piacerebbe vedere .... film di Wim Wenders, me ne hanno parlato bene.
○ Anche a me, finora non ho visto .... di suo.

5 • Vorrei andare a vedere .... di divertente.
○ Ti va una commedia di Benigni?

14 **Nella lezione avete ascoltato una telefonata tra Luca e Marco.**
Ora provate a completare le seguenti frasi con le preposizioni corrette: *a – di – da*

1. Ti va .... uscire?
2. Avrei .... finire un lavoro.
3. La smetti .... lavorare?
4. Sono stanco .... vedere bidonate.
5. Ho voglia .... andarci
6. Avrei proprio voglia ....farmi quattro risate.
7. Vengo .... prenderti stasera.

[1] engagierte Filme

15

Completate le frasi scegliendo la preposizione corretta.

Hai voglia		andare al cinema?
Andiamo	a	vedere l'ultimo film di Rosi.
Abbiamo un lavoro	di	finire.
Ti va	da	uscire?
Abbiamo intenzione		andare al festival di Cannes.
Non ho il coraggio[1]		dirgli che non mi è piaciuto.
Hanno un grande problema		risolvere.
Perché non venite con noi		sentire Pavarotti?

16

In questa lezione avete visto espressioni e verbi a cui segue una preposizione e l'infinito. Li ricordate? Raggruppateli a seconda della loro preposizione.

a

riuscire a fare

di

da

17

Cercate la preposizione ed il verbo giusto.

a / di / da

1. Andiamo .... fuori?
2. Ho ancora .... una traduzione.
3. Smettetela .... !
4. No ho voglia .... a casa così presto.
5. Quando venite .... Maria?
6. Vi va .... la serata fuori?

finire
mangiare
passare
andare
prendere
parlare

18

Ormai siete ferrati in campo cinematografico. Fate una piccola traduzione. Aiutatevi con il vocabolario o chiedete all'insegnante.

Der neue historische Film von H. B. verspricht ein Erfolg zu werden. Die Geschichte ist altbekannt, aber das Publikum scheint immer wieder von dem Thema fasziniert zu sein: dem Geheimnis seines Todes. Sein Leben, seine Lieben und sein Schicksal interessieren nicht nur in Bayern. Der Film versucht hinter die Fassade zu schauen, den Menschen zu sehen. Der Regisseur wollte nicht nur einen historischen Film über einen König drehen, mit großartigen Kostümen und Landschaften, sondern seine Einsamkeit, seine Menschlichkeit unterstreichen.

Chi è questo misterioso personaggio storico?

[1] Mut

1 **Le seguenti didascalie commentano le foto a pag. 58. Leggetele e abbinatele correttamente.**

1. Il nuovo maschio[1]. Disposto a dividere i compiti con la compagna. A chiedere permessi[2] per stare a casa. E a preparare cene al lume di candela.
2. I papà alla riscossa[3]. Niente da ridire. Anzi, i bambini li adorano perché sono più agili nei giochi di movimento e cercano in ogni modo di farli divertire.
3. Teneri. Affettuosi. Presenti. Pronti a preparare pappe[4] o cambiare pannolini[5]. E belli da guardare!

2 **Che confusione! Tra le lettere sono nascoste le seguenti parole, trovatele!**

gergo ombre coniugi smalto sregolata coppia monofamiglia corteggiati condurre separazione

Z	G	E	R	G	O	Q	R	T	T	R	B	N	A	S	E	W
T	T	Z	B	S	X	W	A	S	V	Z	U	I	O	P	W	D
U	I	C	O	R	T	E	G	G	I	A	T	I	Q	E	G	V
C	W	O	C	V	Z	I	Z	T	I	O	R	Z	U	O	W	X
O	T	N	W	R	V	N	R	T	Z	S	E	A	R	M	Z	I
N	N	D	E	S	D	F	D	E	R	E	O	W	W	B	D	E
I	M	U	F	A	B	U	V	R	T	P	E	C	Q	R	R	T
U	I	R	T	E	C	O	P	P	I	A	C	A	R	E	O	U
G	Z	R	R	W	W	P	E	F	G	R	P	C	F	Q	A	R
I	N	E	E	Z	M	O	N	O	F	A	M	I	G	L	I	A
S	D	E	A	S	D	F	G	W	E	Z	W	H	U	J	Z	E
M	A	R	T	I	X	T	R	E	W	I	Z	T	R	E	S	A
A	T	Z	U	N	C	S	R	E	G	O	L	A	T	A	W	E
B	G	D	F	B	Z	T	U	Z	T	N	C	V	B	U	Z	T
R	S	M	A	L	T	O	T	N	E	E	W	V	N	U	Z	Z
R	O	E	I	P	S	E	R	B	N	U	H	M	E	R	Q	Y

3 a) **Il verbo *dare***
***Dare* compare in molte espressioni. Le conoscete?**

dare i numeri — spinnen, verrückt spielen
Dà proprio i numeri! — *Er spinnt wirklich!*

dare
una mano
un colpo di telefono
nell'occhio
il benvenuto
per scontato
alla testa
ai nervi

darsi
delle arie
da fare
allo sport / alla politica ...
una mossa
del tu / del Lei

---

[1] Mann
[2] Urlaub/freie Tage
[3] Rückeroberung, Gegenangriff
[4] Babybrei
[5] Windeln

b) **Traducete le frasi in italiano.**

1. Kannst du sie kurz anrufen?
2. Er hat sich der Politik verschrieben.
3. Der Wein steigt mir zu Kopf.
4. Sie haben sich sehr bemüht.
5. Willst du dich nicht endlich beeilen?
6. Wir heißen unsere ausländischen Gäste willkommen!
7. Der Lärm geht mir auf die Nerven.
8. Sie hält alles für selbstverständlich.
9. Ihr Kleid ist sehr auffällig.
10. Sie sind per Du.
11. Kannst du mir zur Hand gehen?
12. Sie gibt immer an.

4 Qual è l'ausiliare giusto?

1. Credi che .... stata la scelta giusta?
2. Non so se Paolo .... finito.
3. Dubito[1] che gli uomini .... capito.
4. Pensi che i tuoi amici .... arrivati?
5. Pensi che noi li .... convinti?
6. Spero che vi .... trovati bene.

sia | abbiamo | siate | abbia | abbiano | siano

5 Completate le frasi usando il congiuntivo presente o passato secondo la necessità:

1. Mi aspetto che voi lo (aiutare) a risolvere il problema.
2. Basta che tu (riflettere) bene sulla tua scelta.
3. Ho bisogno di qualcuno che (rispettare) la mia indipendenza.
4. Ritengo che (essere) difficile trovare il partner giusto.
5. Credi che loro (essere) già sposati o (convivere)?
6. Non so se il parlamento (approvare) già la legge.
7. Penso che loro in passato (fare) molti errori.

6 Completate lo schema con le forme del congiuntivo imperfetto:

	io	tu	lui /lei/Lei	noi	voi	loro
essere	fossi					
avere		avessi				
continuare			continuasse			continuassero
sposarsi			si sposasse			
risolvere					risolveste	
andare	andassi			andassimo		

[1] ich bezweifle

7 Completate il testo con il congiuntivo imperfetto dei verbi tra parentesi:

Mi sono sposata molto presto, avevo solo diciannove anni e la testa piena di sogni. Credevo che il matrimonio (essere) .... (1) un gioco, non immaginavo le responsabilità e i problemi di una famiglia propria. Mi aspettavo che i miei genitori (continuare) .... (2) ad occuparsi di me e a risolvere i miei problemi come avevano fatto prima che (io–sposarsi) .... (3) . Ero una ragazza piuttosto viziata, che non si era mai dovuta confrontare con problemi veri e propri.

Pensa i primi tempi pretendevo addirittura che mio marito (andare) .... (4) a farmi la spesa, (accompagnarmi) .... (5) in macchina ogni volta che ne avevo bisogno, che insomma (risolvermi) .... (6) tutti i piccoli problemi della vita quotidiana. Poi mio marito mi ha fatto capire che così non si poteva andare avanti e ... sì, abbiamo avuto una piccola crisi, ma siamo riusciti a superarla.

8 Aspetti di vita moderna. Ascoltate e completate.

- .... (1). Volevo chiedere alla signora Terragnoli come la sua famiglia affronta il fatto che Lei conviva. I suoi genitori, come .... (2) la cosa?

○ Non è stato semplice, pensavano che fosse .... (3), che finisse tutto con una grande delusione ... ma penso che abbiano capito che noi stiamo bene così, hanno fiducia in noi. ....(4) prima, io .... (5) il matrimonio sia una scelta. La donna oggi può veramente scegliere. In genere ha un lavoro, è indipendente; non deve sposarsi come cento anni fa. Può aspettare che arrivi la persona giusta .... (6) basato sull'uguaglianza, ... che lasci spazio ad entrambi.

- Signor Cunegatti, Lei ha due bambini ed è sposato da una decina d'anni. .... (7) che Lei è favorevole al matrimonio. Non ha mai avuto problemi? .... (8) che sia stata la scelta giusta?

○ Beh, quando mi sono sposato pensavo che il rapporto fra me e mia moglie potesse continuare come sempre, ma ho capito presto che la vita di coppia non è facile, e che la quotidianità, l'abitudine mettono a dura prova il rapporto. .... (9) delle mie scelte. Lo rifarei. Il bello è crescere insieme, avere uno scopo in comune ...

9 Completate con l'indicativo o con il congiuntivo.

Pare che il nuovo disegno di legge (riconoscere) .... (1) la validità delle donazioni reciproche e che (considerare) .... (2) validi gli impegni presi anche da partner non sposati. Si (riconoscere) .... (3) i patti anche se (essere presi) .... (4) oralmente. Nonostante questo disegno di legge (sembrare) .... (5) risolvere molti dei problemi delle coppie non sposate, siamo del parere che finora lo stato non (affrontare) .... (6) tutti gli aspetti della problematica e che non (fare) .... (7) abbastanza per tutelare i diritti delle coppie di fatto.

10

a) Quali sono le coppie giuste?

infedeltà	=	*Untreue, Treulosigkeit*
1. scappatella		a) Verrat, Treuebruch
2. fare le corna		b) außereheliche Beziehung
3. tradimento		c) Ehebruch
4. adulterio		d) Hörner aufsetzen
5. relazione extraconiugale		e) Seitensprung

b) Cercate il contesto adatto.

faccia le corna | scappatella | tradimento | adulterio | infedeltà | relazione extraconiugale

1. Ha inoltrato la richiesta di divorzio[1] per ....
2. Credo proprio che Marco .... a Luisa.
3. Non è il suo primo ....
4. Non si tratta di una semplice ...., sembra che voglia divorziare!
5. L' .... di Marco è notoria.
6. È un figlio che ha avuto da una ....

11

a) Qual è il significato delle seguenti espressioni?

1. A mia madre non andava giù.	a) Mia madre non riusciva a mangiare. b) A mia madre non piaceva.
2. Ci mancava anche questa!	a) Doveva succedere pure questo. b) Mancava qualcosa.
3. Ci risiamo.	a) Siamo qui di nuovo. b) Ecco che ricomincia.
4. colpire nel segno	a) colpire alla schiena b) dire la cosa giusta
5. Ci sto.	a) Sono d'accordo. b) Ho posto.
6. Tagliò corto.	a) Accorciò qualcosa. b) Interruppe il discorso.

b) Completate le frasi con le espressioni dell'esercizio 11a:

1. No, non sono d'accordo, io proprio non ....
2. ...., ogni volta ricomincia con i soliti discorsi.
3. Quella storia a mia madre non piaceva. Non le .... proprio ....
4. Era proprio sicura di .... nel ....
5. ....! Ho perso anche il treno.
6. Basta, non parliamone più! .... l'uomo.

---

[1] Sie hat die Scheidung eingereicht

12 Completate lo schema con le forme del congiuntivo imperfetto:

	io / tu	lui/lei/Lei	noi	voi	loro
aiutare				aiutaste	
finire	finissi				
perdere		perdesse			
capire			capissimo		
venire					venissero
dire	dicessi				
fare			facessimo		
potere	potessi			poteste	

13 Completate con il congiuntivo imperfetto:

1. Accomodati! Fai come se (tu–essere) .... a casa tua.
2. Si comporta come se (avere) .... ragione solo lui.
3. Mi guardavano come se non (capire) ....
4. Mi fissava come se non (riconoscermi) ....
5. Trattavano la colf[1] come se (essere) .... una schiava[2].
6. La casa è a vostra disposizione, fate come se (essere) .... a casa vostra.

14 Completate con il congiuntivo imperfetto.

1. Ti sarebbe piaciuto che (lui–venire) .... ?
2. Mi avrebbe fatto piacere che (voi–aiutarmi) ....
3. Avrei voluto che (loro–dirmi) .... la verità.
4. Avrei preferito che (tu–reagire) .... in modo diverso.
5. Non avrei mai creduto che (lei–esserne) .... capace.
6. Non ci saremmo mai immaginati che (loro–offendersi) .... per una cosa del genere.

15 Erica, alla ricerca dell'anima gemella, ha messo un annuncio sul giornale.

Credi anche tu che ogni cosa accada al momento giusto?
Dimmi che ci sei: onesto[3], leale, consapevole[4] di te e delle tue scelte, un uomo con la U maiuscola. Perché nella moltitudine di banalità che c'è in giro, temo[5] di non riuscire più a riconoscere un uomo con queste caratteristiche.
Erica, Roma

---

[1] collaboratrice familiare, Haushaltshilfe
[2] Sklavin
[3] ehrlich
[4] bewusst
[5] ich fürchte

Franco risponde.
Completate la lettera con la forma verbale necessaria.

Cara Erica,

benché (giurarsi) .... sempre .... (1) di non rispondere ad un annuncio di questo tipo, (rimanere) .... (2) talmente colpito dalle tue parole, che (sentire) .... (3) il bisogno di scriverti. Penso anch'io che ogni cosa (accadere) .... (4) al momento giusto e quando si (essere) .... (5) pronti ad accettarla. Trovo molto simpatico e un gran segno di intelligenza, che tu non (parlare) .... (6) né di doti fisiche né di condizioni socio-economiche. Dubito di (essere) .... (7) l'uomo ideale, ma se tu (dare) .... (8) importanza a valori come serietà, sincerità e onestà, allora credo che tu (trovare) .... (9) l'uomo giusto. Rispondimi.

Franco

Soluzione al quiz di pagina 65

Fino a 15 punti
Odi la noia. Hai bisogno di una persona capace di farti mancare la terra sotto i piedi. Di sorprenderti sempre.

Da 16 a 29 punti
Cerchi una persona fedele e costante che sappia darti stabilità e sicurezza anche se la passione finisce.

Da 30 a 40 punti
Il partner deve proteggerti dalle insidie della vita. Le doti come l'onestà, la lealtà e la correttezza per te sono fondamentali.

Da 41 a 55 punti
Cerchi una persona forte ma tormentata, affascinante e tenebrosa. Hai bisogno di una persona sfuggente, che tenga vivo il fuoco della passione.

Oltre i 55 punti
Cerchi una persona che risvegli i tuoi istinti paterni/materni, facendoti sentire indispensabile.

1

Trasformate secondo l'esempio.

Penso che abbia finito. ➤ *Pensavo che* ***avesse finito****.*

1. Credo che abbiano perso il treno.
2. Immagino che ti abbia detto la verità.
3. Suppongo che abbiano già prenotato.
4. Non so se l'abbia già letto.
5. Penso che tu abbia capito male!
6. Mi sembra che abbiate esagerato un po'.

2

Completate la frasi come nell'esempio.

Non immaginavo che (voi – vendere) la casa
➤ *Non immaginavo che* ***aveste venduto*** *la casa.*

1. Pensavo che (lei – telefonare).
2. Hai avuto l'impressione che (loro – capire bene)?
3. Credevano che (noi – cambiare programma).
4. Gli sembrava che (loro – dire la verità).
5. Mi pareva che (tu – capire male).

3

Completate le frasi correttamente: attenti al tempo!

1. Penso che
2. Pensavo che

a) avesse finito.
b) abbia finito.
c) ha finito.

3. Immagino che
4. Immaginavo che

a) abbiano saputo tutto.
b) hanno saputo tutto.
c) avessero saputo tutto.

5. Suppongo che
6. Supponevo che

a) hanno accettato.
b) abbiano accettato.
c) avessero accettato.

4

Quanti sogni ...
Trasformate le frasi come nell'esempio.

Che vacanze! Mentre ci ripensavo sognavo di essere ancora là.
➤ ***Ripensandoci*** *sognavo di essere ancora là!*

1. Che uomo! Mentre lo guardavo sognavo di sposarlo.
2. Era bellissima! Mentre le parlavo sognavo di trascorrere un fine settimana con lei.
3. Che casa! Mentre ci passavo davanti sognavo che fosse mia.
4. Che stanchezza! Mentre ci pensavo sognavo già di essere in vacanza.
5. Che robaccia! Mentre mangiavo sognavo che imparasse a cucinare.
6. Che tramonto! Mentre lo guardavo sognavo di essere con te.

5 L'italiano tipico – Cruciverba

1. Sognano di guidare una macchina di ....
2. Un elettrodomestico che spesso manca nelle case italiane.
3. Gli italiani sono i maggiori .... d'Europa.
4. Il cognome più comune in Italia.
5. L'hannc sempre all'orecchio.
6. L'animale domestico più popolare.

6 Formate delle frasi secondo l'esempio.

Pensavo che (loro – andare via). ➝ *Pensavo che* ***fossero andati*** *via.*

Non immaginavo che	a) lui venire
Non sapevo che	b) loro partire
Pensavo che	c) tu arrivare
Credevo che	d) voi uscire
	e) lei decidersi
	f) loro tornare
	g) voi vedersi

7 Il professor Piazza parla di alcuni antichi popoli italiani. Dove vivevano? Seguite l'intervista e mettete le cartine nell' ordine giusto.

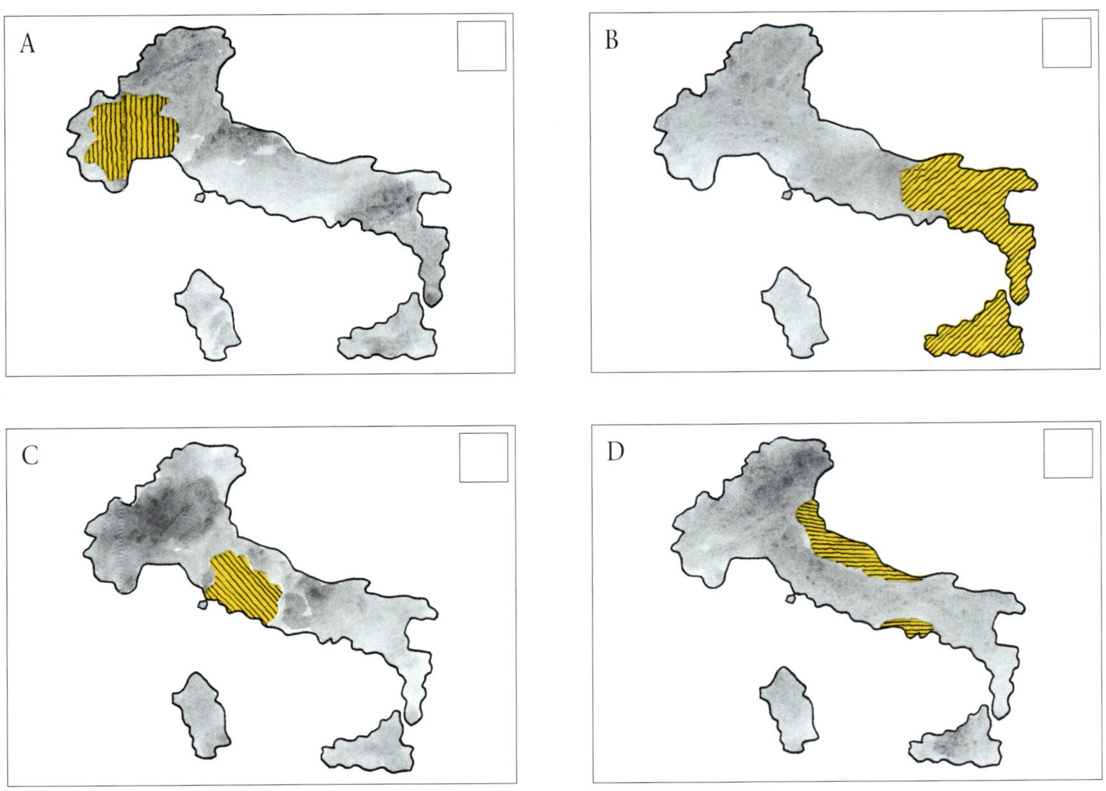

8 Un marito tipicamente italiano?
Completate le frasi con il congiuntivo trapassato del verbo.

Basta! Così non può andare avanti! Sono tornata a casa sconvolta dopo una giornata di lavoro massacrante e ...
Pensavo che mio marito (rifare) .... (1) i letti, invece era ancora tutto in disordine.
Credevo che (comprare) .... (2) almeno qualcosa da mangiare, invece il frigorifero era vuoto!
Speravo che (andare) .... (3) a ritirare i vestiti in tintoria, invece non l'aveva fatto!
Credevo che (spedire) .... (4) la posta, invece era ancora sul tavolo.
E i bambini? Credevo (andare) .... (5) lui a prenderli, invece erano tornati a casa da soli.
Speravo che (tornare) .... già .... (6) a casa, invece come sempre non c'era traccia di lui.

9 Completate i mini-dialoghi con il congiuntivo trapassato.

1. • Ieri ho incontrato Claire.
   ○ Davvero? Credevo che (rientrare) .... in Algeria.
   • No, no. Ha deciso di trattenersi ancora.
2. • La settimana scorsa sono stata al matrimonio di Angela.
   ○ Angela, sposata!? Credevo che (decidere) .... di non sposarsi. Non facevano altro che litigare.
3. • Perché non mi hai detto che non hanno prolungato il permesso di soggiorno a Leila?
   ○ Ma come, io pensavo che te l' (dire) .... lei!
4. • Mark era molto depresso.
   ○ E perché?
   • Perché non ha superato l'esame d'italiano.
   ○ Ah sì?! Ero convinto che l'(superare) ....
5. • Gregor sta cercando ancora lavoro.
   ○ Ah, non ha trovato ancora niente? Pensavo che lo (assumere) .... come interprete.
6. • Mio nonno si trasferì in America e sposò un'americana.
   ○ Non lo sapevo, pensavo che (sposare) .... un'italiana.

10 Ricomponete le parole e formate il plurale. Vi sono più possibilità.

copri + capo = il copricapo / i copricapo

lava- apri- porta- gira- copri- attacca- asciuga- ferma-

scatole, piatti, bottiglie, capelli, mano, dischi, panni, stoviglie, letto, cenere, penne, capo, carte, mondo

11

a) Siete sintonizzati su una trasmissione che tratta di temi attuali e ascoltate l'intervista ad un'italiana che vive all'estero.
Ascoltate con attenzione e decidete cos'è vero o falso.

	vero	falso
1. Emilia Sonni Dolce vive a Monaco di Baviera da quando aveva 10 anni.	☐	☐
2. La sua prima esperienza di lavoro è stata in teatro.	☐	☐
3. I suoi genitori non erano artisti.	☐	☐
4. Dopo la maturità ha cominciato subito a lavorare in teatro.	☐	☐
5. Ha lavorato per una radio privata a Roma.	☐	☐
6. Suo marito lavora in teatro.	☐	☐
7. Emilia Sonni Dolce scrive libri di letteratura.	☐	☐

b) Riascoltate con attenzione e scrivete la biografia di Emilia Sonni Dolce.

12

Opinioni a confronto
Indicativo o congiuntivo? A voi la decisione.

1. Io degli italiani (avere) .... (1) un parere positivo. (arrivare) .... (2) dall'Eritrea otto anni fa. Prima di arrivare qui pensavo che gli italiani (essere) .... (3) razzisti e che ci (considerare) .... (4) pigri ed incapaci. Invece (trovarsi) .... (5) bene. Nonostante non (frequentare) .... (6) una scuola specializzata sono riuscito a trovare un buon lavoro.

2. Con gli stranieri (avere) .... (7) solo problemi! Gli dai un lavoro e loro che cosa fanno? Vengono un giorno sì e uno no! Non (io – pensare) .... (8) che (loro – essere) .... (9) così. Io ho bisogno di manodopera[1] affidabile, è importante che (loro – essere) .... (10) qui quando il raccolto[2] è maturo, non posso mica lasciare la verdura a marcire[3] nei campi!

3. Secondo recenti statistiche sembra che a molti italiani (dare) .... (11) fastidio[4] avere per vicino di casa un immigrato. Lo accettano, però solo da lontano. Nella maggior parte dei casi (essere) .... (12) dell'opinione che la presenza di figli di immigrati a scuola (fare) .... (13) calare[5] la qualità dell'istruzione. Anche per quanto riguarda le pratiche religiose degli immigrati pare che gli italiani (sentirsi) .... (14) minacciati.

---

[1] Arbeiter
[2] Ernte
[3] verfaulen
[4] stören
[5] beeinträchtigen

1

a) Ascoltate le biografie dei tre scrittori. Completate le schede con i dati richiesti.

Nome:	Nome:	Nome:
Data e luogo di nascita:	Data e luogo di nascita:	Data e luogo di nascita:
Altre professioni:	Premi letterari:	Altre professioni:
Opere:	Opere:	Opere:

2

Spesso il titolo di un libro ci rivela il genere letterario a cui appartiene. Provate.

1. *I Milanesi ammazzano*[1] *al sabato,* di Giorgio Scerbanenco
2. *Va' dove ti porta il cuore,* di Susanna Tamaro
3. *Vissi d'amore,* di Paola Capriolo
4. *Mussolini, il fascino di un dittatore,* di Antonio Spinosa
5. *Il crollo*[2] *della galassia centrale,* di Isaac Asimov
6. *Vita d'un uomo: poesie disperse,* di Giuseppe Ungheretti
7. *Segreti dei Gonzaga,* di Maria Bellonci

- fantascienza
- romanzo storico
- romanzo
- giallo
- biografia
- poesia

3

Catena di avvenimenti

Se piove ➤ *resto a casa ...* ➤ *Se resto a casa* ➤ *studio ...* **Continuate!**

piovere – restare a casa – studiare – superare l'esame – andare in vacanza – conoscere persone nuove – divertirsi – tornare a casa contento – avere più voglia di studiare – superare l'esame

4

a) Completate la seconda parte della frase.

1. Se ti volesse bene, non ti (trattare) .... così.
2. Se si sforzasse un po' di più, (potere) .... superare l'esame.
3. Se Carla mangiasse di meno, (riuscire) .... a dimagrire.
4. Se somigliassi a Rodolfo Valentino, tutte le donne mi (fare) .... la corte.
5. Se vivessero in modo più sano, non (avere) .... tanti problemi di salute.

b) Completate la prima parte della frase.

1. Se (esserci) .... meno traffico, l'aria sarebbe più pulita.
2. Se io non (sentirsi) .... tanto male, ti aiuterei.
3. Se non (fare) .... tanto freddo, si potrebbe fare una nuotata.
4. Se loro (ascoltarmi) ...., eviterebbero di fare un grande errore.
5. Se voi non (vantarsi) .... tanto, avreste più amici.

[1] morden [2] Zusammenbruch

8

5 Trasformate secondo l'esempio:

Non vengo da voi perché non ho tempo.
➛ ***Se avessi** tempo, **verrei** da voi.*

1. Non vado a trovarli perché non ho tempo.
2. Non firmo perché non sono d'accordo.
3. Non mangio dolci perché sono a dieta.
4. Non parte perché non ha soldi.
5. Non li salutano perché gli sono antipatici.
6. Non ti risponde perché è offeso.
7. Non ci andiamo perché non ci interessa.
8. Non mi tolgo il cappotto perché ho freddo.

6 I sostantivi collettivi. Cercate le parole corrispondenti al disegno.

la flotta – la mandria – il gregge – il fogliame - la folla – la gente - lo sciame – il mobilio

a

b

c

d

e

f

g

h

7 Completate con le seguenti parole:

irraggiungibile – sbucare – sagoma – consapevole – isolato – sensato – svenimento – famigerato

1. Nel buio ho visto la .... di un uomo.
2. I nostri amici abitano a un .... da casa nostra.
3. Per attirare l'attenzione ha finto uno ....
4. L'abbiamo visto .... da dietro l'angolo.
5. Sono .... dei miei difetti.
6. Era così confuso che non riusciva a dire niente di ....
7. Finalmente hanno arrestato quel .... criminale.
8. Gli ho telefonato tante volte, ma è proprio ....

8 Formate delle frasi secondo l'esempio usando *che* o *cui*.

ragazza – carina – parlare
➛ *È la ragazza **più** carina **con cui abbia** mai parlato.*

1. libro – interessante – leggere
2. film – avvincente – visto
3. persona – complicata – lavorare
4. cosa – insensata – sentire
5. cosa – assurda – lei – parlarmi
6. offesa – grave – loro – fare

9 Trasformate le frasi che sentirete come nell'esempio e controllate la correttezza delle vostre risposte con l'aiuto della cassetta:

Se avessi tempo, verrei.

→ *Se **avessi avuto** tempo, sarei venuto.*

10 Completate liberamente.

Che cosa sarebbe accaduto se ...

Kennedy non avesse sposato Jacqueline?
Colombo non avesse ricevuto le caravelle?
Ludwig avesse sposato Sissi?
sul Titanic avessero dato ascolto agli avvertimenti?
Dio non avesse creato l'uomo?
Romolo non avesse fondato Roma?
i francesi non avessero fatto la rivoluzione?

11 La ragazza dei miei sogni ...
Completate con la forma verbale appropriata.

La vide sbucare all'improvviso da dietro l'angolo. "Se (sorridermi) .... (1) è fatta!" Pensò. "Se (rivolgermi) .... (2) la parola, la inviterò a prendere un caffè." Quante volte l'aveva osservata da lontano, seguita, cercando di distinguere la sua sagoma tra la folla.
Era consapevole della propria timidezza.
"È la ragazza più dolce che io (incontrare) .... mai .... (3) ", pensava incapace di muoversi e di reagire.
Lei abitava a qualche isolato da casa sua e tuttavia non la vedeva spesso, sapeva poco di lei. Che cosa avrebbe risposto, se (rivolgerle) .... (4) la parola, se (riuscire) .... (5) a dirle qualcosa di sensato? Si sentiva quasi svenire. Rifletteva su come fare a conoscere quella ragazza per lui irraggiungibile. "Se solo (essere) .... (6) meno insicuro, (potere) .... (7) dire, fare qualcosa".
"Forse potrei chiedere a Carlo di presentarmela, potremmo organizzare un incontro casuale, fingere di imbatterci per caso. Ma se (chiederglielo) .... (8), Carlo mi prenderebbe sicuramente in giro ..."

12 a) Bello o brutto? Cercate il significato delle parole sul dizionario L e inseritele nel contenitore giusto.

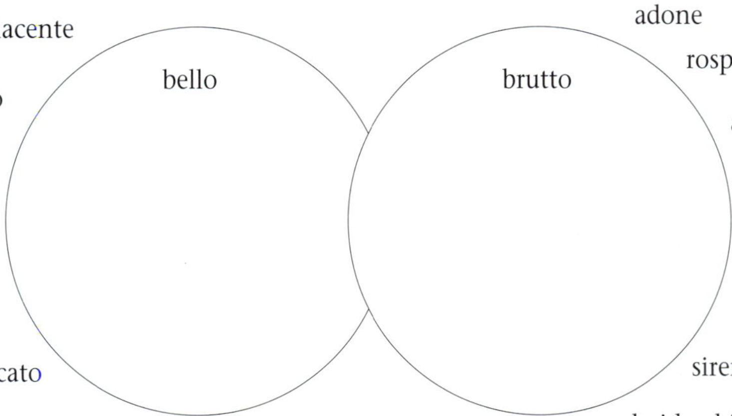

piacente
sgorbio
orrendo
spaventapasseri
fusto
brutto come il peccato
attraente
adone
rospo
avvenente
racchia
schianto
befana
sirena
desiderabile

b) Quali espressioni sono neutre, quali colloquiali?

c) Che cosa si può riferire solo a donne o solo a uomini? Cosa ad entrambi? Provate.

♂	♀	♂♀

13 **Per descrivere persone o esprimere giudizi su di loro potete aver bisogno dei seguenti aggettivi. Qual è il loro significato? Abbinate.**

1. lebhaft	a) insopportabile
2. fröhlich	b) sensibile
3. abweisend	c) timido
4. schüchtern	d) esigente
5. anspruchsvoll	e) distinto
6. ordinär	f) volgare
7. distinguiert	g) scostante
8. unerträglich	h) vivace
9. grob	i) permaloso, sensibile
10. empfindsam	l) allegro
11. empfindlich	m) sgarbato, villano

14 **Ascoltate le descrizioni delle tre persone e abbinatele alla foto corrispondente.**

Manuela

Carla

Elena

15 **Completate i paragoni.**

1. magro	come	un chiodo[1]
2. dritto		un fuso[2]
3. pallido		la fame
4. brutto		un peperone
5. bello		un morto
6. sordo[4]		una campana[3]
7. rosso		un dio

[1] Nagel [3] Glocke
[2] Spindel [4] taub

1 Le abitudini di Giulietta. Trasformate come nell'esempio.

Giulietta racconta: "Di solito non faccio colazione la mattina".
➛ *Giulietta* ***racconta che*** *di solito non fa colazione la mattina.*

1. Di solito non faccio colazione la mattina, mi alzo, bevo un caffè e via.
2. A metà mattinata prendo un cappuccino e mangio un cornetto.
3. A pranzo, verso l'una, mangio la pasta, un'insalata e un po' di frutta.
4. Il pomeriggio non ho l'abitudine di fare spuntini.
5. Verso le sette e mezza bevo un analcolico e sgranocchio qualche patatina.
6. Ceno quasi sempre verso le otto di sera. E poi mi concedo un buon caffè.

2 I consigli del dietologo. Trasformate come nell'esempio.

"L'importante è mangiare piano e bene."
➛ ***Ha detto che*** *l'importante è mangiare piano e bene.*

1. È meglio evitare i cibi pesanti.
2. Si deve sempre bere acqua prima dei pasti.
3. Bisogna masticare ogni boccone almeno trenta volte.
4. Si devono evitare cibi grassi e salati o piccanti.
5. Non bisogna cuocere troppo le verdure.
6. La sera bisogna mangiare leggero.
7. Non si deve esagerare con gli alcolici.

3 Questi padri! Trasformate facendo attenzione ai pronomi.

Mio padre mi ripete sempre: "Devi deciderti."
➛ *Suo padre gli* ***ripete*** *sempre* ***che*** *deve decidersi.*

Mio padre mi ripete sempre:

1. "Ti aiuto io."
2. "Lo faccio io."
3. "Non devi sprecare i soldi."
4. "Devi studiare."
5. "Sei un incapace."
6. "Devi alzarti prima."
7. "Devi telefonarmi più spesso."
8. "Devi cavartela da solo."

4 Come possono essere? Scegliete gli aggettivi appropriati.

Il pesce può essere: affumicato, fritto, impanato ...

il prosciutto	i pomodori
la bistecca	il pollo
il formaggio	le patate
la salsa	la cotoletta
lo yogurt	la minestra

tenero, piccante, affumicato, fritto, ripieno, arrostito, impanato, bollito, fresco, stagionato, insipido, maturo, acido, saporito, delicato

5 Tante spezie ed erbe per dar sapore. Abbinate ai disegni.

basilico – peperoncino – rosmarino – aneto – noce moscata
zenzero – prezzemolo – chiodi di garofano – salvia – cannella

6 Conoscete il significato dei seguenti modi di dire? Aiutatevi con il dizionario.

1. Maria è come il prezzemolo.
2. Marco era lì impalato come un baccalà.
3. Quella ragazza è proprio un pezzo di pane.
4. Che salame che sei!
5. Non fare quella faccia da pesce lesso.
6. Quel film è stato proprio un polpettone.
7. Ho fatto proprio una bella frittata.
8. Massimo è un finocchio.
9. Tutto fa brodo.
10. Conosco i miei polli.

7 Quante parole conoscete? Dividetele in tre gruppi: carne, verdura, dessert.

la cotoletta – i fagiolini – il petto di pollo – la torta – lo spezzatino
la macedonia – la bistecca – gli spiedini – il radicchio – i carciofi
l'osso buco – gli spinaci – la polpetta – il cetriolo – i profiteroles

8 Diario di un grasso. Trasformate.

Sono stato dal medico e mi ha detto: "Faccia una dieta!"
➤ *Il medico mi* ***ha detto di*** *fare una dieta.*

1. Elimini i grassi e gli zuccheri!
2. Non beva alcolici!
3. Metta meno sale nei cibi!
4. Eviti i cibi piccanti!
5. Faccia jogging!
6. Utilizzi le scale invece dell'ascensore!

9 Un uomo si prende per la gola. Trasformate.

Mi ripeteva sempre: "Nessuno fa gli spaghetti meglio di te!"
➤ *Mi* ***ripeteva*** *sempre* ***che*** *nessuno faceva gli spaghetti meglio di me.*

Mi ripeteva sempre:

1. "Come te non cucina nessuno."
2. "Sei la miglior cuoca del pianeta."
3. "Cucini meglio di mia madre."
4. "I tuoi gnocchi sono la fine del mondo."
5. "La tua salsa mi fa impazzire."
6. "Per me è importante mangiare bene."

10 Domande, domande ... indirette.

"Preferisci i ristoranti italiani?"
➤ ***Ha chiesto se*** *preferivo i ristoranti italiani.*

1. "Vi piace la cucina italiana?"
2. "Cucinano spesso?"
3. "Conosci delle tipiche ricette del tuo paese?"
4. "Sai fare il panettone?"
5. "Beve molto caffè?"
6. "Andate spesso al ristorante?"

11 I propositi per l'anno nuovo. Riferite.

Non mangerò più carne.
➤ ***Ha detto che*** *non avrebbe più mangiato carne.*

1. Berrò più acqua e meno vino.
2. Smetterò di fumare.
3. Imparerò ad usare il computer.
4. Farò più ginnastica.
5. Mi sposerò.
6. Lavorerò di meno.
7. Andrò più spesso dai miei genitori.
8. Leggerò di più.

12 Ascoltate e modificate le frasi secondo l'esempio.

Mi hanno raccontato: "Abbiamo preso parte a un congresso sui cibi biologici."
➤ *Mi* ***hanno raccontato che*** *avevano preso parte a un congresso sui cibi biologici.*

13 Completate il brano con il tempo adatto.

Tempo fa ho incontrato Ennio. Mi ha raccontato che Gigi, un nostro vecchio amico, finalmente (realizzare) .... (1) il suo sogno e che (aprire) .... (2) un negozio di prodotti biologici. Mi ha detto che il suo negozio (avere) .... (3) un grande successo e che addirittura voleva aprirne un altro. Cercava un socio e mi aveva chiesto se (avere interesse) .... (4) o se (conoscere) .... (5) qualcuno disposto a lavorare con lui.

14 da da da... Completate con la preposizione *da* e l'articolo necessario.

*L'azienda LaSelva si trova in una zona **dal** clima mite.*

1. Il nostro albergo è situato in una zona .... paesaggio ricco di fascino.
2. È un'isola .... storia molto interessante.
3. Lui è una persona .... mille interessi.
4. È un paese .... economia molto sviluppata.
5. Una cucina .... ingredienti genuini.
6. È una persona .... cuore d'oro
7. È una donna .... volontà di ferro.

15 Ascoltate le tre interviste e riportate le abitudini alimentari degli intervistati.

Claudio	**Vincenzo**	**Laura**
Colazione	Colazione	Colazione
Pranzo	Pranzo	Pranzo
Cena	Cena	Cena

16 Traducete.

Wertvoller als Kaviar

Seit einigen Jahren wird in Deutschland ein Produkt aus Italien immer beliebter: Der *aceto balsamico*. Das Zentrum der Produktion ist die Gegend um Modena. Dort haben wir eine der renommiertesten Essigkeltereien, die *Acetaia Malpighi*, besucht. Während einer Besichtigung konnten wir interessante Informationen über die Besonderheiten der Essigherstellung erfahren. Der echte *aceto balsamico tradizionale* wird aus Trebbiano-Trauben gewonnen, die so spät wie möglich geerntet werden, wenn sie einen sehr hohen Zuckergehalt aufweisen.
Der *aceto balsamico tradizionale* soll mindestens zwölf Jahre in Holzfässern reifen. Dabei wird er jedes Jahr in ein Fass einer anderen Holzsorte umgefüllt.

Acetaia Malpighi, Modena

1 Mini glossario per chi utilizza il computer. Abbinate correttamente.

1. il sito
2. l'internet
3. il masterizzatore
4. lo scanner
5. il mouse
6. lo schermo
7. cliccare
8. navigare
9. la rete
10. il comando
11. stampare
12. salvare
13. formattare
14. modificare
15. il file
16. l'immagine
17. la cartella
18. la colonna
19. la barra degli strumenti

a) Spalte
b) Symbolleiste
c) Befehl
d) drucken
e) bearbeiten
f) speichern
g) Datei
h) Homepage
i) surfen
l) Bildschirm
m) Maus
n) formatieren
o) Grafik, Bild
p) Ordner
q) Scanner
r) Internet
s) Netz
t) klicken
u) CD-Brenner

2 Un giovane ha trovato lavoro e racconta. Completate con le parole indicate.

straordinari | curriculum | referenze | lettera di presentazione | annunci e inserzioni | assistente alle vendite | ufficio di collocamento | ditte | stipendio | tredicesima | domanda di lavoro | flessibile

Finalmente ho trovato lavoro! Ho cercato a lungo. Dapprima sono stato all' .... (1), ho inviato .... (2) e .... (3) a tante ditte, e ho risposto a tanti .... (4), ma senza nessun risultato.
Un mese fa, però, una delle .... (5) a cui mi ero rivolto, ha risposto. Mi hanno detto che erano positivamente impressionati dal mio curriculum, dalla mia .... (6) e dalle mie .... (7). Ora ho un posto di .... (8), con un ottimo .... (9) e .... (10). Sono molto contento: ho un orario di lavoro .... (11) e gli .... (12) sono pagati extra.

3 Scegliete la spiegazione appropriata.

1. Sviluppare il portafoglio clienti
   a) dare molti soldi ai clienti
   b) regalare dei portafogli ai clienti
   c) cercare nuovi clienti

2. Significative esperienze nel settore
   a) essere bravi in un campo
   b) aver già lavorato in un settore
   c) sapere il significato di una parola

3. Doti di autonomia
   a) essere in grado di decidere da soli
   b) conoscere il campo dell'automazione
   c) non essere indipendenti

4. Massima disponibilità a trasferte
   a) vivere in un'altra città
   b) non avere problemi a traslocare
   c) essere disposti a frequenti viaggi

5. Costituirà titolo preferenziale
   a) sarà un punto a favore del candidato
   b) non verrà preso in considerazione
   c) serve un titolo di studio

4 Trasformate secondo l'esempio

Siamo soddisfatti del lavoro che è stato fatto.
➛ *Siamo soddisfatti del lavoro **fatto**.*

1. La documentazione che è stata inviata ci ha impressionato positivamente.
2. Non tutti i candidati che sono stati invitati al colloquio si sono presentati.
3. La proposta che è stata fatta non è interessante.
4. Non tutte le persone che sono state invitate sono venute.
5. Il lavoro che è stato offerto m'interessa molto.
6. I risultati che sono stati ottenuti sono soddisfacenti.
7. Le lettere che sono state inviate non sono arrivate al destinatario.

5 Completate l'inserzione.

curriculum | campo | specializzata | ricerca | clienti | esperienza | requisiti

Lombardia srl

Software house .... (1) in programmi per commercialisti .... (2) per ampliamento del servizio assistenza .... (3).

RAGIONIERI/E

con .... (4) specifica in .... (5) amministrativo, maturata presso uno studio commercialista.

.... (6): buona attitudine all'uso del PC, autonomia operativa, flessibilità.

Inviare .... (7) a:

Lombardia srl
Viale XX Settembre 29
Milano

6 Trasformate le seguenti frasi come nell'esempio.

Dopo aver finito gli studi sono partito per l'America.
→ ***Finiti gli studi** sono partito per l'America.*

1. Dopo aver conseguito la laurea ho frequentato dei corsi di perfezionamento.
2. Dopo aver ricevuto il diploma di maturità mi sono iscritta alla facoltà di Economia e Commercio.
3. Dopo aver conseguito la tesi inizierò uno stage in Inghilterra.
4. Dopo aver letto il curriculum abbiamo deciso di invitarlo al colloquio.
5. Dopo aver terminato il colloquio abbiamo deciso di assumerlo.

7 Trasformate le frasi.

Poiché sono stata male non ho potuto finire il lavoro.
→ ***Essendo stata male** non ho potuto finire il lavoro.*

1. Sono bilingue perché sono cresciuta a Bolzano.
2. Ho esperienza nel settore poiché ho lavorato per due anni in una ditta di computer.
3. Non ho problemi a viaggiare perché ho sempre avuto interesse per paesi nuovi.
4. Poiché ho fatto uno stage in USA ho ottime conoscenze dell'inglese.
5. Penso di poter svolgere le mansioni con la massima autonomia perché sono stata per molti anni responsabile dell'ufficio contabilità.
6. Poiché ha studiato in giurisprudenza ha tutti i requisiti per svolgere il lavoro.

8 Sottolineate le frasi adeguate a completare la lettera di presentazione.

Spett. Ditta Caselli
Via Mazzini 8
20139 Milano

Milano, 23 marzo 200..

Gentili signori,

in risposta all'annuncio da voi pubblicato / in risposta alla vostra lettera pubblicata sul Corriere della Sera del 22 marzo 200.., *consegno / allego* il mio curriculum vitae dal quale potete desumere che ho una certa *esperienza / informazione* nel settore commerciale. Come potrete *capire / constatare* dalla documentazione *allegata / qui a lato* ho un diploma in ragioneria e ho *scelto / frequentato* numerosi corsi di perfezionamento. *Per anni / da anni* ho lavorato per una ditta internazionale *svolgendo / imparando* mansioni di carattere amministrativo in modo completamente autonomo.
Qualora fosse necessario posso *fornire / scrivere* ottime referenze. Nella speranza di venir *licenziato / selezionato* porgo i miei più *distinti saluti / affettuosi saluti*

Diego Solestri

9 Filosofie diverse ... Completate con l'espressione adatta.

lavorato come un mulo	lavorare per la gloria	lavorerò di cervello	lavorare sodo

Mio nonno mi diceva sempre che avrei dovuto .... (1) per riuscire nella vita. Lui però ha sempre .... (2), ma non ha mai guadagnato molto. Io non voglio .... (3) come lui e penso che se lavoro due anni di buona lena e riesco a laurearmi in elettronica, dopo non mi dovrò più sporcare le mani come il nonno, ma .... (4).

10

a) **Come si può esprimere in altro modo?**

Una **piccola** casa è una cas**etta** / cas**ina**.
Una **piccola** carrozza è una carrozz**ella**.
Una **brutta** giornata è una giornat**accia**.
Una **grande** fontana è un fontan**one**.

Ed ora provate voi:

-ino/a	**-etto/a**	**-ello/a**	**-accio/a**	**-one**
treno	casa	albero	ragazzo	ragazzo
casa	coppia	paese	tipo	donna
paese	giro	asino	tempo	libro
gatto	stanza	vino	giornata	macchina
viso	camera	carrozza	bestia	naso
	viso	pecora	fatto	occhi
	barca		erba	testa
	muro		carattere	

b) **Sostituite le espressioni seguenti con l'alterato appropriato:**

1. un piccolo treno è un ....
2. una piccola barca è una ....
3. una donna grande e grossa è un ....
4. un naso grande è un ....
5. una brutta giornata è una ....
6. un brutto carattere è un ....
7. un viso delicato e grazioso è un .... / ....
8. un brutto fatto è un ....
9. se il tempo è brutto è un ....
10. un giro breve è un ....
11. un muro piccolo e basso è un ....
12. un piccolo paese è un .... / ....
13. un vino giovane e leggero è un ....
14. un ragazzo grande e grosso è un ....
15. se l'erba è inutile e dannosa è ....
16. una giovane coppia è una ....

Grammatikübersicht

Inhalt

1 Das Verb (il verbo)

1.1 Das Passato remoto (Lekt. 1, 2)

Das Passato remoto wird vor allem in der Schriftsprache zur Schilderung historischer bzw. weit zurückliegender Ereignisse verwendet.

1.1.1 Formen: Regelmäßige Verben

	accettare	dovere	eseguire
io	accettai	dovei/dovetti	eseguii
tu	accettasti	dovesti	eseguisti
lui/lei/Lei	accettò	dové/dovette	eseguì
noi	accettammo	dovemmo	eseguimmo
voi	accettaste	doveste	eseguiste
loro/Loro	accettarono	doverono/dovettero	eseguirono

Die Verben auf -are werden regelmäßig konjugiert, mit Ausnahme von *dare, fare, stare* und den mit ihnen zusammengesetzten Verben.
Regelmäßige Verben auf *-ere* haben in der 1. und 3. Person Singular und in der 3. Person Plural zwei Formen.
Die meisten Verben auf *-ire* werden regelmäßig konjugiert, auch die Verben mit Stammerweiterung.

1.1.2 Unregelmäßige Verben

	essere	avere	perdere	decidere	nascere
io	fui	ebbi	persi	decisi	nacqui
tu	fosti	avesti	perdesti	decidesti	nascesti
lui/lei/Lei	fu	ebbe	perse	decise	nacque
noi	fummo	avemmo	perdemmo	decidemmo	nascemmo
voi	foste	aveste	perdeste	decideste	nasceste
loro/Loro	furono	ebbero	persero	decisero	nacquero

	divenire	dire	fare	svolgere	conoscere
io	divenni	dissi	feci	svolsi	conobbi
tu	divenisti	dicesti	facesti	svolgesti	conoscesti
lui/lei/Lei	divenne	disse	fece	svolse	conobbe
noi	divenimmo	dicemmo	facemmo	svolgemmo	conoscemmo
voi	diveniste	diceste	faceste	svolgeste	conosceste
loro/Loro	divennero	dissero	facero	svolsero	conobbero

Unregelmäßig sind vor allem die Verben auf *-ere*.
Die meisten unregelmäßigen Verben sind es aber nur in der 1. und 3. Person Singular und in der 3. Person Plural. Die jeweiligen Endungen sind: *-i, -e, -ero* und gelten für alle unregelmäßigen Verben.

1.1.3 Passato remoto – Passato prossimo: Gebrauch (Lekt. 2)

Das Passato remoto und das Passato prossimo dienen der Schilderung von Ereignissen, die einmalig, abgeschlossen oder in ihrer Dauer bzw. Länge, ihrem Anfang und Ende näher bestimmt sind.
Auch neu einsetzende oder aufeinander folgende Ereignisse und Handlungen werden mit diesen Zeitformen wiedergegeben.

Successivamente all'impero romano, Vicenza ***perse*** *d'importanza.*

Während jedoch das Passato remoto historische, weit zurückliegende Ereignisse ohne Bezug zur Gegenwart schildert, dient das Passato prossimo dazu, Handlungen zu bestimmen, die nicht sehr weit zurückliegen und einen Bezug zur Gegenwart haben:

Cominciò *nell'Ottocento.*	***Ha cominciato*** *ieri.*
Nacque *nel 1600.*	*Mia figlia* ***è nata*** *nel 1991.*
Una volta ***cucinammo*** *l'agnello.*	*La settimana scorsa* ***abbiamo cucinato*** *l'agnello.*

1.2 Das Imperfetto: Gebrauch (Lekt. 1, 2)

Das Imperfetto wird verwendet

- zur Beschreibung von Merkmalen oder Eigenschaften von Personen, Sachen, Orten, Landschaften etc. in der Vergangenheit:

  Palladio ***era*** *un architetto.*
  Gli scacchi non ***erano*** *di legno.*

- zur Schilderung von Gewohnheiten bzw. regelmäßig sich wiederholenden Handlungen und / oder zeitlich unbestimmten Ereignissen bzw. Zuständen:

  Il giorno di Pasqua ***si faceva*** *festa grande.* (Es war immer / regelmäßig so.)
  Allora ***vivevamo*** *tutti assieme.*

- bei zwei oder mehreren gleichzeitig verlaufenden Handlungen, deren Dauer nicht bestimmt ist:

  Mentre ***mangiava, ascoltava*** *la radio.*
  Faceva *tutto contemporaneamente:* ***scriveva, telefonava, rispondeva*** *alla segretaria...*

- bei Vorgängen, die noch nicht abgeschlossen waren, als etwas Neues eintrat (Hintergrundhandlung):

  Dormivo *tranquillamente, quando all'improvviso ho sentito un rumore.*

Beachten Sie:
Die Verben *sapere* und *conoscere* haben eine unterschiedliche Bedeutung, je nachdem, ob sie im Imperfetto oder im Passato prossimo bzw. Passato remoto stehen:

Non lo ***sapevi?*** (Wusstest du es nicht?)	*Non l'****hai saputo?*** (Hast du es nicht erfahren?)
Lo ***conoscevo*** *bene.* (Ich kannte ihn gut.)	*Lo* ***conobbi*** *tanti anni fa.* (Ich lernte ihn vor vielen Jahren kennen.)

Außerdem wird das Imperfetto verwendet,
um Einwände, Absagen, Absichten oder Anliegen in freundlicher Form vorzubringen:

Mi scusi, non ***volevo*** *offenderLa.*

Venite anche voi? – Beh, veramente ***volevamo*** *restare a casa.*

Sono rimasto a casa perché ***dovevo*** *finire un lavoro.*

1.3 Das Plusquamperfekt (il trapassato prossimo) (Lekt. 2)

1.3.1 Formen

Das Plusquamperfekt wird mit dem Imperfetto von *avere* bzw. *essere* und dem Partizip Perfekt des Hauptverbs gebildet.

	preparare		**riuscire**	
io	avevo	preparato	ero	riuscito/a
tu	avevi	preparato	eri	riuscito/a
lui/lei/Lei	aveva	preparato	era	riuscito/a
noi	avevamo	preparato	eravamo	riusciti/e
voi	avevate	preparato	eravate	riusciti/e
loro/Loro	avevano	preparato	erano	riusciti/e

1.3.2 Gebrauch

- Das Plusquamperfekt dient der Schilderung von Handlungen und Ereignissen, die vor anderen – ebenfalls vergangenen – Handlungen und Ereignissen stattgefunden haben:

  Si correva a casa perché mia suocera, che ***era già rientrata, aveva preparato*** *la colazione.* (Man lief nach Hause, denn meine Schwiegermutter, die schon heimgegangen war, hatte das Essen vorbereitet.)

- Es wird außerdem, anders als im Deutschen, verwendet, um hervorzuheben, dass zwischen der Gegenwart und den vergangenen Ereignissen ein langer Zeitraum liegt.

  Non trovo più il libro che mi ***avevi prestato*** *tempo fa.* (Ich finde das Buch nicht mehr, das du mir vor längerer Zeit geliehen hast.)

In Frage- und Ausrufesätzen wird im Italienischen manchmal das Plusquamperfekt verwendet, während im Deutschen das Perfekt gebraucht wird:

Non ***avevo*** *mai* ***visto*** *un posto così bello!* (Ich habe noch nie einen so schönen Ort gesehen!)

– Che bel vestito! *– Ah, non l'****avevi visto****?!* (Ach, hast du es noch nie gesehen?)

1.4 Das Passiv (il passivo) (Lekt. 4)

1.4.1 Formen

Nur Verben mit einem direkten Objekt können ein Passiv bilden. Dabei wird das Objekt des Aktivsatzes zum Subjekt des Passivsatzes: *Carlo ha comprato la casa.* > *La casa **è stata comprata** da Carlo.*

Zeitform	Aktiv	Passiv
Präsens	compro	è/viene comprato/a
Imperfetto	compravo	era/veniva comprato/a
Passato remoto	comprai	fu/venne comprato/a
Futur I	comprerò	sarà/verrà comprato/a
Konditional I	comprerei	sarebbe/verrebbe comprato/a
Congiuntivo presente	compri	sia/venga comprato/a
Congiuntivo imperfetto	comprassi	fosse/venisse comprato/a
Perfekt	ho comprato	è stato/a comprato/a
Plusquamperfekt	avevo comprato	era stato/a comprato/a
Futur II	avrò comprato	sarà stato/a comprato/a
Konditional II	avrei comprato	sarebbe stato/a comprato/a
Congiuntivo passato	abbia comprato	sia stato/a comprato/a
Congiuntivo trapassato	avesse comprato	fosse stato/a comprato/a

- Wie Sie in der Tabelle sehen können, bilden die sog. einfachen Zeiten (Zeiten, die ohne Hilfsverb gebildet werden) das Passiv mit *essere* oder *venire* in der erforderlichen Zeitform und dem Partizip Perfekt des Hauptverbs. Dabei gibt *essere* einen Zustand, *venire* dagegen einen Vorgang wieder. Wird die Ursache bzw. der Urheber genannt, werden diese mit der Präposition *da* angeschlossen. Die zusammengesetzten Zeiten bilden das Passiv mit *essere* in der erforderlichen Form und dem Partizip Perfekt des Hauptverbs:

Espongono la scultura in una delle sale.	→	*La scultura **è/viene esposta** in una delle sale.* (wird ausgestellt)
Esporranno le sculture alla mostra del marmo.	→	*Le sculture **saranno/verranno esposte*** (werden ausgestellt werden)
Un famoso scultore ha creato questa statua.	→	*Questa statua **è stata creata** da un famoso scultore.* (ist geschaffen worden)
Un famoso artigiano ha creato questi vasi.	→	*Questi vasi **sono stati creati** da un famoso artigiano.* (sind geschaffen worden)

- Eine weitere Passivform wird mit *andare* und dem Partizip Perfekt des Hauptverbs gebildet; sie entspricht dem deutschen „müssen / haben zu“ und wird nur für die einfachen Zeiten verwendet:

*La quota di partecipazione **va/andrà versata** entro il 15 maggio.* (Die Teilnahmegebühr muss ... überwiesen werden.)

*Le iscrizioni **vanno fatte** subito.* (Die Anmeldungen haben umgehend zu erfolgen.)

1.4.2 Gebrauch

Durch das Passiv wird ausgedrückt, was mit einer Person oder mit einer Sache geschieht. Der Vorgang steht im Vordergrund. Im Italienischen wird das Passiv vor allem in der Schriftsprache verwendet.

1.4.3 Das *"si passivante"* (Lekt. 4)

Das unpersönliche *si* wird häufig anstelle des Passivs verwendet.

*Le iscrizioni **si chiudono** il 15 maggio.* (Die Anmeldefrist endet am 15. Mai.)

*Il corso **si farà** il mese prossimo.* (Der Kurs wird in kommenden Monat abgehalten werden.)

Urheber und Ursachen können bei dieser Konstruktion nicht genannt werden.
Achten Sie auf die Übereinstimmung der Verbform mit dem substantivischen Bezugswort:

*Le iscrizioni si chiud**ono**.*

*Il corso si far**à**.*

1.5 Der Konditional II (il condizionale passato) (Lekt. 5)

1.5.1 Formen

Diese Zeitform wird mit dem Konditional I der Hilfsverben *essere* bzw. *avere* und dem Partizip Perfekt des zu konjugierenden Verbs gebildet.

	girare		**diventare**	
io	avrei	girato	sarei	diventato/a
tu	avresti	girato	saresti	diventato/a
lui/lei/Lei	avrebbe	girato	sarebbe	diventato/a
noi	avremmo	girato	saremmo	diventati/e
voi	avreste	girato	sareste	diventati/e
loro/Loro	avrebbero	girato	sarebbero	diventati/e

1.5.2 Gebrauch

Der Konditional II wird verwendet

- zur Schilderung einer in der Vergangenheit bzw. in der Zukunft gewünschten oder beabsichtigten, aber nicht verwirklichten Handlung:

  ***Mi sarebbe piaciuto** uscire con loro, ma non mi hanno avvertito.* (Es hätte mich gefreut, mit ihnen auszugehen ...)

  ***Sarebbe bastata** una telefonata.* (Ein Anruf hätte genügt.)

  *Domani **sarei venuto** con voi, ma devo lavorare.* (Morgen wäre ich mit euch gekommen aber ...)

- zur Schilderung der Nachzeitigkeit gegenüber Vergangenem:

  *Non sapeva che **avrebbe girato** tanti film e che **sarebbe diventata** un'attrice di fama internazionale.*
  (Sie wusste nicht, dass sie so viele Filme drehen und eine international berühmte Schauspielerin werden würde. ⚠

1.6 Der Congiuntivo (Konjunktiv) (Lekt. 3, 6, 7)

1.6.1 Formen

Der Congiuntivo hat vier Zeitformen: Congiuntivo presente, Congiuntivo imperfetto, Congiuntivo passato und Congiuntivo trapassato.

1.6.1 Congiuntivo presente (Konjunktiv Präsens)

Regelmäßige Verben

	lavorare	**vivere**	**partire**	**finire**
io	lavori	viva	parta	finisca
tu	lavori	viva	parta	finisca
lui/lei/Lei	lavori	viva	parta	finisca
noi	lavoriamo	viviamo	partiamo	finiamo
voi	lavoriate	viviate	partiate	finiate
loro/Loro	lavorino	vivano	partano	finiscano

Da beim Congiuntivo presente die drei Singularformen gleich lauten, empfiehlt es sich, die Subjektpronomina mitzuverwenden. Zur Erleichterung beim Lernen sollte man sich merken:

- Die 1. Person Plural ist mit dem Indikativ Präsens identisch,
- die Endung der 2. Person Plural lautet in allen Konjugationen (auch bei den unregelmäßigen Verben) auf *-iate*,
- die 3. Person Plural bilden Sie durch Anhängen von *-no* an die erste Person Singular (dies gilt auch für unregelmäßige Verben).

Unregelmäßige Verben

	io/tu lui/lei/Lei	noi	voi	loro
andare	vada	andiamo	andiate	vadano
avere	abbia	abbiamo	abbiate	abbiano
dare	dia	diamo	diate	diano
dire	dica	diciamo	diciate	dicano
dovere	debba	dobbiamo	dobbiate	debbano
essere	sia	siamo	siate	siano
fare	faccia	facciamo	facciate	facciano
potere	possa	possiamo	possiate	possano
rimanere	rimanga	rimaniamo	rimaniate	rimangano
salire	salga	saliamo	saliate	salgano
sapere	sappia	sappiamo	sappiate	sappiano
scegliere	scelga	scegliamo	scegliate	scelgano
stare	stia	stiamo	stiate	stiano
tenere	tenga	teniamo	teniate	tengano
uscire	esca	usciamo	usciate	escano
venire	venga	veniamo	veniate	vengano
volere	voglia	vogliamo	vogliate	vogliano

1.6.2 Congiuntivo imperfetto

Die meisten Verben bilden den Congiuntivo imperfetto regelmäßig:

	andare	**vivere**	**finire**
io	andassi	vivessi	finissi
tu	andassi	vivessi	finissi
lui/lei/Lei	andasse	vivesse	finisse
noi	andassimo	vivessimo	finissimo
voi	andaste	viveste	finiste
loro/Loro	andassero	vivessero	finissero

Zu den wenigen Ausnahmen zählen:

	essere	**stare**	**dare**
io	fossi	stessi	dessi
tu	fossi	stessi	dessi
lui/lei/Lei	fosse	stesse	desse
noi	fossimo	stessimo	dessimo
voi	foste	steste	deste
loro/Loro	fossero	stessero	dessero

Bei den folgenden Verben wird der Congiuntivo imperfetto ausgehend von der lateinischen bzw. altitalienischen Infinitivform des Verbs gebildet und regelmäßig konjugiert:

Infinitiv	altitalienische Form des Infinitivs	Congiuntivo imperfetto
bere	bevere	bevessi
dire	dicere	dicessi
fare	facere	facessi
tradurre	traducere	traducessi
produrre	producere	producessi
proporre	proponere	proponessi

1.6.3 Congiuntivo passato (Konjunktiv Perfekt)

Der Congiuntivo passato wird mit Hilfe des Congiuntivo presente der Hilfsverben *essere* und *avere* und dem Partizip Perfekt des Hauptverbs gebildet:

	comprare	**partire**
io	abbia comprato	sia partito/a
tu	abbia comprato	sia partito/a
lui/lei/Lei	abbia comprato	sia partito/a
noi	abbiamo comprato	siamo partiti/e
voi	abbiate comprato	siate partiti/e
loro/Loro	abbiano comprato	siano partiti/e

1.6.4 Congiuntivo trapassato

Der Congiuntivo trapassato wird mithilfe des Congiuntivo imperfetto der Hilfsverben *essere* und *avere* und dem Partizip Perfekt des Hauptverbs gebildet:

	comprare	**partire**
io	avessi comprato	fossi partito/a
tu	avessi comprato	fossi partito/a
lui/lei/Lei	avesse comprato	fosse partito/a
noi	avessimo comprato	fossimo partiti/e
voi	aveste comprato	foste partiti/e
loro/Loro	avessero comprato	fossero partiti/e

1.6.5 Gebrauch des Congiuntivo

Der Congiuntivo wird vor allem dazu verwendet, eine subjektive Einstellung des Sprechers zu Ereignissen oder Sachverhalten darzustellen.
Der Congiuntivo wird durch bestimmte Verben im Hauptsatz ausgelöst und steht vorwiegend in Nebensätzen, die mit *che* eingeleitet werden. Auch bestimmte Konjunktionen und Indefinitpronomen können den Congiuntivo nach sich haben.
Der Congiuntivo muss stehen

- nach Verben und Ausdrücken der persönlichen Meinung, die eine Wertung oder ein Urteil ausdrücken, wie:

  Penso
  Trovo
  Mi sembra
  Ritengo *che* ***abbiano*** *un ritmo diverso.*
  È normale
  Ho l'impressione
  Immagino

- nach Verben und Ausdrücken der Unsicherheit und des Zweifels:

  Non so se ***siano*** *davvero così caotici.*
  Pare / Sembra che la situazione ***sia*** *cambiata.*

- nach Verben und Ausdrücken des Wollens, Erwartens, Wünschens, der Hoffnung und nach Verben, die Gefühle ausdrücken:

  Voglio
  Preferisco
  Aspetto
  Desidero *che* ***vengano*** *tutti.*
  Spero
  Ho paura
  Sono contento

- nach unpersönlichen Verben und Ausdrücken:

  *Si calcola che oltre la metà degli italiani **viva** ancora nel nido familiare.*
  *Non è detto che convivere **significhi** essere irresponsabili.*
  *Bisogna che vi **decidiate**.*
  *È strano che non **abbia** risposto.*

- nach Konjunktionen, die einen Zweck, eine Bedingung oder ein Zugeständnis ausdrücken, und nach *come se, senza che, prima che:*

  *Nonostante il numero delle separazioni **sia** in crescita ...*
  *Benché il matrimonio **sia** molto cambiato ...*
  *Come se i bambini li **facessero** loro.*
  *Deciditi prima che **sia** troppo tardi.*

- nach vielen Indefinitpronomen wie z.B. *chiunque, qualunque, dovunque, comunque, qualsiasi:*

  *Qualunque cosa **decidiate**, io resto della mia opinione.*
  *Qualsiasi cosa tu **decida**, ti aiuteremo.*

- nach einem relativen Superlativ:

  *È la ragazza più bella che io **conosca** / **abbia** mai **incontrato**.*

Im Deutschen wird in diesen Fällen der Indikativ verwendet.

1.6.6 Infinitiv statt Congiuntivo

Haben Haupt- und Nebensatz dasselbe Subjekt, wird anstatt eines Nebensatzes mit *che* ein Infinitiv mit *di* verwendet:

	Non credo che lui esageri.
aber:	*Non credo di esagerare.*

Auch nach unpersönlichen Ausdrücken und Verben wird bei gleichem Subjekt anstatt eines Nebensatzes mit *che* ein Infinitiv (allerdings ohne *di*) verwendet:

Sarebbe meglio che voi partiste subito.	→	*Sarebbe meglio **partire** subito.* (Es wäre besser, sofort zu gehen.)
Basta che voi glielo diciate e lo farà.	→	*Basta **dirglielo** e lo farà.* (Es genügt, es ihm zu sagen, und er macht es.)

1.6.7 Die Zeitenfolge im Congiuntivo (Lekt. 6, 7)

Der **Congiuntivo passato** drückt eine in Bezug zum Hauptsatz vorzeitige Handlung aus; der **Congiuntivo presente** eine gleichzeitige oder nachzeitige Handlung:

	***abbia lavorato** (ieri).* (... dass er (gestern) gearbeitet hat.)
Penso che lui	***lavori / stia lavorando** (adesso).* (... dass er (jetzt gerade) arbeitet.)
	***lavori / lavorerà** (domani).* (... dass er (morgen) arbeiten wird.)

Der **Congiuntivo trapassato** drückt eine in Bezug zum Hauptsatz vorzeitige Handlung aus; der **Congiuntivo imperfetto** eine gleichzeitige oder nachzeitige Handlung:

	avesse lavorato *(il giorno prima).* (... dass er (am Tag zuvor) gearbeitet hätte.)
Pensavo che lui	**lavorasse / stesse lavorando** *(in quel momento)* (...dass er (gerade) arbeitete.)
	lavorasse / avrebbe lavorato *(il giorno dopo).* (... dass er (am Tag darauf) arbeiten würde.)

Steht das Verb, das den Congiuntivo auslöst, im Konditional, so wird die Vorzeitigkeit durch den Congiuntivo trapassato, die Gleichzeitigkeit bzw. Nachzeitigkeit durch den Congiuntivo imperfetto ausgedrückt:

Mi piacerebbe	*che*	***venisse.*** (Es würde mich freuen, wenn er käme.)
Mi sarebbe piaciuto	*che*	***fosse venuto.*** (Es hätte mich gefreut, wenn er gekommen wäre.)

1.7 Der Bedingungssatz (il periodo ipotetico) (Lekt. 8)

Ein Bedingungssatz besteht aus einer durch *se* eingeleiteten Bedingung und einem Folgeereignis. Man unterscheidet zwischen realen, potenziellen und irrealen Bedingungssätzen.

1.7.1 Realer Bedingungssatz

Werden sowohl Bedingung wie auch Folge als konkret und realisierbar gesehen, so verwendet man folgende Zeitformen:

Se ho tempo, ci ***vado*** */ ci* ***andrò****.*	Präsens	→	Präsens/Futur
Se avrò tempo, ci ***andrò****.*	Futur	→	Futur
Se hai tempo, ***telefonami****!*	Präsens	→	Imperativ

1.7.2 Potenzieller Bedingungssatz

Werden Bedingung und Folge als nicht sehr wahrscheinlich betrachtet, so verwendet man folgende Zeitformen:

Se avessi tempo, ci ***andrei****.*	Congiuntivo imperfetto	→	Konditional I

1.7.3 Irrealer Bedingungssatz

Betreffen Bedingung und Folge die Vergangenheit und sind nicht eingetreten, also reine Annahmen, werden folgende Zeitformen verwendet:

Se avessi avuto tempo, ci ***sarei andato****.*	Congiuntivo trapassato	→	Konditional II
Se avessimo preso l'aereo, ora ***saremmo*** *già a casa.*	Congiuntivo trapassato	→	Konditional I

1.8 Die indirekte Rede (il discorso indiretto) (Lekt. 9)

Die indirekte Rede wird von Verben wie *dire, esclamare, rispondere, scrivere, spiegare etc.* eingeleitet. Im Italienischen wird in der indirekten Rede der Indikativ verwendet. Der Congiuntivo wird nur nach Congiuntivo-Auslösern oder in der indirekten Frage verwendet.

1.8.1 **Steht im Einführungssatz ein Präsens, Futur oder ein Passato prossimo**, das sich auf die unmittelbare Vergangenheit bezieht, so bleiben in der indirekten Rede die Zeitformen erhalten:

Il creatore del sito assicura / ha assicurato: "I giovani amano sempre più la pizza."	*Il creatore del sito assicura / ha assicurato che i giovani **amano** sempre più la pizza.*

1.8.2 Nur **der Imperativ** verändert sich und wird zu *di* + Infinitiv:

Dice / ha detto: "Spiegami tutto!"	*Dice / ha detto **di spiegargli** tutto.*

1.8.3 **Steht im Einführungssatz eine Vergangenheitsform**, so ergeben sich in der Regel folgende Veränderungen:

a) Die Präsensform der direkten Rede wird in der indirekten Rede zu Imperfetto:

Tutti dicevano: "Sei matto!"	*Tutti dicevano che **ero** matto.* (dass ich verrückt wäre)

b) Das Perfekt und das Passato remoto werden zu Plusquamperfekt:

Tutti dicevano: "È stato un errore."	*Tutti dicevano che **era stato** un errore.* *(dass es ein Irrtum gewesen sei)*
Disse: "Fu un errore."	*Disse che **era stato** un errore.* (dass es ein Irrtum gewesen sei)

c) Das Futur I wird zu Konditional II:

Mi dissero: "Risponderemo subito."	*Mi dissero che **avrebbero risposto** subito.* (dass sie sofort antworten würden) ⚠

d) Der Imperativ wird zu *di* + Infinitiv:

Mi dissero: "Rispondici!"	*Mi dissero **di rispondergli.***

Achten Sie auch auf die Veränderung der Personalpronomen:

Mi dice / disse: "Rispondimi!"	*Mi disse di risponder**gli.***

Weitere Veränderungen der Zeiten beim Wechsel von der direkten in die indirekte Rede:

Direkte Rede	Indirekte Rede
Congiuntivo presente	Congiuntivo imperfetto
Congiuntivo passato	Congiuntivo trapassato

Unverändert bleiben folgende Zeiten:
Imperfetto, Trapassato prossimo, Congiuntivo trapassato, Konditional II, Infinitiv, Gerundium.

1.8.4 Hypothetische Sätze in der indirekten Rede

In der indirekten Rede werden hypothetische Sätze mit Congiuntivo trapassato und Konditional II wiedergegeben:

Disse:	*"Se possso, vengo".*	*Disse che se* ***avesse potuto, sarebbe venuto.***
	"Se potrò, verrò."	
	"Se potessi, verrei."	
	"Se avessi potuto, sarei venuto."	

1.8.5 Die indirekte Frage

In der indirekten Frage sollte korrekterweise der Congiuntivo verwendet werden. Die Regel findet allerdings im heutigen Italienisch wenig Beachtung. So wird häufig die indirekte Frage mit Zeitformen des Indikativs anstatt des Congiuntivo gebildet.

Mi chiese: *"Dove lavori?"* *Mi chiese dove* ***lavoravo / lavorassi.*** (wo ich arbeite)

1.8.6 Veränderungen von Orts- und Zeitangaben in der indirekten Rede

Direkte Rede		Indirekte Rede
questo	→	*quello*
qui / qua	→	*lì / là*
oggi	→	*quel giorno*
domani	→	*il giorno dopo*
ieri	→	*il giorno prima*
adesso	→	*in quel momento*
tra / fra	→	*dopo*
poco fa	→	*poco prima*

1.8.7 Veränderungen bei Personal- und Possessivpronomen

Personal- und Possessivpronomen verändern sich wie im Deutschen:

Tutti dicevano: "Tu sei matto!" *Tutti dicevano che* **io** *ero matto.*

Ha detto: "Il mio è un ristorante tipico." *Ha detto che* ***il suo*** *è / era un ristorante tipico.*

1.9 Das Gerundio (Gerundium) (Lekt. 7, 10)

Das Gerundio wird vor allem in der Schriftsprache verwendet und hat zwei Formen:
Gerundio semplice *(essendo / avendo)* und Gerundio composto *(essendo stato / avendo avuto)*

1.9.1 Das **Gerundio semplice** wird unter anderem verwendet, um die Gleichzeitigkeit zweier Handlungen wiederzugeben.
Das unbetonte Personalpronomen wird an das Gerundio angehängt:

Leggendolo *mi sono quasi ricreduta.* (Als ich es las, habe ich meine Meinung geändert.)

1.9.2 Das **Gerundio composto** drückt Vorzeitigkeit aus und wird vor allem zur Angabe der Ursache verwendet.
Das Personalpronomen wird an das Hilfsverb angehängt:

Offro i requisiti richiesti ***avendo lavorato*** *presso una casa farmaceutica ed* ***essendo stato*** *responsabile delle vendite.* (Ich habe die verlangten Qualifikationen zu bieten, da ich bei einer Pharmafirma gearbeitet habe und Vertriebschef gewesen bin.)

Non ***avendolo visto****, mi sono preoccupata.* (Da ich ihn nicht sah, habe ich mir Sorgen gemacht.)

Voraussetzung für die Anwendung des Gerundio ist die Wechselwirkung zweier Handlungen, die von ein und derselben Person ausgeführt werden:

Leggendolo mi sono quasi ricreduta.

Avendo lavorato ... offro i requisiti richiesti.

1.10 Das Partizip Perfekt (il participio passato) (Lekt. 10)

Das Partizip Perfekt wird zur Bildung der zusammengesetzten Zeiten sowie als Ersatz für bestimmte Satzteile verwendet. So wird es vor allem in der Schriftsprache anstelle von Ausdrücken wie *dopo che, appena* + Verb verwendet:

Finiti *gli studi ho fatto uno stage.* (Als das Studium beendet war, habe ich ...)	=	*Dopo che ho finito gli studi ho fatto uno stage.*
Arrivata *in città Carla ci ha telefonato subito.* (In der Stadt angekommen, hat Carla ...)	=	*Dopo che era arrivata in città Carla ci ha telefonato subito.*

Bei den transitiven Verben richtet sich die Partizipendung nach dem Objekt *(gli studi)*, bei intransitiven Verben nach dem Subjekt *(Carla)*.

- Oft wird das Partizip Perfekt als Adjektiv verwendet; in diesem Fall richtet sich die Endung nach dem dazugehörigen Substantiv:

  gli obiettivi economici ***assegnati*** (die festgesetzten wirtschaftlichen Ziele)

2 Das Substantiv (il sostantivo)

2.1 Die zusammengesetzten Substantive (Lekt. 7)

Die zusammengesetzten Substantive können aus unterschiedlichen Wortelementen gebildet werden wie z.B:

- Verb + Substantiv fem. Sing. → *lo scioglilingua – gli scioglilingua* (Zungenbrecher)
  Verb + Substantiv Plural → *la lavastoviglie – le lavastoviglie* (Geschirrspülmaschine)
  Verb + Verb → *il lasciapassare – i lasciapassare* (Passierschein)

Die Wörter aus dieser Gruppe bleiben im Plural unverändert.

- Substantiv + Adjektiv → *la cassaforte – le casseforti* (Geldschrank)

Diese Substantive verändern im Plural in der Regel beide Wortteile.

- Adjektiv + Substantiv → *il bassorilievo – i bassorilievi*
- Substantiv + Substantiv → *la banconota – le banconote*
- Verb + Substantiv (mask. Sing.) → *il passatempo – i passatempi*
- Präposition + Substantiv → *il sottotitolo – i sottotitoli*
- Präfix + Substantiv → *il supermercato – i supermercati*
  l'extracomunitario – gli extracomunitari

Im Plural verändern die Substantive aus dieser Gruppe in der Regel nur den Endvokal des zweiten Wortteils.

- *capo* + Substantiv → *il capostazione – i capistazione* (Bahnhofsvorsteher)
  → *il capolavoro – i capolavori* (Meisterwerk)

Die aus *capo* + Substantiv bestehenden Kombinationen verändern den Endvokal des ersten Wortteils, wenn das Wort eine Person bezeichnet. Wird dagegen eine Sache bezeichnet, ändert sich der Endvokal des zweiten Wortteils. Dies ist eine der wenigen Regeln bei den zusammengesetzten Substantiven. Ansonsten finden sich bei diesem Thema viele Unregelmäßigkeiten, im Zweifel empfiehlt sich daher die Verwendung eines Wörterbuches.

2.2 Kollektive Begriffe (i nomi collettivi) (Lekt. 8)

Hier handelt es sich um Substantive, die eine Mehrzahl von Lebewesen oder Sachen bezeichnen, aber dennoch meist im Singular stehen. Einige wenige Substantive dieser Gruppe haben jedoch nur die Pluralform:

Feminin Singular:
la gente (die Leute)
la ciurma (die Schiffsmannschaft)
la scolaresca (die Schülerschaft)
la clientela (die Kundschaft)
la flotta (die Flotte)
la folla (die Menschenmenge)
la mandria (die Viehherde)

Maskulin Singular:
lo sciame (der Bienenschwarm)
lo stormo (der Vogelschwarm, das Geschwader)
il fogliame (das Laub)
il mobilio (das Mobiliar)
il gregge (die Schafherde)
il branco (das Rudel)

Feminin Plural:
le stoviglie (das Geschirr)
le posate (das Besteck)

2.3 Vorsilben (i prefissi) (Lekt. 2)

Durch bestimmte Vorsilben ändert sich die Bedeutung von Substantiven ins Gegenteil. Die sind in der Regel die Vorsilben *dis-*, *s-*, *a-*, *in*. Für deren Anwendung gibt es keine festen Regeln, außer dass die Vorsilbe *in-* je nach Anfangsbuchstaben des Substantivs zu *im-*, *il-* oder *ir-* abgeändert wird:

vor *b, m, p:*	*in-*	→	*im-*	z.B. *maturità*	→	*immaturità*
vor *l:*	*in-*	→	*il-*	z.B. *legalità*	→	*illegalità*
vor *r:*	*in-*	→	*irr-*	z.B. *regolarlità*	→	*irregolarità*

und dass die Vorsilbe *dis-* nur vor einem Vokal stehen kann, während *s-* ausschließlich vor einem Konsonant verwendet wird:

ordine	→	*disordine*
lealtà	→	*slealtà*

Die o.g. Regeln gelten auch für Adjektive:

maturo	→	*immaturo*	*ordinato*	→	*disordinato*
legale	→	*illegale*	*leale*	→	*sleale*
regolare	→	*irregolare*			

2.4 Die Suffixe *-ino, -etto, -ello, -accio, -one* (Lekt. 4, 10)

Durch Suffixe kann man der Bedeutung von Substantiven, Adjektiven und Adverbien unterschiedliche Nuancen geben.

- Die Suffixe *-ino/ -ina, -etto/-etta, -ello/-ella* stellen eine Verniedlichung bzw. Verkleinerung dar und können zudem Sympathie, Zuneigung oder Abschwächung ausdrücken:

camino	→	*caminetto*	*colonna*	→	*colonnina*
coppia	→	*coppietta*	*carrozza*	→	*carrozzella*

Vendiamo caminetti, colonnine ...
... e le coppiette se ne vanno via ...

- Manchmal ändert sich durch das Hinzufügen von Suffixen auch das Substantiv selbst. Bei Substantiven auf *-one* und *-ione* wird vor dem Suffix *-ino / -ina* ein "c" eingefügt:

leone	→	*leoncino*
pallone	→	*palloncino*
stazione	→	*stazioncina*

- Das Suffix *-accio* gibt dem Substantiv eine abwertende Bedeutung

roba	→	*robaccia*
libro	→	*libraccio*
tempo	→	*tempaccio*

- Das Suffix *-one* bedeutet Vergrößerung, Steigerung. Weibliche Substantive werden durch das Suffix *-one* in der Regel männlich:

la fontana	→	*il fontanone*	*la nuvola*	→	*il nuvolone*
la cupola	→	*il cupolone*	*la macchina*	→	*il macchinone*

3 Präpositionen (le preposizioni)

3.1 Präposition *da* vor Substantiv (Lekt. 9)

Die Präposition *da* dient unter anderem zur Angabe von Eigenschaften und Merkmalen. In dieser Funktion wird *da* in der gesprochenen Sprache oft durch die Präposition *con* ersetzt.

Un ambiente ***dal*** *clima mite e* ***dal*** *paesaggio ricco di fascino.*
Una zona ***dal*** *clima mite*

3.2 Präpositionen in Verbindung mit Verben und nachfolgendem Infinitiv (Lekt. 5)

3.2.1 Der Infinitiv wird ohne Präposition angeschlossen nach

- unpersönlichen Ausdrücken:

  Basta scegliere un tema interessante.
  È interessante vedere i suoi film.

- Modalverben:

  Vuole andare al circo.
  Mario e Saverio devono ammettere che la vita continua.
  Le americanate le puoi guardare anche alla TV.

- Verben der Wahrnehmung:

  Li sento parlare.
  L'ho vista allontanarsi.

- den Verben *fare, lasciare, piacere, preferire, desiderare:*

  Preferisci restare davanti alla televisione.
  Vuoi fare divertire la nonna per una sera.

3.2.2 Verben mit Präposition *a* und nachfolgendem Infinitiv (Lekt. 5)

Der Infinitiv wird mit der Präposition *a* angeschlossen nach Verben der Bewegung:

Vengo ***a*** *prenderti alle sette.*

Weitere Verben, die einen Infinitiv mit der Präposition *a* anschließen:

abituarsi	*divertirsi*	*obbligare*
aiutare	*farcela*	*prepararsi*
cominciare	*fermarsi*	*provare*
continuare	*impegnarsi*	*rinunciare*
convincere	*iniziare*	*riuscire*
costringere	*invitare*	*spingere*
decidersi	*limitarsi*	

3.2.3 Verben mit Präposition *di* und nachfolgendem Infinitiv (Lekt. 5)

Der Infinitiv wird mit der Präposition *di* angeschlossen nach:

- *avere* + Substantiv:

  Ho voglia ***di*** *andare al cinema.*

- *essere* + Adjektiv:

  Sono stufo ***di*** *vedere bidonate.*

- folgenden Verben:

aspettare	*fingere*	*ricordare (-arsi)*
augurare (-arsi)	*finire*	*rifiutare*
cercare	*pentirsi*	*rischiare*
consigliare	*permettere*	*sconsigliare*
decidere	*pregare*	*smettere*
dimenticare	*proibire*	*sognare*
evitare	*promettere*	*tentare*

3.2.4 Anschluss des Infinitivs mit der Präposition *da* nach *essere* und *avere* (Lekt. 5)

Wird nach den Hilfsverben *essere* bzw. *avere* ein Infinitiv mit der Präposition *da* angeschlossen, hat diese Wendung die Bedeutung von „müssen" oder „sollen":

È un film ***da*** *vedere.*
(Es ist ein Film, den man sehen muss.)

Avrei ***da*** *finire un lavoro.*
(Ich muss eine Arbeit fertigstellen. / Ich habe eine Arbeit fertigzustellen.)

3.2.5 Präposition *a* + Infinitiv anstelle eines Relativsatzes (Lekt. 3)

Der in der Umgangssprache häufig verwendete Relativsatz wird in der Schriftsprache oder im gehobenen Sprachgebrauch häufig durch die Konstruktion *a* + Infinitiv

Sono loro che si sanno godere la vita. → *Sono loro* ***a sapersi*** *godere la vita.*
(Sie sind es, die das Leben zu genießen wissen.)

4 Die Pronomen (i pronomi)

4.1 Die Relativpronomen (Lekt. 1)

Das Relativpronomen dient dazu, ein Substantiv mit einem Nebensatz (Relativsatz) zu verbinden, in dem Näheres über das Substantiv ausgesagt wird.

La città è addossata ai Colli Berici ***che*** *sono il polmone verde della città.* (die)
Ci sono tre zone vinicole ***in cui*** *si producono tre tipi di vino.* (in denen)

Das Relativpronomen hat verschiedene Formen:

	unveränderliche	veränderliche
Subjekt	*che*	*il / la quale* *i / le quali*
Objekt	*che*	keine
Präp. Obj.	Präp. + *cui*	Präp. + *il / la quale* *i / le quali*

Die veränderlichen Formen werden eher in der Schriftsprache verwendet.
Die unveränderlichen Formen sowohl in der Umgangs- wie in der Schriftsprache.

Weitere Relativpronomen sind:

- **il che**

  Dieses Relativpronomen ist unveränderlich und entspricht dem deutschen *was* bzw. *und das.*
  Im Italienischen kann es durch *e ciò* bzw. *e questo* ersetzt werden:

  Lei starà dormendo a due isolati da qui, ***il che*** *(e questo / e ciò) non la rende meno irraggiungibile.*

- **chi**

  Das Relativpronomen *chi* ist unveränderlich, steht nur für Personen und hat die Bedeutung *wer, derjenige welcher / diejenige welche*:

  C'è ***chi*** *la fa col nero di seppia e* ***chi*** *con il serpente arrosto.*

- **quello che / ciò che**

  Auch diese Relativpronomen sind unveränderlich, sie entsprechen dem deutschen *(das) was*:

  È tutto ***quello che*** *so.*
  Non sono d'accordo con ***quello che / ciò che dici.***

4.2 Die Indefinitpronomen (Lekt. 5)

- *Alcuni/-e* kann sowohl als Adjektiv wie auch als Pronomen verwendet werden, es hat nur die Pluralform und wird im Genus verändert:

  alcune *delle colonne sonore*
  Ho fatto ***alcuni*** *film*
  Ho visto ***alcuni*** *amici.*

- *Qualche* und *qualsiasi* sind unveränderlich und werden nur adjektivisch verwendet, das dazugehörige Substantiv steht im Singular:

  Ho fatto ***qualche film.*** (einige Filme)
  Ho composto ***qualche colonna*** *sonora.* (einige Soundtracks)
  Qualsiasi attore *è migliore di lui.* (Jeder beliebige)
  Qualsiasi attrice *è migliore di lei.* (Jede beliebige)

- *Qualcosa* ist unveränderlich und wird ausschließlich pronominal verwendet:

  Racconta ***qualcosa!***

- *Nessuno* kann sowohl als Adjektiv wie auch als Pronomen verwendet werden.
  Als Adjektiv wird es im Maskulin Singular zu *nessun* gekürzt, im Feminin Singular zu *nessun'* gekürzt und apostrophiert.
  Steht *nessuno* nach dem Verb, wird es durch die Negation *non* ergänzt:

  Non *ha* ***nessun*** *talento.*
  Non *lo conosce* ***nessuno.***
  Nessun'*attrice è migliore di lei.*

- *Niente* ist unveränderlich und wird ausschließlich pronominal verwendet. Steht *niente* nach dem Verb, wird es durch die Negation *non* ergänzt:

  Non *capisci* ***niente.***

4.3 Die Personalpronomen (Lekt. 4)

Doppelpronomen – Kombinationen unbetonter Personalpronomen

Dativ- und Reflexivpronomen werden auf folgende Weise mit den Akkusativpronomen *(lo – la – li – le)* bzw. mit dem Pronominaladverb *ne* verbunden: das Dativ- und das Reflexivpronomen stehen immer an erster Stelle, gefolgt vom Akkusativpronomen bzw. von *ne*.

	lo	**la**	**li**	**le**	**ne**
mi	me lo	me la	me li	me le	me ne
ti	te lo	te la	te li	te le	te ne
gli/le/Le	glielo	gliela	glieli	gliele	gliene
ci	ce lo	ce la	ce li	ce le	ce ne
vi	ve lo	ve la	ve li	ve le	ve ne
gli	glielo	gliela	glieli	gliele	gliene
si	se lo	se la	se li	se le	se ne

*Senta, telefono per la conferma. – Ma, gliel'(glie****la****)abbiamo mandat****a*** *la scorsa settimana!*
(Wir haben sie Ihnen geschickt ...)

Die Partizipendung gleicht sich dem Akkusativpronomen an.

Redemittel zur Gesprächsführung

(1 / 4) = Die betreffende Wendung kommt vor in Lektion 1, Abschnitt 4;
asc. = ascolto / Hörtext,
es. = esercizio

Interesse bekunden

Io vado matto per l'antiquariato. (1 / 4)
Io adoro la cucina regionale. (1 / 4)

Vermutungen äußern

Forse è ... (1 / 1)
Secondo me si tratta di .. (1 / 1)
A me viene in mente ... (1 / 1)
Credo che sia ... (5 / 4)
Forse si tratta di ... (5 / 4)
Presumo che ... (7 / 1)
Immagino che ... (7 / 1)
Suppongo che .. (7 / 1)
Potrebbe essere ... (8 / 2)
Mi fa pensare a ... (8 / 2)

Eine Meinung formulieren

Penso che siano ... (3 / 2)
Mi sembra che si sentano ... (3 / 2)
Io ho l'impressione che... (3 / 3)
Io la penso così. (3 / 3)
Secondo me è ... (3 / 3)
Ritengo che ... (6 / 3)
È una questione di scelte. (6 / 3)
Qualche volta mi sembra che ... (3 / asc.5b)
Non credo che ... (3 / asc.5b)
Gli inglesi li trovo ...(3 / asc.5b)
Non so se ... (3 / asc.5b)
Sono sicuro che .... (3 / asc.5b)
Intendo dire .... (6 / asc.3)
Per quanto mi riguarda ... (6 / asc.3)
È che ci sembra una cosa sorpassata. (6 / asc.3)
Per me, un libro deve essere ... (8 / asc.8b)
..., cosa che io apprezzo moltissimo. (9 / es.15)

– Negative Beurteilung äußern und bekräftigen
Lui non ha nessun talento! (5 / 7)
Un beniamino del pubblico? Ma quando mai! (5 / 7)

Che cavolate! (5 / 7)
Che scontato! (5 / 7)
Un mattone! (5 / 7)
Mi è passata la voglia. (5 / 7)
Mi stufo. (5 / 10)
Non mi va. (5 / 10)
È di una noia mortale! (5 / 10)
È una vera bidonata. (5 / 10)
Che pizza! (5 / 10)
Ma che roba! (6 / 1)
Non mi è piaciuto per niente. (8 / asc.8b)
L'ho trovato piuttosto noioso. (8 / asc.8b)

– Unmut äußern
Trovo inaccettabile / scandaloso / sgradevole ... (6 / 1)
Detesto ... / Odio ... (6 / 1)

– Positive Beurteilung äußern und bekräftigen
Era un attore in gamba. (5 / 7)
Ha un certo non so che. (5 / 7)
Un vero capolavoro! (5 / 7)
È normale che ... (6 / 1)
Lo trovo originale. (6 / 1)

– Erstaunen / Skepsis ausdrücken
Non immaginavo che ... (7 / 2)
Non pensavo che ... (7 / 2)
Strano! Non credevo che ... (7 / 2)
Mi sorprende che ... (7 / 2)
Allora è proprio vero che ... ? (7 / 2)
Questa poi! (5 / asc.9a)
Ma no, davvero?! (5 / asc.9a)
Ma come! (8 / asc.5a)

– Eine Aussage unterstreichen
quasi, piuttosto , e poi, assolutamente, proprio, davvero (3 / 1)

– Einlenken / Relativieren
Però devo ammettere ... (7 / 2)
Mi sono quasi ricreduto/a. (7 / 2)
Alla fine ho avuto proprio l'impressione che .... (7 / 2)
Forse c'è stato un malinteso. (4 / asc.8a)
Probabilmente c'è stato un errore. (4 / asc.8a)
Mi scusi, vedo di rimediare. (4 / asc.8a)
Non volevo dire che ... (6 / asc.3)
Non intendevo dire ... (6 / asc.3)

Auf Meinungen anderer reagieren

– Zustimmen
Non ho niente in contrario. (2 / 3)
Io sono dalla loro parte. (2 / 3)

Un po' di ragione ce l'hanno. (2 / 3)
Più o meno, sì. (7 / asc.2a)
Anch'io la penso così. (6 / asc.9a)

– Widersprechen
Non sono proprio d'accordo. (2 / 3)
No, assolutamente!
Mica è ... (2 / 3)
Stai scherzando?! (2 / 3)
Non so se siano davvero ... (3 / 2)
Ma tu pensi davvero che ... (3 / 3)
A me non sembra proprio. (3 / 3)
Io penso che non si possa generalizzare. (3 / 3)
Invece a me piacciono. (4 / 4)
Forse non lo conosci tu ... (5 / 7)
Non capisci niente! (5 / 7)
Ci mancava anche questo! (6 / 6)
Non è giusto che ... (6 / 6)
Guardi che si sbaglia. (4 / asc.8a)
Ma quando mai! (5 / asc.7a)
Scusa, non vorrei fare il guastafeste, ma ... (5 / asc.9a)
No, non è così! (7/3)

– Sich distanzieren
Non condivido il parere di tanti giovani. (6 / asc.3)
Trovo stupido affermare che ... (6 / asc.3)
Ma che c'entra questo? (6 / asc.3)
Non è detto che .... (6 / asc.3)
Non so se questo sia .... (6 / asc.3)
Non so se si possa affermare che ... (6 / asc.3)
E che cosa c'è di male? (6 / asc.3)

– Auf den Punkt bringen
Quindi Lei è dell'opininone che ... (6 / asc.3)
Se ho capito bene ... (7 / asc.2a)
Ma intendi forse ... (5 / 4)
Comunque tornando a quello che si diceva prima,
io ritengo che ... (6 / asc.3)
Comunque io sono convinto/a di .... (6 / es.8)
Il problema non è sposarsi o non sposarsi. (asc. Ripasso 2)
La domanda che ci siamo posti è ... (7 / asc.2a)
Insomma praticamente i "nonni" genetici? (7 / asc.2a)

Vorschläge machen

E perché non andiamo ... (5 / asc.9a)
Cosa ne dici di ... (5 / asc.9a)
Allora perché non prova con ... (8 / asc.5a)

– Jemanden zu etwas auffordern
Ma dai, che poi ti diverti! (5 / 10)
Su, dai, muoviti! (5 / 10)

Datti una mossa! (5 / 10)
Ma non sei mica così vecchia! (5 / 10)
Ne vale la pena! (5 / 10)

– Einverstanden sein
Perché no! (5 / asc.9a)
Sì, avrei proprio voglia di ... (5 / asc.9a)
Perfetto! / Benissimo! (5 / asc.9a)
Anch'io la penso così. (6 / asc.3)

– Vorschläge ablehnen
Mi stufo! (5 / 10)
Non mi va. (5 / 10)
Non ne ho nessuna voglia. (5 / 10)
Che pizza! (5 / 10)

Vorwürfe machen

Lo sapevo io! (2 / 6)
Potevi farmi un pensierino! (2 / 6)
Ma perché non ci pensi mai da solo? (2 / 6)
Sono stufo/a di ... (2 / 6)

– darauf reagieren
Ma per me è importante, ci tengo! (2 / 6)
Ma ci tieni davvero tanto? (2 / 6)
Per me è solo .... (2 / 6)
Scusa, me ne sono proprio dimenticato. (2 / 6)

Gehörtes/Gelesenes wiedergeben

Dice che di solito ... (9 / 2)
Hanno chiesto se ... (9 / 6)

Ein Gespräch unterbrechen

– Um Geduld bitten
Un momento solo (1 / es.4)
Mi faccia pensare un attimo (4 / asc.5c)
Un attimo, aspetti che controllo ... (5 / asc.8a)
Un attimo che guardo (5 / asc.8a)
Mi faccia vedere un attimo (10 / asc.5)

– Ein Gespräch abbrechen
Mi scusi se l'interrompo. (6 / asc. 3; es.8)
Mi scusi, ma ora devo smettere. (1 / es.4)

Lektionsvokabular

Das folgende Lektionsvokabular führt die jeweils neuen Wörter in der Reihenfolge ihres Vorkommens auf und gibt dabei die einzelnen Lektionsabschnitte an.
Es enthält nicht die Wörter der Hörtexte.
- Die Wörter, die zum Zertifikatswortschatz gehören, sind fett gedruckt.
- Die Wörter der Leseseiten "Il Gazzettino" und der "Ripassi/Tests" werden, da diese Teile fakultativ sind, nicht als zu lernender Wortschatz dargestellt.

Das gleiche gilt für die "Esercizi" (Übungsteil): sie enthalten neue Wörter, die jedoch nicht unbedingt zu lernen sind.
- Die Betonung wird, soweit sie nicht auf der vorletzten Silbe liegt, durch Unterstreichung des betreffenden Vokals angegeben.

Abkürzungen:

Adj.	Adjektiv	idiom.	idiomatisch	qc.	qualcosa
Adv.	Adverb	Inf.	Infinitiv	qu.	qualcuno
congi.	Congiuntivo	itr.	intransitiv = ohne Objekt	tr.	transitiv = mit Objekt
Dat.	Dativ	Part.	Partizip (Perfekt)	ugs.	umgangssprachlich
Gen.	Genitiv	Präp.	Präposition	unr.	unregelmäßig

Lezione 1

	lo splendore	Glanz
	il passato	Vergangenheit
	remoto/a	weit zurückliegend
1a)	la luna di miele	Flitterwochen
	la luna	Mond
	il miele	Honig
1b)	riguardante	betreffend
	ponete le domande	stellt die Fragen
1c)	**raccolto** (raccogliere)	gesammelt
	sufficiente	ausreichend
	il capitolo	Kapitel
	lo strumento	*hier*: Werkzeug
	la conversazione	Gespräch
	sono raccolti	sie sind zusammengestellt
2a)	la didascalia	Bildunterschrift
	riferirsi a (-isco)	sich beziehen auf
	eseguire (-o)	ausführen
	il nano	Zwerg
	dichiarare	erklären
	il patrimonio culturale	Kulturgut
	internazionale	international
	attorno a	um ...
	l'accademia	Akademie
	incaricare	beauftragen
	illustre	berühmt
	l'architetto	Architekt
	progettare	planen, entwerfen
	lo spazio teatrale	Theater
	lo spazio	Raum
	la rappresentazione	Vorstellung
	la cerimonia	Zeremonie, Feier
	far parte di	gehören zu
	La Serenissima	„Durchlauchtigste", *Bezeichnung für die frühere Republik Venedig*
	il leone	Löwe
	il simbolo	Symbol
	nel progettare	bei der Planung
	progettare	planen
	l'edificio	Gebäude
	inglobare	eingliedern
	preesistente	bereits vorhanden
	ricco di	reich an
	gustare	genießen
	essere di casa	(wie) zu Hause, heimisch sein
	culinario/a	kulinarisch
	la zona	Gebiet
2b)	rileggere (*Part.*: riletto)	noch einmal lesen
	sottolineare (sottolineo)	unterstreichen
	verbale	Verb-
	annotare	aufschreiben
3a)	l'azienda	Betrieb, Firma
	la promozione	Förderung
	il vicedirettore	Vizedirektor
	il/la maggiore	der/die größte, bedeutendste
3b)	riascoltare	noch einmal anhören
	il brano	Stück (Lied, Text)
	prendere appunti	sich Notizen machen
	gli appunti	Notizen

3c)	seguente	folgende(r)
	l'intervistato	Interviewter
	l'origine (f)	Ursprung, Herkunft
	basarsi su	sich stützen auf
	vicentino	von Vicenza, Einwohner von Vincenza
	lo stile	Stil
	architettonico/a	architektonisch
	ammirare	bewundern
3d)	successivamente a	nach
	l'impero	Reich
	romano/a	römisch
	il periodo	Zeit, Periode
	sviluppare	entwickeln
	notevolmente	beträchtlich
	economicamente	wirtschaftlich
4	la curiosità	*hier*: die Kuriosität
4a)	**la provincia**	Provinz
	informativo/a	Informations-
	gli sposini	Brautleute, Neuvermählte
	eccone!	hier ist davon
	la scelta	Wahl, Auswahl
	il baccalà	Stockfisch
	la cipolla	Zwiebel
	il prezzemolo	Petersilie
	l'acciuga	Sardelle
	il parmigiano	Parmesankäse
	grattugiato/a	gerieben
	la farina	Mehl
	il proverbio	Sprichwort
	cimbro/a	zimbrisch *(deutschsprachige Minderheit)*
	veneziano/a	venezianisch, Venezianer
	i signori	hier: Herrschaften
	bolognese	von Bologna, Einwohner von Bologna
	il magna gatti	Katzenesser
	veronese	von Verona, Einwohner von Verona
	matto/a	verrückt
4b)	la descrizione	Beschreibung
	abbinare a	verbinden mit
	il testo	Text
	corrispondente	entsprechend
	coperto/a	bedeckt, gedeckt
	la caratteristica	Charakteristik, Merkmal
	l'antiquario	Antiquitätenhändler
	avere alle spalle	hinter sich haben
	glorioso/a	glorreich
	innumerevole	unzählig
	l'antiquariato	Antiquitätenhandel
	il pregiudizio	Vorurteil
	risale a	geht zurück auf
	probabilmente	wahrscheinlich
	l'insediamento	Siedlung
	il pastore	Hirt
	il boscaiolo	Holzfäller
	l'altopiano	Hochfläche
	a partire da	ab, seit
	i coloni	Siedler
	medievale	mittelalterlich
	il carpentiere	Zimmermann
	la lavorazione	Bearbeitung
	la ceramica	Keramik
	presente	gegenwärtig, vorhanden
	l'invenzione (f)	Erfindung
	il castello	Burg
	la cornice	Rahmen
	infelice	unglücklich
	gli ingredienti	Zutaten
4c)	**trovarsi**	sich befinden
	andare matto per	verrückt sein nach
	far collezione di	(etwas) sammeln
	la collezione	Sammlung
	adorare	anbeten
	regionale	regional
5a)	il dépliant	Prospekt
	ricevuto/a (ricevere)	erhalten
	scoprire (-o; *Part.:* scoperto)	entdecken
	gli scacchi	*hier:* Schachfiguren
	carino/a	nett
	il cavaliere	Ritter
	potente	mächtig
	evitare (evito)	vermeiden
	il combattimento	Kampf
	l'uso	*hier:* Brauch, Sitte
	il vincitore	Sieger
	l'incontro	Begegnung
	la pietra	Stein
	bensì	sondern
	l'avvenimento	Ereignis
	il pezzo	*hier*: Spielfigur
	gli anni pari	gerade Jahre
5b)	appaiono (apparire)	sie erscheinen
	la regola	Regel
6a)	**il punto di vista**	Standpunkt
	la ricchezza	Reichtum
	urbano/a	städtisch
	l'epoca	Epoche
	storico/a	historisch
	gotico	gotisch
	ottocentesco	aus dem 19. Jahrhundert
	in quanto	insofern als
	contemporaneo/a	zeitgenössisch
	addossato/a	angelehnt
	il colle	Hügel
	il polmone	Lunge
	tra	*hier:* neben
	l'industria	Industrie

	metalmeccanico/a	Maschinenbau-
	caratteristico/a	charakteristisch
	orafo/a	Goldschmied-
	trarre origine da	seinen Ursprung in ... haben
	trae (trarre)	er/sie zieht
	l'artigiano	(Kunst-)Handwerker
	artigianale	(kunst-)handwerklich
	vantare	vorweisen
	grosso/a	groß
	l'oro	Gold
	vinicolo/a	Wein-
	diversificato/a	vielseitig
	esistere (*Part.*: esistito)	existieren
	riconosciuto/a come	anerkannt als
	la denominazione	Bezeichnung
	controllato/a	kontrolliert
	in cui	in dem/der
	sostanzialmente	im wesentlichen
	conosciuto/a come	bekannt als
6b)	a coppie	paarweise
	in classe	in der Klasse
6d)	il campo lessicale	Wortfeld
	indicato/a	angegeben
	l'artigianato	(Kunst-)Handwerk
6e)	tanto per +*Inf.*	das/soviel, um zu
	il foglietto	Zettel
	il sostantivo	Substantiv
	estraete! (estrarre)	zieht! / zieht heraus!
	a turno	der Reihe nach
	pescare	angeln
7	a seguito	im folgenden
	la grafica	Grafik
	fondare	gründen
	aggiungere (*Part.*: aggiunto)	hinzufügen
	l'agricoltura	Landwirtschaft
	il centro	Zentrum
	politico/a	politisch
	il re	König
	la regina	Königin
	il dominio	Herrschaft
	oggigiorno	heutzutage
	ultimamente	neulich
gazz	il gazzettino	die kleine Zeitung
a)	l'itinerario	Weg
	la cartina	Stadtplan
	il percorso	Weg, Strecke
	toccare	berühren
	il fascino	Faszination
	l'esplorazione (f)	Erkundung
	attraverso	durch
	l'area	Gebiet
	Campo Marzio	Marsfeld
	procedere	weitergehen
	la loggetta	kleine Loggia
	palladiano/a	von Palladio
	il canale	Kanal
	rientrare	zurückkommen
	percorrere (*Part.*: percorso)	durchfahren
	olimpico/a	olympisch
	la creazione	Schöpfung
	dopo aver costeggiato	nachdem man ... entlang gefahren ist
	costeggiare	entlang (+ *Dat.*) gehen/fahren
	lo stadio	Stadion
	giungere (*Part.*: giunto)	ankommen
	detto/a	genannt
	il gioiello	Juwel, Schmuckstück
	ideato/a	geschaffen
	aperto/a	offen
	l'oasi (f)	Oase
	passare per	fahren über
	meritare di (merito)	es verdienen zu ...
	essere visitato	besucht werden
	il conte	Graf
	proseguire (-o)	weitergehen, weiterfahren
	le mura	Stadtmauer
	provinciale	Provinz-
	l'autorizzazione (f)	Genehmigung
b)	creare	erschaffen, erfinden

Esercizi

1)	sottostante	unten stehend
	mancante	fehlend
3)	proponete! (proporre)	schlagt vor!
	l'invenzione (f)	Erfindung
6)	la desinenza	Endung
7)	il nucleo	Kern
	limitrofo/a	angrenzend
	lottare	kämpfen
	a lungo	lange Zeit
	ottenere (*Formen wie* tenere)	erreichen
	fino a che	solange
	cosiddetto/a	so genannt
8)	l'amante (f)	Geliebte
	volare	fliegen
	indimenticabile	unvergesslich
	la battaglia	Schlacht
10)	i mobili	Möbel
	il bosco	Wald
	sostituire (-isco)	ersetzen
11)	il modo	Art, Weise
	di nascosto	heimlich

12)	l'intruso	Eindringling
	il dipinto	Gemälde
	il medioevo	Mittelalter
	il convento	Kloster
14)	descrivere (*Part.:* descritto)	beschreiben
	l'oggetto	Objekt
15)	unico/a	einzige(r)
	utilizzare	benutzen
17)	la caserma	Kaserne
	i buoi	Ochsen
	il matrimonio	Hochzeit, Ehe
	il modo di dire	Redewendung

Lezione 2

	il passato	Vergangenheit
	remoto/a	weit zurückliegend
1)	descrivere (*Part.:* descritto)	beschreiben
	il primo piano	Vordergrund
	lo sfondo	Hintergrund
	in mezzo a	in der Mitte
	in alto	oben
	alto/a	hoch
	in basso	unten
	basso/a	tief
2a)	tradizionale	traditionell
	la battaglia	Schlacht
	l'esattezza	Genauigkeit
	l'ideatore (m)	Erfinder
	folle	verrückt
	la guerra	Krieg
	gettare	werfen
	il/la passante	Passant(in)
	fermare *(tr.)*	halten, anhalten
	l'usanza	Angewohnheit, Sitte
	divenire (*Formen wie* venire)	werden
	formare	bilden
	altrettanto/a	ebenso viel
	la squadra	Mannschaft
	il giovedì grasso	Faschingsdonnerstag
	combattere	kämpfen, bekämpfen
	il carro	Wagen, Karren
	in precedenza	zuvor
	in segno di	als Zeichen der/des
	la neutralità	Neutralität
	la regola	Regel
	valido/a	gültig
	sempre	*hier:* immer noch
	chiunque	jeder
	adattato/a	angepasst
2b)	il regolamento	Reglement
2c)	rileggere (*Part.:* riletto)	noch einmal lesen
	trascrivere (*Part.:* trascritto)	abschreiben
	ciò	das, dieses
	accadere	geschehen, passieren
	solo/a	*hier:* einzig
	preciso/a	genau
	la regolarità	Regelmäßigkeit
2d)	sicuramente	sicherlich
	originale	original, originell
	l'origine (f)	Ursprung, Herkunft
	l'inizio	Anfang
	festeggiare	feiern
	un tempo	früher einmal
3a)	seguente	folgende(r)
	il titolo	Titel
	l'ecologista (m/f)	Umweltschützer
	la riscossa	*hier:* Aufstand
	il tentativo	Versuch
	sabotare	sabotieren
	il subbuglio	Aufruhr
	dividere (*Part.:* diviso)	teilen
	la popolazione	Bevölkerung
	la frazione	Fraktion, Lager
	l'articolo	Artikel
	reagire (-isco)	reagieren
3b)	combinare	*hier:* anstellen, anrichten
	lo spreco	Verschwendung
	inutilizzabile	unbrauchbar
	sarà	*hier:* das mag sein
	pericoloso/a	gefährlich
3c)	economico/a	wirtschaftlich
	il quotidiano	Tageszeitung
	occupare (occupo)	besetzen
	l'università	Universität
	protestare	protestieren
	sprecare	verschwenden
3d)	nuovamente	noch einmal
	esprimere (*Part.:* espresso)	ausdrücken
	l'opinione (f)	Meinung
	avere ragione	Recht haben
	avere qc. in contrario	etwas dagegen haben
	mica	nicht
	scherzare	scherzen
3e)	il lettore	Leser
	gentile ... *(Briefanfang)*	Liebe(r) ...
3f)	finire di + *Inf.*	damit fertig werden zu
	il foglietto	Zettel
	la supposizione	Vermutung
4a)	diffuso/a	verbreitet
	esistere	existieren
	la versione	Version
	ricollegare	*hier:* verbinden

	la natura	Natur
	rinascere (*Part.*: rinato)	*hier:* wieder erwachen
	la sorpresa	Überraschung
	giunse	*Passato remoto von* giungere
	giungere (*Part.*: giunto)	ankommen
	la regina	Königin
	l'idea (f)	Idee
	mettere (*Part.*: messo)	setzen, stellen, legen
	dentro *(Präp.)*	in, in ... hinein
	pasquale	Oster-
	offrire	*hier:* spendieren
	in occasione di	aus Anlass + *Gen.*
	l'occasione (f)	Gelegenheit, Anlass
	il giubileo	Jubiläum
4b)	commentare	kommentieren
	l'illustrazione (f)	Illustration
	il coniglio	Kaninchen
	l'orefice	Goldschmied
	soppiantare	ersetzen
	conquistare	erobern
	competere	konkurrieren
4c)	**cambiare**	*hier:* sich verändern
	esservi	*entspricht* esserci
	scompaiono (**scomparire**)	sie verschwinden
	il cambiamento	Veränderung
	natalizio/a	weihnachtlich
5a)	**il modo**	Art, Weise
	ci si preparava	man bereitete sich vor
	digiunare	fasten
	la quaresima	Fastenzeit
	il tesoro	Schatz
	assieme	zusammen
	la suocera	Schwiegermutter
	comandare	befehlen
	la cena	Abendessen
	la minestra	Suppe
	però	aber
	il chilometro	Kilometer
	i suoceri	Schwiegereltern
	durare tanto	lange dauern
	tanto *(Adv.)*	viel, sehr
	lasciare +*Inf.*	lassen (im Sinne von erlauben)
	già	schon
	rientrare	zurückkommen
	la colazione	Frühstück
	la polenta	Maisbrei
	sedersi (mi siedo)	sich setzen
	il pranzo	Mittagessen
	l'agnello	Lamm
	rosolare (rosolo)	braten
	il chilo	Kilo
	duro/a	hart
	la gallina	Henne
	il brodo	Brühe
	la torta	Torte
	contadino/a	Bauern-
	povero/a	arm
	gli avanzi	Reste
5c)	l'infanzia	Kindheit
6a)	**piuttosto** *(Adv.)*	ziemlich
	recente	neu
	il fioraio	Blumenhändler
6b)	visse	*Passato remoto von* vivere
	la guarigione	Heilung
	miracoloso/a	wunderbar
	il Papa	Papst
	decise	*Passato remoto von* decidere
	istituire (-isco)	stiften
	il fondo	*hier:* Fonds
	la dote	Mitgift
	l'aiuto	Hilfe
	un certo + *Name*	ein gewisser
	inventare	erfinden
	i bigliettini	Zettel, Kärtchen
	dedicato/a	gewidmet
	il fidanzato	Freund, Verlobter
6c)	inguaribilmente	unheilbar
	mentre	während
	la ricorrenza	Anlass, Gedenktag
	il significato	Bedeutung
	il pensierino	kleines Geschenk
	essere stufo di	es satt haben
	importante	wichtig
	tenerci (ci tengo)	darauf Wert legen
	il negoziante	Händler
	dimenticarsi (mi dimentico)	vergessen
7a)	la zucca	Kürbis
	il canto	Gesang
	l'esposizione-concorso	Ausstellungs-Wettbewerb
	l'esposizione (f)	Ausstellung
	l'edizione (f)	*hier:* Veranstaltung
7b)	**esatto/a**	genau
	la stella	Stern
	ulteriore	weiter, zusätzlich
	la spiegazione	Erklärung
	offrire di + *Inf.*	anbieten zu
	inviare	schicken
	informativo/a	Informations-
	la fiaccolata	Fackelzug
	il posto letto	Bett
7c)	la conferma	**Bestätigung**
	scritto/a	schriftlich
gazz.	l'attualità	Aktualität
	il capodanno	Neujahr
	il calice	Kelch

alzato/a	erhoben
salutare	grüßen, begrüßen
i fuochi artificiali	Feuerwerk
il quintale	Doppelzentner, 100 Kilo
i rifiuti	Abfälle
il cenone	festliches Abendessen
buttarsi	sich stürzen
il prodotto	Produkt
eno-	Wein-
enogastronomico/a	weinkundlich und gastronomisch
il Belpaese	*Bezeichnung für Italien* („das schöne Land“)
il tartufo	Trüffel
l'uvetta	Rosine
calabrese	aus Kalabrien
il parmigiano	Parmesankäse
il brut *(frz.)*	sehr trockener Sekt
la Franciacorta	*Hügelland nahe Brescia*
risale a	geht zurück auf
socialista *(Adj.)*	sozialistisch
comunista *(Adj.)*	kommunistisch
adottare	*hier:* einführen
la celebrazione	Feier
regolare *(Adj.)*	regelmäßig
solo	*hier:* erst
a partire da	ab, seit
un tocco di	ein Hauch von
l'originalità	Originalität
associare a	assoziieren, verknüpfen mit
cadde	*Passato remoto von* cadere
la mimosa	Mimose
facilmente	leicht
riconoscibile	erkennbar
fiorire (-isco)	blühen
ovunque	überall
dall'aspetto + *Adj.*	mit einem ... Aussehen
fragile	zerbrechlich, zart
prettamente	rein
commerciale	*hier:* kommerziell
originario/a	ursprünglich
il passaggio	Übergang, Durchgang
il buio	Dunkelheit
la luce	Licht
dunque	also
la rinascita	Wiedergeburt
la vittoria	Sieg
la tovaglia	Tischtuch
il resto	Rest
le tartine	Häppchen, Schnittchen
il salmone	Lachs
le farfalle	*Pasta-Art* („Schmetterlinge“)
dorato/a	*hier:* mit Ei überbacken
le pesche	Pfirsiche
W = viva!	Es lebe ....!

Esercizi

1)	rileggere (*Part.:* riletto)	noch einmal lesen
2)	situare nel tempo	zeitlich einordnen
	col tempo	im Laufe der Zeit
	addirittura	sogar
	la maschera	Maske
	susseguirsi l'una all'altra	aufeinander folgen
	i festeggiamenti	Festlichkeiten
	limitato/a	begrenzt
	il fatto	die Sache
	proibire (-isco)	verbieten
	vietare	verbieten
	l'uso	Gebrauch
	rivivere (*Part.:* rivissuto)	*hier:* wieder aufleben
	il martedì grasso	Faschingsdienstag
4)	nascondere (*Part.:* nascosto)	verstecken
5)	la parentesi	Klammer
	in continuazione	andauernd
	Poetto	*bekannter Strand bei Cagliari*
	allora	damals
	la corsa	Lauf
	prendere in giro	auf den Arm nehmen
	sembrare un pallone	aussehen wie ein Ball
	fare arrabbiare	wütend machen
	la bugia	Lüge
	trasferirsi (-isco)	umziehen
	trovarsi bene	sich wohl fühlen
6)	bevibile	trinkbar
	ottenuto/a	erhalten
	imbevibile	nicht trinkbar
7)	mancante	fehlend
	la documentazione	Unterlagen
	smarrito/a	verloren
	fare riferimento a	sich beziehen auf
	in attesa di	in Erwartung + *Gen.*
	sollecito/a	baldig
	porgere saluti	Grüße senden
10)	abbinare a	verbinden mit
	promettere (*Part.:* promesso)	versprechen
11)	benedetto/a	gesegnet
	allagato/a	überschwemmt
	il rubinetto	Wasserhahn
	sporco/a	schmutzig
	il pavimento	Fußboden
	la biancheria	Wäsche
	stendere (*Part.:* steso)	aufhängen
	il frigo	*kurz für:* il frigorifero
	vuoto/a	leer

12)	riportare	zurückbringen
	chiedere in prestito	ausleihen
13)	superare (supero)	überwinden, überstehen
	la somma di denaro	Geldbetrag
	lo scopo	Zweck
	creare	erschaffen, erfinden
	fondare	gründen
	grave	schwer
	la sofferenza	Leiden
	i beni	Güter
	sacro/a	heilig
	divino/a	göttlich
14)	sistemare	unterbringen
	il contenitore	Behälter
	apposito/a	dafür vorgesehen
16)	sottolineare (sottolineo)	unterstreichen
	immemorabile	weit zurückliegend
	di buona memoria	mit gutem Gedächtnis
	friulano/a	aus dem Friaul
	commissionare	in Auftrag geben
	la sfera	Kugel
	il circolo	Kreis
	il globo	Globus
	il momento culminante	Höhepunkt
	la torcia	Fackel
	la fiaccola	Fackel
	ricostruire (-isco)	rekonstruieren
	la sequenza	Reihenfolge
	giusto/a	richtig
	sostituire (-isco)	ersetzen
	rompersi (*Part.:* rotto)	kaputt gehen
	salire (salgo; *unr.*)	hinaufgehen

Lezione 3

	evviva ... !	Es lebe ... / Es leben ...!
	il pregiudizio	Vorurteil
1a)	**pensare di**	denken über
1b)	l'intervistato	Interviewter
	il giudizio	Urteil
1c)	relativizzare	relativieren
	rafforzare	bestätigen
	determinato/a	bestimmt
	quasi	quasi
	assolutamente	absolut
1d)	il luogo comune	Gemeinplatz
2)	sottolineare (sottolineo)	unterstreichen
	introdurre (introduco; *Part.:* introdotto)	einführen
	il popolo	Volk
	sentirsi in dovere	sich verpflichtet fühlen
	la cuoca	Köchin
	caotico/a	chaotisch
	il ritmo	Rhythmus
	la puntualità	Pünktlichkeit
3a)	**l'impressione (f)**	Eindruck
	capitare (qc. capita)	passieren
	la nordica	Nordländerin
	fischiare	pfeifen
	fissare qu.	jemanden anstarren
	il complimento	Kompliment
	pesante	schwer, *hier:* plump
	generalizzare	generalisieren
	reagire (-isco)	reagieren
	la penso così	ich denke so
	la caratteristica	Charakteristik, Merkmal
3b)	**riflettere**	nachdenken
	il dubbio	Zweifel
	l'insicurezza	Unsicherheit
4)	il paradiso	Paradies
	il poliziotto	Polizist
	il cuoco	Koch
	il tecnico	Techniker
	l'amante (m)	Liebhaber, Geliebter
	organizzato/a	organisiert
	l'inferno	Hölle
	affidato/a	anvertraut
	il sedentario	viel Sitzender
	la carriera	Karriere
	la poltrona	*hier:* Posten
	il corridore	Läufer, Rennfahrer
	ciclistico/a	Fahrrad-
	funzionare	funktionieren
	il disordine	Unordnung
	i Borgia	*gefürchtete Herrscherfamilie im 15. Jh.*
	il terrore	Schrecken
	lo spargimento	Vergießen
	il sangue	Blut
	la democrazia	Demokratie
	l'orologio a cucù	Kuckucksuhr
	l'attore (m)	Schauspieler
	statunitense	US-amerikanisch
	contare	zählen
	il/la peggiore	der/die schlechteste
	il palcoscenico	Bühne
	buono/a a niente	zu nichts gut/nütze
	capace di	fähig zu
4a)	cogliere nel segno	ins Schwarze treffen
	aggiungere (*Part.:* aggiunto)	hinzufügen
4b)	europeo/a	europäisch
	la particolarità	Besonderheit

	commentare	kommentieren
	il sottotitolo	Untertitel
5a)	godersi	genießen
5b)	credersi **superiore**	sich halten für *hier:* überlegen
5d)	**sorprendere** (*Part.:* sorpreso)	überraschen
	maggiormente	mehr, am meisten
6a)	il malinteso	Missverständnis
6b)	**il passeggero**	Passagier, Fahrgast
	l'interesse (m)	Interesse
	l'emigrante	Auswanderer
7)	la statistica	Statistik
	il sondaggio	Umfrage
	l'orgoglio	Stolz
	insondabile	unergründlich
	affermarsi	sich durchsetzen
	riscoprire (-o; *Part.:* riscoperto)	wieder entdecken
	il valore	Wert
	le pari opportunità	gleiche Rechte
	disinibito/a	ohne Hemmungen
	vestire (-o; *itr.*)	sich kleiden
	alla moda	nach der Mode/modisch
	lasciare solo/a	alleine lassen
	svedese	Schwede/in, schwedisch
	affidare	anvertrauen
	la banconota	Banknote, Geldschein
	essere invitato/a	eingeladen werden
	rielaborare (rielaboro)	überarbeiten
	il questionario	Fragebogen
	olandese	Holländer(in), holländisch
gazz	la stranezza	Eigentümlichkeit
	sopravvivere a (*Part.:* sopravvissuto)	etwas überleben
	la psicoanalis	Psychoanalyse
	il gioco	Spiel
	lo sfondo	Hintergrund
	sociologico/a	soziologisch
	adorare	anbeten, vergöttern
	mancare l'occasione	die Gelegenheit verpassen
	viene offerto/a	er/sie/es wird angeboten
	sottoporsi (mi sottopongo; *Part.:* sottoposto)	sich unterziehen
	la terapia d'urto	Stoßtherapie
	allegro/a	fröhlich
	il/la quale	der/die/das *(Relativpronomen)*
	rivivere (*Part.:* rivissuto)	*hier:* wieder erleben
	il trauma	Trauma
	l'infanzia	Kindheit
	incluso/a	inbegriffen, inklusive

rinchiuso/a	eingesperrt
lo stanzone	großer Raum
imbottito/a	ausgepolstert, *hier:* schallisoliert
lanciare ululati	Heulgesänge ausstoßen
raccapricciante	entsetzlich
il sottofondo	Hintergrund
wagneriano/a	Wagner-
non resta che	es bleibt nichts anderes übrig als
nascondere (*Part.:* nascosto)	verstecken
eventuale	eventuell *(Adj.)*
sorvolare su qc.	etwas übergehen
l'argomento	Argument, Thema
la vocazione	Berufung
il terapeuta	Therapeut
l'umanità	Menschheit
difendere (*Part.:* difeso)	verteidigen
il patito	Fanatiker
fatto/a apposta	absichtlich / eigens gemacht
celare	verbergen
l'abitudine (f)	Gewohnheit
il verbo	Verb
dove uno vuole andare a parare	worauf einer hinaus will
costretto/a a ascoltare	gezwungen zu zuhören
fino in fondo	bis zum Ende
stupire (-isco)	verwundern
rimanere allibito/a di	verblüfft sein über
conversare	sich unterhalten
tendere a (*Part.:* teso)	tendieren zu
sovrapporre *(unr.)*	überlagern
l'un l'altro	einander
prima che + *congi.*	bevor
l'interlocutore (m)	Gesprächspartner
i Verdi	Grüne *(Partei)*
il movimento	Bewegung
probabile	wahrscheinlich
paramilitare	paramilitärisch
l'ecologia	Ökologie
domestico/a	häuslich, Haus-
cercare di + *Inf.*	versuchen zu
convincere (*Part.:* convinto)	überzeugen, überreden
passare a	wechseln zu
ridurre *(Formen wie* produrre)	reduzieren
eliminare (elimino)	beseitigen
l'uso	Gebrauch
la lavapiatti	Geschirrspülmaschine
insaponare	einseifen
risciacquare	ausspülen
limitare (limito)	begrenzen

	l'acqua corrente	fließendes Wasser
	in particolare	im besonderen
	lo sciacquone	Spülkasten
	il terrazzo	Terrasse, Balkon
	riciclare	wieder verwerten, recyceln
	i rifiuti	Abfälle
	organico/a	organisch
	vendicarsi (mi vendico)	sich rächen

Esercizi

1)	sopportabile	erträglich
	pessimo/a	sehr schlecht
	uguale	gleich
	taciturno/a	schweigsam
2)	scontento/a	unzufrieden
4)	ad alta voce	mit lauter Stimme
	il mammone	Muttersöhnchen
	vivere alla giornata	in den Tag hinein leben
7)	assomigliare a	jemandem ähneln
8)	ricostruire (-isco)	rekonstruieren
	sentirsi a proprio agio	sich wohl fühlen
10)	richiedere (*Part.:* richiesto)	verlangen
11)	in ritardo	verspätet
	lordo/a	brutto
12)	il paroliere	Wortschöpfer
	l'infedeltà	Untreue
	la slealtà	Unehrlichkeit
	la felicità	Glück
	la correttezza	Korrektheit
	la cortesia	Höflichkeit
	l'utilità	Nützlichkeit
	l'onestà	Ehrlichkeit
	infedele	untreu
	sleale	unehrlich
13)	prettamente	rein
	inserire (-isco)	einfügen
	l'avvento	Advent
	scioperare (sciopero)	streiken
14)	l'infinito	Infinitiv, Grundform des Verbs
	unico/a	einzige(r)
	solito/a	gewöhnlich, gleich
	rifiutarsi	sich weigern
15)	ammettere (*Part.:* ammesso)	zugeben
	sorpreso/a	überrascht
	prendere in considerazione	in Betracht ziehen
	derivare	herkommen
	a dire il vero	um die Wahrheit zu sagen
	il trasferimento	Umzug
	l'aumento	Erhöhung
	la facilitazione	Vergünstigung
	ambientarsi	sich eingewöhnen
	coinvolto/a	betroffen
16)	la psicologa	Psychologin
	svedese	Schwede/in, schwedisch
	la conclusione	Schlussfolgerung
	lo studio	*hier:* Studie
	il comportamento	Verhalten
	il maschio	Mann
	il corteggiamento	Umwerbung
	la seduzione	Verführung
	gioire (-isco)	sich freuen
	pomposo/a	pompös, übertrieben
	venale	an Geld interessiert
	a quanto pare	wie es scheint
	l'aspettativa	Erwartung
	ahimè!	o weh!
	coscienzioso/a	gewissenhaft
	frettoloso/a	eilig
	l'ereditiera	reiche Erbin
17)	il quotidiano	Tageszeitung
	traducete! (tradurre)	übersetzt!

Ripasso / Test 1

1)	la comprensione scritta	Leseverstehen
	la percentuale	Prozentsatz
	incontrarsi	sich treffen
	sparire (-isco)	verschwinden
	il ferito	Verletzter
	i fuochi d'artificio	Feuerwerk
	il mortaretto	Böller
	nonostante + *congi.*	obwohl
	l'incidente (m)	Unfall
	mancare (*itr., Perfekt mit* essere)	fehlen
	la barca	Boot
	la durata	Dauer
	ammirare	bewundern
	Aiuto!	Hilfe!
2)	risale + *Flussname*	fährt flussaufwärts
	la calma	Ruhe
	scusarsi	sich entschuldigen
	invivibile	nicht menschengerecht
	un sacco *(Adv.)*	*(ugs.)* sehr
	perdersi qc.	etwas verpassen
	considerare (considero)	betrachten, halten für
3)	la comprensione auditiva	Hörverstehen
	interrompere (*Part.:* interrotto)	unterbrechen

	fino a che	bis
	inserire (-isco)	einfügen
	la registrazione	Aufnahme
	il racconto	Erzählung
	l'affermazione (f)	Behauptung
	insegnare	unterrichten
	il donnaiolo	Frauenheld
	a caccia di	auf der Suche/Jagd nach
4)	avere a disposizione	zur Verfügung haben
	contenere *(Formen wie* tenere)	enthalten
	al riguardo *(Adv.)*	diesbezüglich

Lezione 4

	artigiano/a	(kunst-)handwerklich
1b)	abbinare a	verbinden mit
	la statua	Statue
	il bassorilievo	Flachrelief
	il pozzo	Brunnen
	il trapano	Bohrer
	la base	*hier:* Sockel
	la figura	Figur
	il blocco	Block
	il marmo	Marmor
1c)	venire in mente	in den Sinn kommen
	creare	erschaffen, erfinden
2a)	l'autodidatta	Autodidakt
2b)	l'appunto	Notiz
	per iscritto	schriftlich
	scolpire (-isco)	meißeln
	considerare (considero)	betrachten, halten für
	la scultura	Skulptur
2c)	generalmente	generell
	in base a	auf der Grundlage von
	il modello	Modell
	comunque	wie auch immer
	l'estro	*hier:* Inspiration
	la capacità	Fähigkeit
	artistico/a	künstlerisch
	il commerciante	Händler
	il privato	Privatperson
	richiedere (*Part.:* richiesto)	verlangen
	il classico	*hier:* (griechische und römische) Klassik
3a)	mettere in evidenza	hervorheben
	il passivo	Passiv
3b)	ricostruire (-isco)	rekonstruieren
	la fase	Phase
	la lavorazione	Bearbeitung
	tagliare	schneiden
	caricare (carico)	laden, beladen
	trasportare	transportieren
	scaricare (scarico)	abladen
	lucidare (lucido)	polieren
4a)	il pezzo unico	Einzelstück
	dare un'occhiata	einen Blick werfen
4b)	il proprietario	Besitzer, Eigentümer
	mostrare	zeigen
	ideare	gestalten
4c)	esposto/a (esporre)	ausgestellt
	l'imitazione (f)	Imitation
	l'incapace (m/f)	Unfähige(r)
	la robaccia	wertloses/schlechtes Zeug
	arredare	einrichten
	valorizzare	aufwerten
	l'ambiente (m)	Ambiente, Umgebung
5a)	pregiato/a	wertvoll
	il caminetto	kleiner Kamin
	la colonnina	kleine Säule
	l'ordinazione (f)	Bestellung
	illustrare	erläutern
	l'antichità	Antike
	il leoncino	kleiner Löwe
5c)	la versione	Version
6a)	**dipendere da** (*Part.:* dipeso)	abhängen von
	pazientemente	geduldig
	la ceramica	Keramik
	precolombiano/a	vorkolumbianisch
	il capolavoro	Meisterwerk
	il terrazziere	Fußbodenleger
	il mosaicista	Mosaikleger
	tramandare	überliefern
	il terrazzo	*hier:* Terrazzofußboden
	il mosaico	Mosaik
	eseguire (-o)	ausführen
	resistere (*Part.:* resistito)	standhalten
7a)	il principiante	Anfänger
	le tecniche base	grundlegende Techniken
	l'uso	Gebrauch
	quotidiano/a	täglich, alltäglich
	la plastica	*hier:* plastische Figur
	l'esperto	Experte
	complesso/a	komplex
	pittorico/a	malerisch, Mal-
	il vetro	Glas
	la matita	Bleistift
	i pastelli	Pastellfarben
	il carboncino	Kohlestift
	l'acquerello	Aquarell
	la tempera	Tempera
	l'olio	*hier:* Ölfarben
	all'aria aperta	im Freien

	la valutazione	Bewertung
	lo stato di conservazione	Erhaltungszustand
	la ricostruzione	Rekonstruktion
	la lucidatura	Polieren
7b)	la panoramica	Übersicht
	la pittura su seta	Seidenmalerei
7c)	redigere (*Part.*: redatto)	verfassen
7d)	**confermare**	bestätigen
	la caparra	Anzahlung
	la modalità	Art, Weise
	il pagamento	Zahlung, Bezahlung
8a)	chiarire (-isco)	klären
8b)	giustificare (giustifico)	rechtfertigen
8c)	l'equivoco	Missverständnis
	il sollecito	Aufforderung
gazz	la fiera	Messe
	l'evento	Ereignis
	dedicato/a	gewidmet
	il visitatore	Besucher
	il Canton Ticino	Kanton Tessin
	il cantone	Kanton *(Schweiz)*, wird vor dem Kantonsnamen zu *canton* verkürzt
	il padiglione	*hier:* Halle
	fieristico/a	Messe-
	disparato/a	unterschiedlich
	accattivante	attraktiv, verführerisch
	prezioso/a	wertvoll
	mai	*hier:* jemals
	la merce	Ware
	stilare	aufsetzen, abfassen
	l'elenco	Verzeichnis
	reale	wirklich
	il tessuto	Stoff, Gewebe
	l'arredamento	Ausstattung, Einrichtung
	i mobili	Möbel
	i soprammobili	Zierfiguren, Nippes
	l'oreficeria	Juweliergeschäft
	eno-	Wein-
	eno-gastronomico/a	weinkundlich und gastronomisch
	i dolciumi	Süßigkeiten
chiave p.136	l'elenco	Verzeichnis
	il repertorio	Repertoire
	ammesso/a	zugelassen
	l'esposizione (f)	Ausstellung
	il ferro	Eisen
	il rame	Kupfer
	la carta	Papier
	il cartone	Karton, Pappe
	il marmo	Marmor
	l'argento	Silber
	la tenda	*hier:* Vorhang
	la cornice	Rahmen
	la scultura	Skulptur
	l'illuminazione (f)	Beleuchtung
	la tavola	(Ess-)Tisch
	la biancheria	Wäsche
	la gioielleria	*hier:* Schmuck
	l'oro	Gold
	il corallo	Koralle
	alcolico/a	alkoholisch
	i salumi	Wurstwaren
	la conserva	Konserve
	fresco/a	frisch
	secco/a	getrocknet
	immergersi (*Part.:* immerso)	eintauchen
	rarefatto/a	*hier:* streng, nüchtern
	contemporaneo/a	zeitgenössisch
	ideare	gestalten
	prevedere	vorhersehen
	il completamento	Vervollständigung
	essenziale	essentiell
	gioco di luce	Lichteffekt
	intenso/a	intensiv
	assolato/a	sonnig
	la scogliera	Klippe
	il percorso	Weg, Strecke
	monumentale	monumental, großartig
	il sito archeologico	Ausgrabungsstätte
	splendido/a	glänzend, prachtvoll
	la doppia d'arte	Design-Doppelzimmer
	a partire da	ab, seit
	il noleggio	Miete

Esercizi

1)	colpire (-isco)	*hier:* befallen
	ricomporre *(unr.)*	wieder zusammensetzen
3)	il gioiello	Juwel, Schmuckstück
4)	dipingere (*Part.:* dipinto)	malen
	progettare	planen
	apprezzare	schätzen
5)	volgere (*Part.:* volto)	*hier:* umformen
	concludere (*Part.:* concluso)	abschließen, beenden
	il ladro	Dieb
	sconosciuto/a	unbekannt
	rubare	stehlen
7)	il pallone	Ball
	la vasca	Wanne, Becken
	l'anello	Ring
	il bastone	Stock
8)	dirigere (*Part.:* diretto)	dirigieren, leiten

9)	il direttore d'orchestra	Dirigent
10)	avere la luna di traverso	schlechte Laune haben
	nascere con la camicia	als Glückspilz auf die Welt kommen
	essere al verde	ohne Geld/blank sein
	a tutta birra	mit höchster Geschwindigkeit
	andare a pennello	perfekt passen
	trattare a pesci in faccia	übel behandeln
	la velocità	Geschwindigkeit
	essere fortunato/a	Glück haben
	il malumore	schlechte Laune
	trattare	behandeln
11)	il derivato	Ableitung
	valutare (valuto)	bewerten
12)	l'argilla	Ton (Erde)
13)	il dovere	Pflicht
	rinnovare	*hier:* verlängern
	in tempo	rechtzeitig
	con tempestività	prompt
	la melanzana	Aubergine
	salato/a	gesalzen
	il pasto	Mahlzeit
	con cura	sorgfältig
15)	la borsetta	Handtasche
16)	la ricevuta	Quittung
17)	il fazzolettino	kleines Taschentuch
	il marmo	Marmor
	stendere (*Part.:* steso)	aufhängen
	la rama (*veraltet für* il ramo)	Zweig
	stirare	bügeln
	il ferro a vapore	Dampfbügeleisen
	la pieghina	kleine Falte

Lezione 5

	la passione	Leidenschaft
1a)	**la pellicola**	Film
	imprimere (*Part.:* impresso)	aufdrucken
	trascrivere (*Part.:* trascritto)	abschreiben
	la ripresa	Aufnahme
	lo schermo	*hier:* Leinwand
	la regia	Regie
	interpretare	interpretieren
	la sceneggiatura	Drehbuch
	il protagonista	Hauptdarsteller
	il ruolo	Rolle
	girare	drehen (Film)
	la comparsa	*hier:* Statist
1b)	Ciak!	Klappe!

	il comico	Komiker
	recitare (recito)	vortragen, spielen
	la cinepresa	Filmkamera
2a)	la locandina	Filmplakat
2b)	uscire	*(Film, Buch, Zeitung)* herauskommen
3a)	benvoluto/a	beliebt
	noto/a	bekannt
	il beniamino	Liebling
	un pugno	*hier:* eine Handvoll
	il dollaro	Dollar
	"Il postino"	*deutscher Filmtitel:* „Der Postmann"
	"Il Gattopardo"	*deutscher Filmtitel:* „Der Leopard"
3b)	la classifica	Rangliste
	riferirsi a (-isco)	sich beziehen auf
	la colonna sonora	Filmmusik, Soundtrack
	composto/a	komponiert
	l'origine (f)	Ursprung, Herkunft
	ottenere (*Formen wie* tenere)	erreichen
	la fama	Ruf, Ruhm
	ebraico/a	jüdisch
	mondiale	Welt-
	limitarsi a	sich beschränken auf
	innumerevole	unzählig
	condurre (conduco; *Part.:* condotto)	führen, leiten
	la trasmissione	Sendung
	televisivo/a	Fernseh-
	il concorso	Wettbewerb
	immaginare (immagino)	sich vorstellen
	l'attributo	Attribut
3c)	l'interprete (m/f)	*hier:* Schauspieler(in)
4b)	svelare	enthüllen
	il mistero	Geheimnis
	intendere (*Part.:* inteso)	meinen
5a)	il/la lavapiatti	Tellerwäscher
	il ballerino	Tänzer
	il vignettista	Karikaturist
	satirico/a	satirisch
	il falegname	Schreiner
	psichiatrico/a	psychiatrisch
	il pugile	Boxer
	dilettante	Amateur-
6a)	il principe	Prinz, Fürst
	il varietà	Varieté
	gli anni '40	40er-Jahre
	"Uccellacci e uccellini"	*deutscher Filmtitel:* „Große Vögel, kleine Vögel"
	nonostante	trotz
	la mediocrità	Mittelmäßigkeit
	la forza	Kraft

	la comicità	Komik
	inalterato/a	unverändert
	la vivacità	Lebendigkeit
	l'immediatezza	Spontaneität
	la recitazione	Vortrag, Darstellung
	sedurre (seduco)	verführen
	la platea	*hier:* Publikum
	Porfirogenito	Kaisersohn *(byzantinischer Titel)*
	Bisanzio	Byzanz
	l'Altezza Imperiale	Kaiserliche Hoheit
	il conte palatino	Pfalzgraf
	il cavaliere	Ritter
	sacro/a	heilig
	l'impero	Reich
	l'esarca	Exarch (im byzantin. Reich)
	il Cipro	Zypern
	il conte	Graf
	il duca	Herzog
	Durazzo	Durrës (Albanien)
6b)	schematico/a	schematisch
7b)	nuovamente	noch einmal
	Ma quando mai?	Seit wann denn das?
	la cavolata	*(ugs.)* Dummheit
	da piangere	zum Weinen
	un mattone	*hier:* ein langweiliger Mensch, eine langweilige Sache
	il talento	Talent
7c)	**in gamba**	tüchtig
	essere portato/a per	talentiert sein für
	passare	*hier:* vergehen
	scontato/a	abgedroschen
	Ha un certo non so che...	Er/sie hat ein gewisses ... ich weiß nicht was
	il capolavoro	Meisterwerk
8a)	la trama	Handlung
	non resta che	es bleibt nichts anderes übrig als
	restare	übrigbleiben
	il bidello	Hausmeister
	l'insegnante elementare	Grundschullehrer
	catapultare	katapultieren
	riluttante	widerwillig
	di buon grado	gern
	ammettere (*Part.:* ammesso)	zugeben
	tentare di + *Inf.*	versuchen zu
	la fanciulla	junge Frau
	inventare	erfinden
	il lapsus freudiano	Freudsche Fehlleistung
	la lotta di classe	Klassenkampf
	essere nei guai	in Schwierigkeiten sein
8b)	il verbo coniugato	konjugiertes Verb
8c)	la critica	Kritik
9a)	stufo/a	müde, genervt
	la bidonata	Reinfall, *hier:* schlechter Film
9b)	definire (-isco)	definieren
	l'alternativa	Alternative
10a)	una buona ragione	guter Grund
	la noia	Langeweile
	mortale	tödlich
10b)	**sentirsela** (me la sento)	sich in der Lage fühlen
	il film d'azione	Actionfilm
	pigro/a	faul
	l'americanata	die typisch amerikanische, großspurige Sache
	attraente	attraktiv
	il coraggio	Mut
	il circo	Zirkus
	lo zoo	Zoo
	il disinteresse	Desinteresse
	motivare	motivieren, begründen
	invogliare *(itr.)*	Lust machen
	che pizza!	wie langweilig!
	ne vale la pena	es ist der Mühe wert
gazz	il/la sosia	Doppelgänger(in)
	spiccicato a	gleich wie
	richiesto/a	begehrt
	berla	*hier:* leichtfertig glauben
	convinto/a	überzeugt
	venire incontro	entgegenkommen
	il presidente del Consiglio	Ministerpräsident, Regierungschef
	il pezzo da novanta	wichtige Person, hohes Tier
	la scuderia	Rennstall, *hier:* Team
	la fondatrice	Gründerin
	le pubbliche relazioni	Public Relations
	dedicare (dedico)	widmen
	mitico/a	mythisch, legendär
	il volto	Gesicht
	essere in grado di + *Inf.*	in der Lage sein zu
	intraprendente	unternehmungslustig
	finto/a	falsch, fingiert
	il divo	Star
	persino	sogar
	il becchino	Totengräber
	la controfigura	Double
	l'emozione (f)	Gefühl
	provare	*hier:* empfinden
	il rappresentante	Vertreter
	la carta igienica	Toilettenpapier
	stringere (*Part.:* stretto)	drücken

Esercizi

1b)	"Johnny Stecchino"	*deutscher Filmtitel:* „Zahnstocher-Johnny“
	il film giallo	Krimi
	utilizzare	benutzen
	Il Vangelo	Evangelium
	"Lo chiamavano Trinità"	*deutscher Filmtitel:* „Die rechte und die linke Hand des Teufels“
2)	Ricomponete! (ricomporre, *unr.*)	Setzt wieder zusammen!
	violento/a	gewalttätig
	appaiono (apparire)	sie erscheinen
3)	sottostante	unten stehend
	l'avventura	Abenteuer
	la fantascienza	Science-fiction
	la corazzata	Panzerschiff
	stellare *(Adj.)*	Stern(en)-
	l'arca	*hier:* heiliger Schrein
	perduto/a	verloren
6)	di successo	erfolgreich
	gran	verkürztes *grande*
	l'ammiratore (m)	Bewunderer
7)	lo sceneggiato	Fernsehfilm
11a)	la maestà	Majestät
11b)	la scaletta	die kleine Treppe
12)	lo stralcio	Auszug *(Film, Text)*
	parigino/a	Pariser
	rendersi conto di	sich klar machen
14)	la risata	Gelächter
	farsi quattro risate	ordentlich lachen

Lezione 6

	Quo vadis?	*lat.:* Wohin gehst du?
1a)	il mammo	Vater in Mutterfunktion
	scandalizzare	schockieren
	la normalità	Normalität
	inaccettabile	unannehmbar
	scandaloso/a	skandalös
	sgradevole	unangenehm
	detestare	hassen, verabscheuen
	odiare	hassen
	che roba!	Was für ein Zeug!
	scontato/a	banal
	discutibile	diskutabel, fragwürdig
	provocatorio/a	provokant
	originale	original, originell
	insolito/a	ungewöhnlich
	estetico/a	ästhetisch, *hier:* schön
1b)	la didascalia	Bildunterschrift
	conservatore/trice *(Adj.)*	konservativ
	tradizionalista *(Adj.)*	traditionsgebunden
	progressista *(Adj.)*	fortschrittlich
2a)	affrontare	*(Thema)* anpacken, angehen
	l'anziano	älterer Mensch
	il divorzio	Scheidung
	la monofamiglia	Singlehaushalt
	la struttura	Struktur, Aufbau
	l'affidamento	*hier:* Sorgerecht
	pare che + *congi.* (parere)	es scheint, dass
	corteggiato/a	umworben
	lo smalto	Lack
	il carisma	Charisma
	il gergo	Jargon
	anagrafico/a	Meldeamts-
	burocratico/a	bürokratisch
	l'ombra	Schatten
	lo studio	*hier:* Studie
	soggetto/a	unterworfen
	l'infarto	Infarkt
	la solitudine	Einsamkeit
	indurre a + *Inf.* (induco; *Part.:* indotto)	veranlassen zu
	sregolato/a	ungeordnet
	emotivo/a	Gefühls-
	lo svantaggio	Nachteil
	il solo	*hier:* die allein lebende Person
	la tassa	Steuer
	la spesa	Ausgabe
	peggiore	schlechter
	popolato/a	bevölkert
	per lo più	zum Großteil
	figli di mamma	Muttersöhnchen
	calcolare (calcolo)	berechnen, rechnen mit
	oltre	*hier:* mehr als
	il nido familiare	elterliche Wohnung („Familiennest“)
	andarsene (me ne vado)	weggehen
	dimostrare	zeigen, beweisen
	intorno a	um ... herum
	lasciare	verlassen
	dare i numeri	*eigentlich:* spinnen *(ugs.), hier auch wörtlich:* die Zahlen angeben/ preisgeben
	nonostante + *congi.*	obwohl
	la separazione	Trennung
	la crescita	Wachstum, Anstieg
	fedele	treu

	il coniuge	Ehepartner
	solido/a	solide, beständig
	benché + *congi.*	obwohl
2b)	**in genere**	im Allgemeinen
3a)	il dibattito	Debatte
	televisivo/a	Fernseh-
	lo studio	*hier:* Fernseh-/Rundfunkstudio
	la scelta	Wahl
3b)	il punto d'appoggio	Unterstützung
	il riguardo	Zusammenhang
	la stupidaggine	Dummheit
	convivere	zusammenleben
	la fiducia	Vertrauen
	l'uguaglianza	Gleichberechtigung
4a)	di fatto	de-facto-, tatsächlich
	di diritto	rechtlich
	la legge	Gesetz
	tutelare	schützen
	l'eredità	Erbschaft
	l'assegno di mantenimento	Unterhaltszahlung
	il disegno di legge	Gesetzentwurf
	riconoscere	anerkennen
	il patto	Pakt, Vereinbarung
	la donazione	Schenkung
	reciproco/a	gegenseitig
	la validità	Gültigkeit
	oralmente	mündlich
	la facoltà di + *Inf.*	Fähigkeit/Erlaubnis zu
	il compagno	*hier:* Partner, Lebensgefährte
	il rito civile	standesamtliche Trauung
4b)	il dilemma	Dilemma
	il moderatore	Moderator
	oggigiorno	heutzutage
	la convivenza	Zusammenleben
	il modello	Modell
	alternativo/a	alternativ
5a)	l'hit parade (f, *engl.*)	Hitparade
	l'infedeltà	Untreue
	il partito	Partei *(hier bildlich)*
	il mestiere	Beruf
	prediletto/a	Lieblings-
	l'intellettuale (m/f)	Intellektuelle(r)
	notevole	beträchtlich
	la capacità	Fähigkeit
	il ragionamento	Gedankengang
	la dialettica	Dialektik, logisches Denken
	giustificare (giustifico)	rechtfertigen
	il perché	Grund
	il tradimento	Untreue, Betrug
	nobilitare (nobilito)	adeln, beschönigen
	l'operatore di borsa	Börsianer
	gettonato/a	gefragt *(ugs.)*
	sfuggire	entfliehen, entgehen
	la tentazione	Versuchung
	la scappatella	Seitensprung
5b)	il dirigente	Führungskraft
	lasciare in giro	herumliegen lassen
	l'atteggiamento	Bindung
	nei confronti di	gegenüber
6a)	programmato/a	*hier:* vorprogrammiert
	la licenza-parto	Erziehungsurlaub
	non andare giù	nicht akzeptieren können
	polemico/a	polemisch
	Perdiana!	Donnerwetter!
	Diamine!	Mensch!
	esercitare (esercito)	ausüben
	matria	*erfundene weibliche Form zu* patrio/a
	patrio/a	väterlich
	la potestà	Macht, Gewalt
	la patria potestà	väterliche/elterliche Gewalt
	Oddio!	Oh mein Gott!
	la suffragetta	Emanze
	esclamare	ausrufen
	Uffa!	Mir reicht's!
	la collaborazione	Mitarbeit
	convertire (-o)	bekehren
	l'interlocutore (m)	Gesprächspartner
	insistere (*Part.:* insistito)	beharren
	seccato/a	verärgert
	cretino/a	dumm
	extradomestico/a	außerhalb des Hauses
	curarsi di	sich um etwas kümmern
	la trappola	Falle
	materialmente	materiell, tatsächlich
	partorire (-isco)	zur Welt bringen
	logico/a	logisch
	allevare	aufziehen
	ingiusto/a	ungerecht
	a qu. importa di	jemandem liegt etwas an ...
	d'altronde	übrigens
	azzardare	wagen
	colpire (-isco) nel segno	ins Schwarze treffen
	il disprezzo	Verachtung
	il femminismo	Feminismus
	sbiancare	erblassen
	starci (ci sto)	einverstanden sein *(ugs.)*
	arrabbiarsi	wütend werden
	sprofondare	versinken
	la poltrona	Sessel
	per modo di dire	sozusagen, aber nicht wirklich
	tagliare corto	abrupt abbrechen, unterbrechen
	disprezzare	verachten

6b)	la femminista	Feministin
	la cooperazione	Zusammenarbeit
	l'argomento	Argument, Thema
	stupido/a	dumm
	mettere al mondo	zur Welt bringen
	impallidire (-isco)	erbleichen
6c)	l'impazienza	Ungeduld
	il disaccordo	Uneinigkeit
	l'insoddisfazione (f)	Unzufriedenheit
6d)	il brano	Stück *(Lied, Text)*
	provocare (provoco)	hervorrufen, provozieren
7b)	**venire incontro a**	entgegenkommen
	l'esigenza	Bedürfnis
	indipendente	unabhängig
	proprio/a	eigen
gazz	il/la 31enne (*gelesen:* trentunenne)	31 Jahre alte Person
	il/la ...enne	... Jahre alte Person
	la dote	*hier:* Vorzug, positive Eigenschaft
	fisico/a	körperlich
	morale	moralisch, geistig
	riservato/a	zurückhaltend
	colto/a	gebildet
	elevato/a	hoch
	il livello	Niveau
	socio-economico	sozial / finanziell
	contattare	kontaktieren, kennenlernen
	tramite	durch
	lo scopo	Zweck
	grazioso/a	hübsch
	fine	fein
	la cultura	*hier:* Bildung
	universitario/a	Universitäts-
	assoluto/a	absolut
	la moralità	Moralität, Sittlichkeit
	appartenente a	zugehörig zu
	agiato/a	wohlhabend
	preferibilmente	vorzugsweise
	settentrionale	*hier:* norditalienisch
	gradito/a	angenehm, willkommen
	l'alba	Sonnenaufgang
	l'amicizia	Freundschaft
	l'accompagnatore (m)	Begleiter
	l'autista (m/f)	Autofahrer/in
	la presenza	*hier:* Aussehen
	la riservatezza	Diskretion
	disponibile	verfügbar
	esclusivamente	ausschließlich
	distinto/a	*hier:* vornehm
	facoltoso/a	gut situiert
	tirare	werfen
	la freccetta	kleiner Pfeil, Wurfpfeil
	il concorrente	Konkurrent, Mitbewerber
	eccitante	aufregend, erregend
	la disperazione	Verzweiflung
	morire di	sterben aufgrund von
	la vergogna	Scham, Schande
	tradire (-isco)	verraten
	il segreto	Geheimnis
	la bugia	Lüge
	fare una brutta figura	sich blamieren
	accontentarsi	sich begnügen, bescheiden sein
	godere *(itr.)*	das Leben genießen
	mediamente	durchschnittlich
	la vendetta	Rache
	irrequieto/a	unruhig
	l'allenatore (m)	Trainer
	l'atleta	Athlet
	darsi	sich widmen
	l'astronauta (m)	Astronaut, Raumfahrer
	il miliardario	(Lire-)Milliardär, *also Euro*-Millionär
	l'amante (f)	Geliebte
	il punteggio	Punktzahl
	il totale	Summe
soluz. quiz p.147	far mancare la terra sotto i piedi	den Boden unter den Füßen schwinden lassen
	costante	konstant, stetig
	l'insidia	Tücke, Falle
	tormentato/a	*hier:* schwierig
	tenebroso/a	finster, *hier:* geheimnisvoll
	sfuggente	*hier:* spröde
	risvegliare	wecken
	l'istinto	Instinkt
	paterno/a	väterlich
	materno/a	mütterlich

Esercizi

1)	al lume di candela	bei Kerzenlicht
	ridire (*Formen wie* dire)	kritisieren
	adorare	anbeten
	agile	gewandt, flink
	tenero/a	zärtlich
	affettuoso/a	liebevoll
	presente	*hier:* hilfsbereit
	pronto/a a	bereit zu
5)	la necessità	Notwendigkeit
	ritenere che (*Formen wie* tenere)	der Meinung sein
	risolvere (*Part.:* risolto)	lösen
	rispettare	respektieren
	approvare	billigen, bestätigen
	la legge	Gesetz

7)	viziato/a	verwöhnt
	addirittura	sogar
	quotidiano/a	täglich, alltäglich
	superare (supero)	überwinden, überstehen
8)	interrompere (*Part.:* interrotto)	unterbrechen
	la delusione	Enttäuschung
	oggi come oggi	heutzutage
	basato/a su	gegründet auf
	entrambi/e	beide
	essere favorevole a	für ... sein
	mettere a dura prova	einer harten Prüfung unterziehen
9)	il parere	Meinung
15)	l'anima gemella	verwandte Seele
	maiuscolo/a	groß geschrieben
	giurare	schwören

Ripasso / Test 2

1a)	l'appassionato	Liebhaber, Fan
	il navigatore d'internet	Internet-Surfer
	proseguire (-o)	weitergehen, weiterfahren
	il vapore	Dampf
	la rassegna	Übersicht, Gesamtschau
	indipendente	unabhängig
	a cielo aperto	unter freiem Himmel
	aprire i battenti	die Tore öffnen
	alloggiare *(itr.)*	unterkommen
	allestito/a	gestaltet, aufgebaut
	l'evento	Ereignis
	inaugurare (inauguro)	eröffnen
	l'anteprima	Voraufführung, Vorpremiere
1b)	essere alla ricerca di	auf der Suche nach ... sein
	accessibile	*(Preis:)* erschwinglich
	sollecito/a	baldig
2)	le istruzioni per l'uso	Gebrauchsanweisung
	il/la precedente	vorhergehend
	la miscellanea	Gemisch
	rovinare	ruinieren
	l'affetto	Zuneigung
	allegro/a	lustig, fröhlich
	determinato/a	bestimmt
	la risorsa	Ressource
	la convivenza	Zusammenleben
	arricchire (-isco)	bereichern
	sostenere (*Formen wie* tenere)	versichern, behaupten
	la relazione	Beziehung
	ricomposto/a	wieder zusammengefügt
	raddoppiare *(itr.)*	sich verdoppeln
	triplicare (*itr.;* triplico)	sich verdreifachen
	a malapena	mit Mühe und Not
	sopravvivere a (*Part.:* sopravvissuto)	etwas überleben
	la povertà	Armut
	irresistibile	unwiderstehlich
	sbrigarsi	sich beeilen
	assumersi (*Part.* assunto)	übernehmen, auf sich nehmen
3)	il commento	Kommentar
	di fatto	de-facto-, tatsächlich
	superato/a	überholt
	divergente	auseinander gehend
	moderato/a	gemäßigt
	omosessuale	homosexuell
4a)	compilare	ausfüllen
	il modulo	Formular
	l'iscrizione (f)	Anmeldung
	il restauro	Restaurierung
	la scheda	Karte, Karteikarte
	estivo/a	sommerlich, Sommer-
4b)	la conferma	Bestätigung
4c)	chiarire (-isco)	klären
	l'equivoco	Missverständnis

Lezione 7

	sconosciuto/a	unbekannt
1a)	la caratteristica	Charakteristik, Merkmal
	lo svago	Zerstreuung, Freizeitbeschäftigung
	di preferenza	vorzugsweise
	regolarmente	regelmäßig
	sognare *(tr.)*	*hier:* erträumen
	risparmiare	sparen
	composto/a da	zusammengesetzt aus
1b)	presumere (*Part.:* presunto)	vermuten
	suppongo (supporre, *unr.*)	annehmen, vermuten
	l'abitudinario	Gewohnheitsmensch
	il passatempo	Zeitvertreib
2a)	l'istituto	Institut
	la statistica	Statistik
	ricredersi	seine Meinung ändern
	la scheda	Karte, Karteikarte
	l'abitudine (f)	Gewohnheit
	la carta d'identità	Personalausweis
	comune	gewöhnlich, üblich, verbreitet
	l'altezza	Höhe

	il peso	Gewicht
	l'aspettativa di vita	Lebenserwartung
	la persona	Person
	risiedere	wohnen
	di proprietà	eigen
	il pesce rosso	Goldfisch
	l'animale domestico	Haustier
	la maggioranza	Mehrheit
	uno su tre	einer von dreien
	il caso	Fall
	muovere (*Part.* mosso)	bewegen
	da parte	beiseite
	il risparmiatore	Sparer
	acquistare	kaufen
	il sogno nel cassetto	heimlicher Wunschtraum *(idiom.)*
	il cassetto	Schublade
	pilotare	fahren, lenken
	lo spettacolo	*hier:* Veranstaltung
	il cellulare	Handy, Mobiltelefon
	un giorno ogni sette	ein Tag von sieben, jeder siebte Tag
	il videoregistratore	Videorecorder
	l'impianto	Anlage
	la lavatrice	Waschmaschine
	la lavastoviglie	Spülmaschine
	il pasto	Mahlzeit
	la calzatura	Schuhwaren, Schuhe
	l'abbigliamento	Kleidung
	casual	*(engl.)* sportlich, salopp
	l'indumento	Kleidungsstück
	l'abito	Anzug
	Addio!	Lebe wohl!
	la permanenza	Aufenthalt
	consecutivo/a	aufeinander folgend
	la località	Ort, Ortschaft
	la medicina	*hier:* Medikament
	il farmaco	Medikament
2c)	basarsi su	sich stützen auf
	la ricerca	Suche, Untersuchung
	l'identikit	Phantombild
	il cittadino	Bürger
	pubblicare (pubblico)	veröffentlichen
3a)	**la scienza**	Wissenschaft
	il gene	Gen
	la miscela	Mischung
	definibile	definierbar, bestimmbar
3b)	gli osco-piceni	Osker/Picener *(italische Stämme)*
	i romani	Römer
	gli etruschi	Etrusker
	i liguri	Ligurer
	i sanniti	Samniter *(italischer Stamm)*
	i sardi	Sarden
3c)	l'antropologia	Anthropologie, Menschenkunde
	genetico/a	genetisch, entwicklungsgeschichtlich
	la componente	Komponente, Bestandteil
	il DNA	DNS
	la Magna Grecia	*Gebiet der griechischen Kolonien in Süditalien zur Zeit der Antike*
3d)	fondare	gründen
	l'acquedotto	Wasserleitung, Aquädukt
	turco/a	Türke/in, türkisch
	cinese	Chinese/in, chinesisch
	fiorentino/a	Florentiner(in), florentinisch
4a)	ispirarsi a	sich inspirieren lassen von
	il mestiere	Beruf
	il carattere	Charakter
	la particolarità	Besonderheit
	l'antenato	Ahn, Vorfahr
	l'invasore (m)	eindringender Feind
	longobardo/a	Langobarde/in, langobardisch
	l'eredità	Erbschaft
	meridionale	*hier:* süditalienisch
	altrettanto/a	ebenso(viel)
	il fabbro	Schmied
	distinguere (*Part.:* distinto)	unterscheiden
	aggiunto/a	zusätzlich
	beneaugurante	Glück verheißend
	illegittimo/a	*hier:* unehelich
	riconoscibile	erkennbar
	il registro	Verzeichnis
	il battesimo	Taufe
	cristallizzarsi	hier: sich verfestigen
	sparire (-isco)	verschwinden
	aggiungersi	hinzukommen
	italianizzato/a	italianisiert
	semplificare (semplifico)	vereinfachen
	lo scioglilingua	Zungenbrecher
5a)	oriundo/a + *Adj.*	von ... Abstammung
	la penisola	Halbinsel
	il continente	Kontinent
	il sito	*hier:* Internetseite
	l'anagrafe (f)	Melderegister
	l'emigrazione (f)	Emigration, Auswanderung
	rilevare	erheben
	costituire (-isco)	bilden, darstellen
	rilevante	erheblich
	massiccio/a	massiv, massenhaft
	specie	besonders
	l'oltreoceano	Übersee
	lo spostamento	Bewegung
	provenire da (*Formen wie* venire)	kommen aus

	versare *(itr.)*	sich befinden
	il ceto	Gesellschaftsschicht
	abbiente	wohlhabend
	fascista	faschistisch
	calare *(itr.)*	sinken
	riprendere *(itr.; Part.:* ripreso)	wieder beginnen
	continentale	kontinental
5b)	la concentrazione	Konzentration
5c)	il connazionale	Landsmann
6a)	il destino	Schicksal
7a)	etnico/a	ethnisch, Volks-
	la stima	Schätzung
7b)	l'immigrato	Einwanderer
	l'edilizia	Baugewerbe
	la gastronomia	Gastronomie
	l'agricoltura	Landwirtschaft
	l'ambito	Bereich
	domestico/a	häuslich
	immobilizzare	lahm legen
	allo sbaraglio	in Gefahr
7c)	l'immigrazione (f)	Einwanderung
	numericamente	zahlenmäßig
gazz	interessarsi di	sich beschäftigen mit
	la traumatologia	Unfallchirurgie
	la chirurgia	Chirurgie
	generale	allgemein
	pubblicare (pubblico)	veröffentlichen
	letterario/a	literarisch, Literatur-
	il fondatore	Gründer
	l'organizzazione (f)	Organisation
	divulgare	verbreiten
	valore (m)	Wert
	africano/a	afrikanisch
	il malinteso	Missverständnis
	imbarazzante	peinlich
	il negro	Neger
	riempire (-io)	füllen
	il carrello	*hier:* Einkaufswagen
	caricare (carico)	laden, beladen
	il portabagagli	*hier:* Kofferraum
	spingere (*Part.:* spinto)	*hier:* zuschieben
	recuperare (recupero)	wieder bekommen
	incamminarsi	sich auf den Weg machen
	lo schioccare di dita	Schnippen mit den Fingern
	girarsi	sich umdrehen
	fare segno	Zeichen geben
	l'indice (m)	Zeigefinger
	avvicinarsi	näher kommen
	abbozzare	andeuten
	carico/a di	voll von
	il lampo	Blitz

	il fulmine	Blitz
	lo sguardo	Blick
	eloquente	vielsagend
	trattenere (*Formen wie* tenere)	zurückhalten
	per conto suo	für sich, separat
	l'affido	Anvertrauen, Übergabe
	il "sciur"	*dialektaler Ausdruck für* signore
	la somma deduttiva	*hier:* Schlussfolgerung
	l'extracomunitario	Einwanderer aus einem Nicht-EU-Land, *sprich:* aus einem armen Land
	sbarcare il lunario	sich durchschlagen
	la mia dolce metà	meine bessere Hälfte
	la permalosità	Empfindlichkeit
	contorcersi da	sich krümmen vor/wegen
	la risata	Gelächter, Lachen
	ammiccare	zwinkern
	scherzoso/a	scherzhaft
	furioso/a	wütend
	assistere a (*Part:* assistito)	erleben, dabei sein bei
	l'episodio	*hier:* Ereignis

Esercizi

4)	la stanchezza	Müdigkeit
	la robaccia	wertloses / schlechtes Zeug
	il tramonto	Sonnenuntergang
8)	sconvolto/a	erschüttert, verwirrt
	massacrante	aufreibend
	la tintoria	Reinigung
	la traccia	Spur
9)	trattenersi (*Formen wie* tenere)	sich aufhalten
	litigare	sich streiten
	prolungare	verlängern
10)	attaccare	festmachen, aufhängen
	i panni	Tücher, Kleider
	asciugare	trocknen
	la cenere	Asche
11a)	sintonizzarsi su	das Radio einstellen auf
	per iscritto	schriftlich
12)	incapace	unfähig
	affidabile	zuverlässig
	maturo/a	reif
	le pratiche	Praktiken
	minacciato/a	bedroht

Lezione 8

1)	il romanzo	Roman
	lo stile	Stil
	il saggio	Essay, Sachbuch
	il romanzo rosa	Liebesroman
	il tascabile	Taschenbuch
	il brano	Stück *(Lied, Text)*
	il poeta	Dichter
2a)	la copertina	Titelseite *(Buch, Illustrierte)*
	bruno/a	braunhaarig, dunkelhäutig
	l'asino	Esel
	la storia d'amore	Liebesgeschichte
	essere ambientato in/a	spielen in *(Buch, Film)*
	avvincente	fesselnd, spannend
	appassionante	fesselnd, spannend
	originale	original, originell
	romantico/a	romantisch
	banale	banal
	scontato/a	vorhersehbar
	mediocre	mittelmäßig
2b)	la biografia	Biografie
	la documentazione	Dokumentation
	poliziesco/a	Kriminal-
3a)	pressato/a	bedrängt
	l'urgenza	Dringlichkeit, Eile
	appoggiare	legen
	la penombra	Halbschatten
3b)	la saggistica	Sachbuchliteratur
	il divertimento	Vergnügen
	rilassarsi	sich entspannen
3c)	il terzo grado	Kreuzverhör *(idiom.)*
	la citazione	Zitat
	identificarsi	sich identifizieren
	fare la corte	den Hof machen
	il seguito	*hier:* Fortsetzung
	deserto/a	menschenleer
3e)	l'ambientazione (f)	Hintergrund, Schauplatz *(Buch, Film)*
4a)	l'ironia	Ironie
	lo spirito	Geist
	apparso/a	erschienen
	l'idraulico	Installateur, Klempner
	l'antennista (m/f)	Antennentechniker(in)
	il dentista	Zahnarzt
	pescare	angeln
	l'aragosta	Languste
	barattare	tauschen, eintauschen
	immortale	unsterblich
	soddisfatto/a	zufrieden
	da capo	von Anfang an, von vorn
	ulteriore	weiter, zusätzlich
	la chiave di lettura	Auslegung, Interpretation
5b)	la giurisprudenza	Rechtswissenschaft
	l'espressione (f)	Ausdruck
	dialettale	dialektal, mundartlich
	la classifica	Rangliste
6a)	la filastrocca	Kinderreim
	esordiente	angehend, debütierend
	la sognatrice	Träumerin
	l'autrice (f)	Autorin, Schriftstellerin
	tondo/a	rund
	convinto/a	überzeugt
	la regina	Königin
	quasi quasi	vielleicht doch
	la caravella	Karavelle (Segelschiff)
	piatto/a	flach
	gridare	rufen, schreien
	la ciurma	Schiffsbesatzung
	andare a fondo	untergehen
	l'alto mare	hohe See
	a che pro?	wozu?
	navigare (navigo)	zur See fahren
6b)	il verso	Vers
	a piacere	nach Belieben
7a)	intensamente	intensiv
	restare affascinato/a	bezaubert werden
	aver il coraggio di + *Inf.*	den Mut haben zu
	ad un tratto	plötzlich
	sbucare	*(ugs.)* auftauchen, kommen
	richiudere (*Part.:* richiuso)	wieder schließen
	ripartire (-o)	wieder abfahren
	distinguere (*Part.:* distinto)	*hier:* erkennen
	la sagoma	Profil
	essere consapevole di	sich bewusst sein + *Gen.*
	oltre	*hier:* jenseits + *Gen.*
	la scritta luminosa	Leuchtschrift
	chissà?	wer weiß?
	essere diretto/a verso	auf dem Weg nach ... sein
	l'isolato	Häuserblock
	rendere + Adj. (*Part.:* reso)	... machen
	irraggiungibile	unerreichbar
	del resto	übrigens
	sensato/a	sinnvoll
	inventarsi	erfinden
	fingere (*tr.; Part.* finto)	vortäuschen
	lo svenimento	Ohnmacht
	imbattersi in	treffen auf
	il pappagallo	Papagei, *hier:* Anmacher
	probabilmente	wahrscheinlich
	sin da	schon seit
	famigerato/a	berüchtigt
	condizionare	beeinflussen
	il bagnino	Bademeister
	romagnolo/a	aus der Romagna

7b)	spuntare dal nulla	aus dem Nichts auftauchen
	il profilo	Profil
	la silhouette *(frz.)*	Silhouette
	essere cosciente di	sich bewusst sein + *Gen.*
	ragionevole	vernünftig
	la perdita dei sensi	Ohnmacht
	la fama	Ruf, Ruhm
7c)	l'autore (m)	Autor, Schriftsteller
7d)	la catena	Kette
7f)	timido/a	schüchtern
	snello/a	schlank
8a)	sboccare	münden
	la calle	Gasse *(in Venedig)*
	istituire (-isco)	stiften
	svolgersi (*Part.:* svolto)	stattfinden
	l'ente (m)	Körperschaft, Einrichtung
	promotore *(Adj.)*	Förder-
	la fondazione	Stiftung
	l'industriale (m/f)	Industrieller
	la giuria	Jury
	tecnico/a	*hier:* Fach-
	il membro	Mitglied
	rinnovabile	*hier:* neu zu ernennen
	assegnare	vergeben, zuerkennen
	la narrativa	Belletristik
	contemporaneo/a	zeitgenössisch
	il finalista	Finalist
	il lettore	Leser
	rinnovato/a	erneuert
	designare	bestimmen
	il vincitore	Sieger
	la novità	*hier:* Neuerscheinung
	promuovere (*Part.* promosso)	fördern
8d)	invogliare *(tr.)*	anregen
8e)	**inutile**	nutzlos
	distendere (*Part.:* disteso)	entspannen
	rilassare	entspannen
	costringere (*Part.:* costretto)	zwingen
	mentale	geistig
gazz	il campione	Champion, Meister
	la predilezione	Vorliebe
	dare il meglio di sé	sein Bestes geben
	il/la ritrattista	Porträtist(in)
	il drammaturgo	Dramaturg
	acuto/a	*hier:* genau
	l'osservatore	Beobachter
	prendere in giro	auf den Arm nehmen
	omonimo/a	gleichnamig
	il linguaggio	Ausdrucksweise
	disincantato/a	ernüchtert
	il magistrato	Richter
	il deputato	Abgeordneter
	il morso	Biss, Stich
	la formica	Ameise
	la procedura	Prozedur, Verfahren
	avere a disposizione	zur Verfügung haben
	la scrittura	Schreiben, Schriftstellerei
	le credenziali	Beglaubigungsschreiben, *hier:* Referenzen
	si propone (proporsi)	nimmt sich vor
	il narratore	Erzähler
	lo sceneggiatore	Drehbuchautor
	pubblicitario/a	Werbe-
	immortale	unsterblich
	sforzarsi di + *Inf.*	sich bemühen zu
	neppure	nicht einmal
	collegarsi	sich in Verbindung setzen
	commissionare	in Auftrag geben
	la scuderia	Rennstall, *hier:* Team
	il biografo	Biograf
	superquotato/a	hoch angesehen
	trasformare	umwandeln, verwandeln
	il/la ... di turno	der/die ..., der/die an der Reihe ist
	spiattellare	*(ugs.)* ausplaudern
	pagare a peso d'oro	sehr teuer bezahlen
	l'oro	Gold
	la tariffa	Tarif
	veritiero/a	wahrheitsgemäß

Esercizi

2)	rivelare	enthüllen
	il fascino	Faszination
	disperso/a	verstreut
	il segreto	Geheimnis
4a)	somigliare	ähneln
4b)	la nuotata	Schwimmen
5)	offeso/a	beleidigt
6)	la mandria	Herde
	il gregge	Schafherde
	il fogliame	Laub
	lo sciame	Schwarm
7)	arrestare	festnehmen
10)	l'avvertimento	Warnung
12b)	colloquiale	umgangssprachlich
15)	il morto	Toter

Lezione 9

1)	prendere per la gola	*(idiom.):* durch Kochkünste erobern
	la gola	Kehle; Esslust
	globale	global
	l'Antartide (f)	Antarktis
	l'opera d'arte	Kunstwerk
	culinario/a	kulinarisch
	il creatore	Schöpfer
	assicurare	versichern
	gustare	genießen
	la questione	Frage
	il principio	Prinzip, Grundsatz
	il biologico	„Bio" *(Lebensmittel)*
	l'operazione (f)	Operation
	il veleno	Gift
	la sberla	Ohrfeige
	la padella	Pfanne
	affermare	behaupten
	sensibilizzare	sensibilisieren
	alimentare *(Adj.)*	Ernährungs-
	riferire (-isco)	wiedergeben
2)	abitualmente	gewöhnlich
	più volte	mehrmals
3a)	il nero di seppia	Sepia, *schwarzes Sekret des Tintenfischs*
	imitato/a	imitiert
	battere	schlagen
	perfino	sogar
	messicano/a	mexikanisch
	la salsa	Sauce
	il peperone	Paprikaschote
	i capperi	Kapern
	l'acciuga	Sardelle
	l'origano	Origano
	il peperoncino	Chilischote, scharfer Paprika
	il filetto	Filet
	il merluzzo	Kabeljau, Dorsch
	l'aglio	Knoblauch
	la polpa	Fruchtfleisch
	la cipolla	Zwiebel
	la provola	*Käsesorte*
	affumicato/a	geräuchert
	i cetriolini sottaceto	Essiggurken
	londinese	Londoner(in)
	la gruviera	Gruyèrekäse, Greyerzer
	la noce moscata	Muskatnuss
	il germoglio	Spross, Keim
	il bambù	Bambus
	il pescecane	Hai
	lo spezzatino	Gulasch
	il polpo	Polyp, Krake
	l'impasto	Teig
	le spezie	Gewürze
	indiano/a	indisch
	il rafano	Meerrettich, Rettich
	la radice	Wurzel
	il tocchetto	Stückchen
	il serpente	Schlange
	arrostito/a	gebraten
3b)	l'ingrediente (m)	Zutat
3c)	le patatine fritte	Pommes frites
4)	il pizzaiolo	Pizzabäcker
	custodire (-isco)	aufbewahren
6a)	aderire (-isco)	mitmachen, Mitglied sein
6b)	prefiggersi (*Part.:* prefisso)	sich vornehmen
	l'associazione (f)	Verein, Vereinigung
	il ristoratore	Gastwirt
6c)	il banchetto	Bankett
	in occasione di	aus Anlass + *Gen.*
	l'apertura	Eröffnung
	la lepre	Hase
7)	sopravvivere (*Part.:* sopravvissuto)	überleben
	riferire (-isco)	berichten
	l'amatriciana	Soße aus Tomaten, Speck und Schafskäse
	la scheda telefonica	Telefonkarte
8a)	essere "in"	„in" sein
	l'azienda bioagricola	biologischer Landwirtschaftsbetrieb
8b)	**venire a sapere**	erfahren, hören
	tempo fa	vor einiger Zeit
8c)	la selva	Wald
	mite	mild
	estendersi (*Part.:* esteso)	sich erstrecken
	la superficie	Fläche
	l'ettaro	Hektar
	condurre (conduco; *Part.:* condotto)	führen, leiten
	coltivare	anbauen *(Landwirtschaft)*
	i cereali	Getreide
	gli ortaggi	Gemüse
	la vite	Rebe
	l'olivo	Olivenbaum
	la pianta da frutta	Obstbaum
	allevare	aufziehen, züchten
	i bovini	Rinder
	il rispetto	Respekt
	esaltare	hervorheben
	il casale	Bauernhaus
	l'ospitalità	Gastfreundlichkeit
	agrituristico/a	zum *Agriturismo* (Urlaub auf dem Bauernhof) gehörig

	l'attrattiva	Attraktion
	l'hinterland (m)	Hinterland
	constatare	feststellen
gazz	il salmone	Lachs
	la diossina	Dioxin
	tocca a qu.	jemand ist an der Reihe
	rimpinzare	vollstopfen
	la farina	Mehl
	animale	tierisch, Tier-
	tossico/a	giftig, toxisch
	ingoiare (-o)	schlucken
	l'additivo	Zusatzstoff
	l'antiossidante (m)	Antioxidationsmittel
	l'addensante (m)	Verdickungsmittel
	segnalare	anzeigen, melden
	la cifra	Zahl, Ziffer
	la chiarezza	Klarheit
	la giungla	Dschungel
	il manuale	Handbuch
	l'autodifesa	Selbstverteidigung
	la denuncia	*hier:* öffentliche Anklage
	utilizzare	benutzen
	vasto/a	weit, umfangreich
	la sopravvivenza	Überleben
	la spremitura	Pressung
	il solvente	Lösungsmittel
	extravergine	*(Olivenöl:)* kaltgepresst
	stagionato/a	gelagert
	subire (-isco)	erfahren, erleiden
	il trattamento	Behandlung
	di fiducia	Vertrauens-
	prendersela con (me la prendo; *Part.:* preso)	böse sein auf, sich beschweren bei
	la buccia	Schale
	lucido/a	glänzend
	la cera	Wachs
	sbucciare	schälen
	sciogliere (sciolgo; *Part.:* sciolto)	lösen
	il grasso	Fett
	depositarsi (deposito)	sich absetzen
	la sostanza	Substanz
	il dado	Würfel
	il brodo	Brühe
	contenere (*Formen wie* tenere)	enthalten
	la cefalea	Kopfschmerz
	ittico/a	Fisch-
	andare a finire	am Ende hinkommen
	il pesce azzurro	(Sardinen, Makrelen, Sardellen)
	pazzo/a	verrückt
	la mucca pazza	*(ugs.)* Rinderwahnsinn, BSE-Problem
	transgenico/a	genmanipuliert

Esercizi

1)	la mattinata	Vormittag
	il cornetto	Hörnchen
	lo spuntino	Imbiss, Zwischenmahlzeit
	l'analcolico	alkoholfreies Getränk
	sgranocchiare	knabbern
	la patatina	Kartoffelchip
	concedersi (*Part.:* concesso)	sich gönnen
2)	il dietologo	Ernährungsberater
	il cibo	Speise, Essen
	masticare (mastico)	kauen
	il boccone	Bissen
	gli alcolici	Alkoholika
3)	l'incapace (m/f)	Unfähige(r)
	cavarsela (me la cavo)	zurecht kommen
4)	impanato/a	paniert
	la bistecca	Steak
	la cotoletta	Kotelett, Schnitzel
	ripieno/a	gefüllt
	bollito/a	gekocht
	maturo/a	reif
	saporito/a	schmackhaft
	insipido/a	ohne Geschmack
	acido/a	sauer
5)	il chiodo di garofano	Gewürznelke
	la salvia	Salbei
	lo zenzero	Ingwer
	la cannella	Zimt
	l'aneto	Dill
6)	impalato/a	*hier:* angewurzelt
	lesso/a	gekocht
	il polpettone	Hackbraten
	la frittata	Omelett
	il finocchio	Fenchel; *hier:* schwul
7)	la macedonia	Obstsalat
	gli spiedini	Spießchen
	il carciofo	Artischocke
	l'osso buco	Kalbshaxe
	gli spinaci	Spinat
	la polpetta	Fleischklößchen
	il cetriolo	Gurke
	i profiteroles	*Brandteiggebäck, mit Sahne gefüllt*
9)	trasformare	umwandeln, verwandeln
	il pianeta	Planet
	essere la fine del mondo	sehr gut sein
	impazzire (-isco)	verrückt werden *(auch positiv)*
10)	il panettone	*ital. Weihnachtskuchen*
11)	il proposito	Vorsatz

Lezione 10

1b)	**servirsi di**	sich *(+ Gen.)* bedienen
1c)	l'ufficio di collocamento	Arbeitsamt
2b)	suddividere (Part.: suddiviso)	unterteilen
	inserire (-isco)	einfügen
	la condizione	Bedingung
	la ricerca	Suche
	l'annuncio	Annonce, Anzeige
	la tredicesima	13. Monatsgehalt
	l'inserzione (f)	Inserat
	la retribuzione	Entlohnung, Gehalt
	la presentazione	Vorstellung, Präsentation
	l'interprete (m/f)	Dolmetscher/in
	lo straordinario	Überstunden
	le referenze	Referenzen
	l'assistente (m/f)	Assistent(in)
	la domanda di lavoro	Bewerbung
	il curriculum vitae *(lat.)*	Lebenslauf
	l'orario flessibile	Gleitzeit
2c)	la traccia	Spur, Vorgaben
	la carriera	Karriere
	l'indipendenza	Unabhängigkeit
	specializzato/a	spezialisiert
	amministrativo/a	Verwaltungs-
	nominare (nomino)	ernennen
	incaricato/a	beauftragt
3a)	il requisito	Voraussetzung, Eigenschaft
	le aspettative	Erwartungen
	il titolo	*hier:* Voraussetzung, Berechtigung
	preferenziale	Vorzugs-
	affermato/a	anerkannt
	ricercare	suchen
	la responsabilità	Verantwortung
	il portafoglio	*hier:* Geschäftsbereich
	garantire (-isco)	gewährleisten, garantieren für
	il raggiungimento	Erreichung
	l'obiettivo	Ziel
	assegnato/a	zugewiesen
	il profilo	Profil
	significativo/a	bedeutend
	la problematica	Problematik
	il processo	Prozess, Ablauf
	farmaceutico/a	Pharma-, pharmazeutisch
	la dote	*hier:* Gabe, Begabung
	l'autonomia	Selbständigkeit
	la capacità	Fähigkeit
	organizzativo/a	Organisations-, organisatorisch-
	la disponibilità a	Bereitschaft zu
	la trasferta	Dienstreise
	il territorio	Gebiet
	la provenienza	Herkunft
	costituire (-isco)	bilden
	la filiale	Filiale
	la multinazionale	multinationale Gesellschaft
	l'elettronica	Elektronik
	la vendita	Verkauf
	il candidato	Kandidat, Bewerber
	la logica	Logik
	analogico/a	analog
	digitale	digital
	biennale	zweijährig
	la distribuzione	Vertrieb
	l'automazione	Automatisierung
	il diploma	Schulabschluss
	la laurea	Hochschulabschluss
	l'elettrotecnica	Elektrotechnik
	la dinamicità	Dynamik
	l'autosufficienza	Unabhängigkeit
	decisionale	Entscheidungs-
4a)	in risposta a	in Beantwortung + *Gen.*
	su *(Zeitung, Buch)*	in
	constatare	feststellen
	l'aggiornamento	Fortbildung, Aktualisierung
	il perfezionamento	Fortbildung, Vervollkommnung
	illustrare	erläutern
	rimanere a disposizione	weiter zur Verfügung stehen
	eventuale	eventuell *(Adj.)*
	il chiarimento	Klarstellung
	La porgo saluti	Mit frdl. Grüßen
5a)	la statistica	Statistik
	la posizione	Position, Stellung
	il collaboratore	Mitarbeiter
6a)	lavorare sodo	hart arbeiten
	lavorare di gomiti	die Ellbogen einsetzen
	lavorare di cervello	Kopfarbeit leisten
	il somaro	Esel
	per la gloria	um Gottes Lohn
6b)	rimboccarsi le maniche	die Ärmel hochkrempeln *(auch im übertragenen Sinn)*
	sfacchinare	schuften
	sgobbare	schuften
	ammazzarsi di lavoro	sich tot arbeiten
	rompersi la schiena (*Part.:* rotto)	sich den Rücken ruinieren, hart arbeiten
	guadagnarsi il pane	sein Brot verdienen
	scaldare il posto	den Stuhl wärmen, seine Arbeitszeit absitzen
6d)	faticoso/a	mühsam
	impegnativo/a	anspruchsvoll

	ripetitivo/a	eintönig
	manuale	Hand-, manuell
	intellettuale	Denk-, geistig
	provvisorio/a	vorübergehend
	temporaneo/a	vorübergehend
	saltuario/a	Gelegenheits-
	stagionale	Saison-
	a tempo pieno	Vollzeit-
	a ore	stundenweise
	autonomo/a	selbständig
	dipendente	nicht-selbstständig
7b)	motivare	motivieren, begründen
	la comprensione	Verständnis
	il dato di fatto	Tatsache
	la riserva	*hier:* Vorbehalt
7d)	il selettore	Wähler, Auswähler
	la mansione	Aufgabenbereich
	l'accoglienza ospiti	Gästebetreuung
	l'organizzazione (f)	Organisation
	pluriennale	mehrjährig
	il corrispondente in lingue estere	Fremdsprachen-korrespondent
8)	**assumere** (*Part.:* assunto)	einstellen
	in giro per	unterwegs in
8a)	costeggiare	entlang *(+ Dat.)* gehen/fahren
	il Palatino	Palatinhügel (Rom)
	Trastevere	Altstadtviertel in Rom jenseits des Tibers
	il cardinale	Kardinal
	il soprannome	Spitzname
	la torta nuziale	Hochzeitstorte
	la macchina da scrivere	Schreibmaschine
	la risistemazione	Umgestaltung
	il trapezio	Trapez
	la statua equestre	Reiterstatue
	conservato/a	aufbewahrt
	il piano terra	Erdgeschoss
	togliersi il dubbio (tolgo; *Part.:* tolto)	den Zweifel ausräumen
	la sincerità	Ehrlichkeit
	il lui	Partner
	la lei	Partnerin
	il portico	Bogengang
	la convinzione	Überzeugung
	risalire a	zurückgehen auf
	l'imputato	Angeklagter
	il soldato	Soldat
	armato/a di	bewaffnet mit
	la spada	Schwert
	appostato/a	aufgestellt
	dietro *(Adv.)*	dahinter
	il tramonto	Sonnenuntergang
	la lontananza	Ferne
9)	concludere (*Part.:* concluso)	abschließen, beenden
	la cenetta	kleines Abendessen
	i saltimbocca	*kleine Kalbsrouladen mit Schinken- und Salbeifüllung*
9a)	nostalgico/a	nostalgisch
	malinconico/a	melancholisch
	il legame	Bindung, Verbindung
9b)	il romanesco/a	römischer Dialekt
9c)	il capoccia	Oberhaupt, Anführer
	la capoccia	*römisch:* Kopf
	Roma capoccia	*dialektal für* „Roma caput mundi" = Rom Welthauptstadt
	specchiarsi	sich spiegeln
	rosseggiare	rötlich schimmern
	la carrozzella	*hier:* Kutsche
	il robivecchi	Trödler
	lo straccio	Lumpen
	il passero	Spatz
	l'usignolo	Nachtigall
gazz	la generazione	Generation
	accadere	geschehen, passieren
	l'elettricista	Elektriker
	ingaggiare	engagieren
	stupirsi (-isco)	sich wundern
	intraprendente	unternehmungslustig
	la disinvoltura	Unbefangenheit
	flessibile	flexibel
	l'esistenza	Existenz
	brillante	brillant, glänzend
	fisso/a	fest
	torinese	Turiner(in)
	custodire (-isco)	aufbewahren
	la cassaforte	Tresor
	il muratore	Maurer
	misurarsi	sich messen
	il salario	Lohn
	a tempo indeterminato	auf unbestimmte Zeit, unbefristet
	desiderabile	wünschenswert
	consegnare	abgeben, übergeben
	la libertà	Freiheit
	il secondino	Gefängniswärter
	fuggire (-o)	fliehen
	mostruoso/a	monströs, fürchterlich
	il carceriere	Kerkermeister
	rimbalzare	abprallen, *hier:* springen
	la ragazza immagine	*hier:* Vortänzerin
	l'insegnante di sostegno	Hilfslehrer(in)

	gli studentell	*scherzhafter Diminutiv für* studenti
	svogliato/a	lustlos
	il/la pierre	PR-Mann/Frau
	l'istruttrice (f)	Lehrerin
	la regola	Regel
	sprovvisto/a di	ohne
	aggiornato/a	aktualisiert

Esercizi

3)	traslocare	umziehen
4)	soddisfatto/a	zufrieden
	impressionare	beeindrucken
	soddisfacente	zufrieden stellend
	il destinatario	Empfänger
5)	il commercialista	Steuerberater
	l'ampliamento	Erweiterung
	il ragioniere	Buchhalter
	maturato/a	gereift
6)	conseguire (-o)	erreichen
	la tesi	Diplomarbeit
7)	bilingue	zweisprachig
	la contabilità	Buchhaltung
8)	consegnare	abgeben, übergeben
	allegare	beilegen
	desumere (*Part.:* desunto)	entnehmen
	licenziare	entlassen
	selezionare	auswählen
9)	di buona lena	eifrig
	sporcare	schmutzig machen
10)	la bestia	Tier
	dannoso/a	schädlich

Ripasso / Test 3

1)	a colori	in Farbe, bunt
	l'edizione (f)	Ausgabe
	in onda	auf Sendung
	dedicato/a	gewidmet
	la trasmissione	Sendung
	articolare (articolo)	gliedern
	l'inchiesta	Umfrage, Untersuchung
	la testimonianza	Aussage, Beitrag
	costituire (-isco)	bilden
	il capo progetto	*kurz für:* il capo del progetto
	il capo	Chef, Leiter
	il livello	Niveau
	l'istruzione (f)	Bildung
	innalzarsi	(an)steigen
	considerevolmente	beträchtlich
	la riflessione	Nachdenken
	scolastico/a	schulisch, Schul-
2)	emozionato/a	aufgeregt, bewegt
	avverarsi	sich erfüllen
	dovere a	schulden + *Dat.*
	sostenere (*Formen wie* tenere)	unterstützen
	il buonanulla (buono a nulla)	Nichtsnutz
	pentirsi (-o) di aver fatto qc.	bereuen, etwas getan zu haben
	in preda a	gefangen von, gepackt von
	l'incubo	Albtraum
	la patria	Vaterland
	il cantiere	Werft, Baustelle
	edile	Bau-
	il cantiere edile	Baustelle
	fermo/a	stillstehend
	il banco	*hier:* Verkaufsstand
	il fruttivendolo	Obsthändler
	allo sbaraglio	in Gefahr
	immobilizzato/a	zum Stillstand gebracht
	disoccupato/a	arbeitslos
	il proprietario	Besitzer, Eigentümer
	nei pressi di	in der Nähe von
	ammettere (*Part.:* ammesso)	zugeben
	il poveraccio	armer Kerl
	sebbene + *congi.*	obwohl
	essere favorevole a	für ... sein
	l'extracomunitario	Einwanderer aus einem Nicht-EU-Land, *sprich:* aus einem armen Land
	la distinzione	Unterschied, Unterscheidung
3)	esitare a + *Inf.* (esito)	zögern zu
4)	osservare	beobachten, betrachten
	l'immagine (f)	Bild
	il cibo	Speise, Essen
	conquistare	erobern
	andare forte	Erfolg haben
	il cultore	Liebhaber
	la caccia	Jagd
	il cuoco	Koch
	guarnire (-isco)	garnieren, verzieren
	la carta riciclata	Recyclingpapier
	il sottofondo	Hintergrund
	sonoro/a	klanglich
	ambientale	Umwelt-, Umgebungs-
	il cuscino	Kissen
	il fumo	*hier:* das Rauchen
	relativo/a	*hier:* dazugehörig
	tenere conto di	berücksichtigen
	il cambiamento	Veränderung
	l'apprezzamento	Beurteilung

Progetto 1

il/la conoscente	Bekannte(r)
addobbare	schmücken
la palla	Kugel
il nastro	Band
variopinto/a	vielfarbig, bunt
vistoso/a	auffällig
il presepe	Krippe
la mollica di pane	Brotmasse
subacqueo/a	Unterwasser-

Progetto 2

facilitare	erleichtern
il leader	Marktführer
i pattini in linea	Inline-Scates
la piastrella	Fliese
più di metà	mehr als die Hälfte
la pistola	Pistole
il portale	Internet-Portal
rigorosamente	streng
il magazine	Magazin

Progetto 3

la traccia	Spur
la scalinata	Treppe
mondano/a	mondän
raggiungere	erreichen
concludersi	enden

Alphabetisches Wortschatzregister

Alphabetisches Wortschatzregister

E = esercizio
ga = Gazzettino
Pro = Progetto
T = Ripasso/Test

Grammatikregister

Die Ziffern verweisen auf die Lektionen, in denen der betreffende Grammatikstoff behandelt wird.

Quellennachweis

– Texte

S. 17 Battaglia delle arance: Nach *Adesso* Nr. 2/1995
S. 22 San Valentino (Hörtext): Nach *Adesso* Nr. 2/1999
S. 23 Festa della Zucca (Hörtext): Nach *Bell'Italia* no. 162/1997
S. 59 Single è bello? Nach *Grazia* 5/6/01
Il matrimonio dà i numeri: Nach *Anna* 21/9/2000
S. 61 Cosa cambierà? *Anna* no. 40, 6/10/2000
S. 65 Chi è il tuo ideale? Nach *Anna* no. 40, 6/10/2000
S. 81 Intervista G. Salvatores: *Effe* no. 6/1997
S. 89 Pizza: Nach Brunella Schisa in *Venerdì di Repubblica* 23/6/2000
S. 94 Quattro sberle in padella: Nach *Panorama* 27/12/2000

– Fotos

S. 8(c,d,e), 10, 15, 22(2), 38/39, 41(3,4), 42(1), 43(2), 58(b, c), 60, 71, 78, 88(1), 89, 94, 105, 117(3), 155(3): Nicoletta Grandi
S. 11(a), 24: Rainer Kiedrowski, Ratingen
S. 11(b,c) Gerold Jung, Ottobrunn
S. 11(e), 12 Dirk Renckhoff, Hamburg
S. 8(a), 20, 22(1), 26/27, 61, 76, 83, 110, 132, 138, 155(1,2), 159: Antonietta Esposito
S. 17(1): Veit Haak, Murnau
S. 17(2,3) Majrani / Grazia Neri, Milano
S. 30: Sabine Stockhardt
S. 43(3): Roger M. Gill, Tübingen
S. 46: Hotel Atelier sul Mare, Castel di Tusa
S. 48(2), S. 49(2), S. 56(1,2,3), 58(a): DIZ München
S. 49(1,3), 51, 56(4): Interfoto München
S. 53: Grazia Neri, Milano
S. 75: Roberto Spampinato, Milano
S. 77, 98(1), 103(1,2,4): Ralf Freyer, Freiburg
S. 86: Grazia Neri, Milano
S. 88(3), 93: LaSelva Toskana, Feinkost-Vertrieb
S. 98(2): Herbert Hartmann, München
S. 102, 103(3): Werner Dieterich, Stuttgart

Ripasso/Test 1

1 **Comprensione scritta**
a4, b1, c3

2 **Elementi di lingua**
parte 1: 1e, 2c, 3a, 4b, 5f, 6d, 7g, 8h
parte 2: 1a, 2c , 3a , 4b, 5a, 6c, 7a, 8b, 9c, 10a

3 **Comprensione auditiva**
1b, 2c, 3c, 4c, 5a

Ripasso/Test 2

1 **Comprensione scritta**
a) 1d, 2c, 3a, 4b
b) A3, B2, C4, D1

2 **Elementi di lingua**
parte 1: 1b, 2c, 3a, 4c, 5b, 6c, 7a, 8b, 9a
parte 2: 1b, 2c, 3b, 4a, 5b, 6a, 7c, 8c

3 **Comprensione auditiva**
1a, 2c, 3a

Ripasso/Test 3

1 **Comprensione scritta**
1 trasmissione, 2 l'immigrazione, 3 inchieste, 4 un osservatorio, 5 di qualità, 6 professionale

2 **Elementi di lingua**
parte 1: 1a, 2b, 3b, 4a, 5b, 6a
parte 2: 1a, 2b, 3a, 4b, 5a, 6a

3 **Comprensione auditiva**
1 ... se qualcuno gli offrisse una possiblità
2 ... se si trattasse di una proposta interessante
3 ... se non ci fosse altra scelta

Lösungen zum Übungsteil (Esercizi)

Lezione 1

1

	io	tu	lui/lei/Lei	noi	voi	loro
accettare	accett**ai**	accettasti	accettò	accett**ammo**	accettaste	accettarono
dovere	dovei / dovetti	dov**esti**	dové / dovette	dovemmo	dov**este**	doverono / dovettero
diventare	diventai	diventasti	divent**ò**	diventammo	divent**aste**	diventarono
eseguire	esegu**ii**	eseguisti	eseguì	esegu**immo**	eseguiste	eseguirono
progettare	progettai	progett**asti**	progettò	progettammo	progett**aste**	progett**arono**
dichiarare	dichiarai	dichiarasti	dichiar**ò**	dichiarammo	dichiaraste	dichiararono

2 a. accettò b. diventò c. progettò d. eseguì

4 1. vero 2. falso 3. falso 4. vero 5. falso 6. falso

5

	io	tu	lui/lei/Lei	noi	voi	loro
perdere	persi	perdesti	perse	perdemmo	perdeste	persero
essere	fui	fosti	fu	fummo	foste	furono
avere	ebbi	avesti	ebbe	avemmo	aveste	ebbero

6 **Passato remoto, verbi irregolari**
Solamente la prima e terza persona **singolare** e la terza persona **plurale** sono irregolari. Le desinenze sono:
io pers**i**
lui/lei/Lei pers**e**
loro pers**ero**

7 (1) fu (2) diventò (3) perse (4) lottarono (5) inglobò (6) fu

8 1. Progettai, fui 2. Riuscii, scoprii 3. ebbi 4. fummo, fu 5. diventai 6. Diventò, persi

9 a. Ferrara: ferraresi, Genova: genovesi, Verona: veronesi, Messina: messinesi, Milano: milanesi
b. Perugia: perugini, Trento: trentini, Trieste: triestini, Taranto: tarantini, Varese: varesini
c. Brescia: bresciani, Caserta: casertani, Mantova: mantovani, Foggia: foggiani, Roma: romani

10 1. boscaiolo 2. orafo 3. architetto 4. pittore 5. artigiano 6. vicedirettore

11 (1) abitarono (2) erano (3) conobbero (4) innamorarono (5) era
(6) permetteva (7) separarono (8) trovarono (9) morirono (10) avete sentito

12 1. dipinto 2. panini 3. viale 4. primavera 5. oreficeria 6. intervistato

13 1. di cui 2. in cui 3. che 4. in cui 5. per cui 6. con cui

14 a. È la persona che cura i malati. / È la persona da cui si va quando si è malati.
b. È la piazza su cui si gioca una famosa partita a scacchi.
c. Un oggetto / una cosa che si può appendere alla parete.
d. È un negozio in cui si possono comprare oggetti / mobili antichi.
e. Una cosa che si porta al collo.
f. Un negozio in cui si vendono giornali.

15
1. È una grande oreficeria in cui puoi comprare gioielli bellissimi.
2. Eseguì stupendi affreschi che potete vedere a Villa Valmarana.
3. Ecco gli ingredienti di cui hai bisogno per preparare il baccalà alla vicentina.
4. Ecco la piazza su cui si gioca una famosissima partita a scacchi.
5. È un'importante zona vinicola in cui si producono tre tipi di vino bianco.
6. È una cucina ricca di sapori che potete gustare in una tipica osteria della città.
7. È l'antiquario che ha i prezzi più alti di tutta la città.

16
1. Una volta 2. molto tempo fa 3. Oggigiorno
4. negli ultimi tempi 5. contemporanea 6. Allora / A quei tempi

Lezione 2

1
1. nell'Ottocento 2. nove quartieri 3. giorni dopo giovedì grasso
4. due a tre giorni 5. portare un berretto rosso 6. iscriversi a uno dei quartieri

2
(1) quando (2) In precedenza (3) Col tempo (4) Ancora oggi (5) alcuni giorni dopo

3
divenire: io divenni, lui divenne, loro divennero
perdere: io persi, lui perse, loro persero
essere: io fui, lui fu, loro furono
cominciare: io cominciai, lui cominciò, loro cominciarono
riuscire: io riuscii, lui riuscì, loro riuscirono

4
nacquero – divenne – fu – cucinarono – ebbi – offristi – furono – ebbero – riusciste – eseguì – accettammo

5
(1) mangiavo (2) ero (3) andaammo (4) era (5) dovevo (6) mi alzavo
(7) facevo (8) persi (9) dovette (10) mi prendevano (11) sembravo (12) mi faceva
(13) dicevano (14) mi facevano (15) ci trasferimmo (16) mi trovai (17) ebbi

6
a) 1. una città vivibile 2. una proposta accettabile 3. un libro leggibile 4. una storia credibile
5. un vestito portabile 6. un progetto realizzabile 7. un oggetto utilizzabile
b) 1. invivibile 2. inaccettabile 3. illeggibile 4. incredibile
5. importabile 6. irrealizzabile 7. inutilizzabile

7

A

Roma, 3 aprile 200...

Egregio Signor Raffaelli,

leggo da molti anni la Sua rubrica e molto spesso sono d'accordo con Lei.

...

Distinti saluti

Firma

B

Genova, 8 marzo 200...

Gentile Signora Baldo,

proprio oggi mi sono ricordata che volevo mandarLe le foto della festa di compleanno.

...

Cordiali saluti

Firma

C

Ditta I.D.D.,
Viale Volli, 1
Livorno

Carri & Corri
Via Dotti 3
37027 Grezzana (VR)

Roma, 3 aprile 200...

Ogg.: documentazione smarrita

Spett. Ditta I.D.D.,

Faccio riferimento alla Vostra lettera del ...

In attesa di una sollecita risposta Vi porgo i miei più

Distinti saluti

8 1700 ÷ 1799 = il Settecento / il diciottesimo secolo
1600 ÷ 1699 = il Seicento / il diciassettesimo secolo
1500 ÷ 1599 = il Cinquecento / il sedicesimo secolo
1400 ÷ 1499 = il Quattrocento / il quindicesimo secolo
1300 ÷ 1399 = il Trecento / il quattordicesimo secolo
1200 ÷ 1299 = il Duecento / il tredicesimo secolo

9 (1) correva (2) aveva preparato (3) sedeva (4) cucinammo
(5) rosolammo (6) andò (7) iniziò (8) furono

10 1e – 2f – 3d – 4c – 5a – 6b

11
1. ... aveva dimenticato di chiuderla.
2. ... aveva fatto le pulizie.
3. ... avevano buttato le loro cose sul pavimento.
4. ... erano andati a giocare.
5. ... aveva pensato a stenderla.
6. ... aveva dimenticato di far la spesa.

12
a) Ho ricambiato il favore che mi avevano fatto.
b) Ho risposto alla lettera che mi avevano spedito.
c) Ha dovuto ridare l'esame che non aveva superato.
d) Ho buttato via i fiori che il temporale aveva rovinato.
e) Avete richiamato i clienti che avevano telefonato?
f) Ho ritirato il libro che avevo ordinato.
g) Sono ritornato nell'albergo in cui ero già stato.
h) Abbiamo dovuto telefonare alle persone che si erano iscritte.
i) Ho comprato le cose di cui mi ero dimenticato.

13 1. guarire 2. fondo 3. istituire 4. martirio 5. dote 6. profano

14 Passato remoto: nacque – diveniste – vissi – riuscì – fu – divenne – decise – visse – decisero – prese
Altre forme: comincio – può – decido – vivrò – fa – mangio

15 1. visse 2. Diventò 3. decise 4. Offrì, avevano
5. cominciò 6. formavano 7. durava 8. portava

16
a) 1a – 2b – 3b – 4b – 5a – 6b
b) 4 – 1 – 6 – 2 – 3 – 5
c) [kein Schlüssel – freie Übung]

Lezione 3

1 1. rumoroso 2. insopportabile 3. ottimo 4. disorganizzato
5. bellissimo 6. diverso 7. chiaccherone 8. disordinato

2 1. tu sia / voi siate ... 2. lei abbia / loro abbiano ... 3. tu abbia / lei abbia ...
4. lui sia / voi siate ... 5. tu abbia / loro abbiano ... 6. io sia / noi siamo ...

3 1. Penso che abbia tempo. 2. Non so se siano a casa. 3. Mi sembra che abbiano molti problemi.
4. Non so se sia d'accordo. 5. Trovo che sia giusto aiutarlo. 6. Mi sembra che non siate convinti.

4 1. mangino 2. amino 3. pensino 4. parlino 5. lavorino
6. siano 7. abbiano 8. vivano

5 1. È la ragazza più bella che io conosca. 2. È l'amico più caro che tu abbia. 3. È il libro più interessante che ci sia.
4. È il paese più caotico che esista. 5. Sono le persone più antipatiche che conosciamo.

6

	io	tu	lui/lei/Lei	noi	voi	loro
lavorare	lavori	lavori	lavori	lavoriamo	lavoriate	lavorino
esistere	esista	esista	esista	esistiamo	esistiate	esistano
sentirsi	mi senta	ti senta	si senta	ci sentiamo	vi sentiate	si sentano
potere	possa	possa	possa	possiamo	possiate	possano
sapere	sappia	sappia	sappia	sappiamo	sappiate	sappiano
avere	abbia	abbia	abbia	abbiamo	abbiate	abbiano
essere	sia	sia	sia	siamo	siate	siano

7 1. si vestano 2. cucinino 3. ballino 4. assomiglino 5. siano 6. mangino

8 1. si trovi bene qui. 2. sappia della riunione. 3. possa riuscirci.
4. non vi sentiate a vostro agio. 5. siano contenti. 6. abbia tempo.

9 1. che lui sia 2. di essere 3. di non aver(e) 4. che loro non abbiano
5. che loro possano 6. di poter(e) 7. di lavorare 8. che lei lavori
9. che lui abbia 10. di aver(e) 11. di sapere 12. che loro sappiano

10 a) penso che – mi sembra che – non so se – ho l'impressione che – trovo giusto che – il più bello che – credo che

11 1e – 2d – 3b – 4a – 5c

12 **a)** sfortuna – infelicità – scorrettezza – disorganizzazione – scortesia – inutilità – disattenzione – incapacità – disonestà
b) sfortunato – infelice – scorretto – disorganizzato – scortese – inutile – disattento – incapace – disonesto

13

usare il cellulare – fare colazione al bar – scioperare – mangiare pasta – gesticolare

bera birra – festeggiare l'Avvento – cenare al lume di candela – fare la coda

14 1. Sono sempre loro a creare problemi. 2. Qui l'unico a lavorare sono io.
3. Sono sempre i soliti a stare al telefono per ore. 4. Sei sempre tu a cominciare con certi discorsi.
5. Siamo sempre noi ad occuparci di tutto. 6. È sempre lui a rifiutarsi.

15 (1) abbia (2) idealizzi (3) prenda (4) abbiano
(5) possa (6) riceva (7) possano

16 **a)** (1) i migliori amanti d'Europa (2) si è arrivati (3) Pare che siano gli italiani (4) e che conoscano perfettamente
(5) lo considerino il peggior amante (6) in genere preferiscono le ereditiere (7) sembra che non siano così galanti come si pensa
b) 1f – 2a – 3e – 4g – 5d – 6c – 7b

17 Evviva la mamma!
Le donne italiane sono le migliori madri d'Europa. Questo è il risultato di un sondaggio fatto fra 2000 donne di tutta l'Europa, su incarico di una rivista italiana di moda. Secondo questo sondaggio le donne europee considerano le italiane non solo come le mamme migliori, bensì anche come le cuoche e le casalinghe migliori.
Delle donne tedesche ammirano soprattutto il successo nel lavoro.

Lezione 4

1 titolare, laboratorio, leoncino, vaschette, sculture, colonnine, caminetti, artigianale, capitelli

2 la scultura viene creata da Lei – Lei crea la scultura;
vengono comprate da commercianti – dei commercianti comprano (le sculture);
sono molto richieste, soprattutto da tedeschi e svizzeri – soprattutto tedeschi e svizzeri richiedono le sculture

3 1h, 2a, 3f, 4d, 5g, 6e, 7c, 8b

4
1. La statua viene / è fatta dallo scultore.
2. I gioielli vengono / sono creati dall'orafo.
3. La villa viene / è progettata dall'architetto.
4. L'affresco viene / è realizzato dal pittore.
5. La scultura viene / è comprata dal commerciante.
6. Le opere vengono / sono apprezzate da molte persone.

5
1. A Venezia sono state esposte alcune opere di Picasso.
2. La Cappella Sistina è stata riaperta al pubblico.
3. Sono stati conclusi i lavori agli affreschi di Piero della Francesca.
4. Nella zona di Pompei sono state ritrovate due antiche statue.
5. A Palermo è stato riaperto il Museo Archeologico.
6. Un'opera di grande valore è stata rubata da ladri sconosciuti.

6
Roma è stata fondata da Romolo e Remo.
I Bronzi di Riace sono stati ritrovati da un subacqueo.
Il Davide è stato scolpito da Michelangelo.
La villa / La Rotonda è stata progettata dal Palladio.
La Gioconda è stata dipinta da Leonardo da Vinci.
Pompei è stata distrutta dal Vesuvio.

7

1. caminetto	2. colonnina	3. palloncino	4. casina / casetta	5. negozietto
6. vaschetta	7. villetta, villino	8. ragazzino / ragazzetto	9. anellino	10. lavoretto
11. oggettino	12. mobiletto	13. gruppetto	14. cenetta	15. regalino

8
1. progetterà: sarà progettato / verrà progettato
2. ha organizzato: è stato organizzato
3. ha diretto: è stato diretto
4. faceva: era fatto / veniva fatto
5. organizzava: era organizzato / veniva organizzato
6. ha progettato: è stato progettato
7. finirà: sarà finito / verrà finito

9
1. è stato dipinto dal 2. verrà /sarà progettato da 3. venivano/erano fatti dagli 4. sono stati dipinti da
5. verrà / sarà diretta da 6. viene / è organizzata sempre dalle 7. è stata scolpita da

10 1f, 2d, 3e, 4b, 5c, 6a, 7h, 8g

12
1. Nel corso di pittura si dipingono degli acquerelli.
2. Nel corso d'italiano s'impara la lingua.
3. Nel corso di danza s'imparano dei balli africani.
4. Nel corso di restauro si restaurano dei quadri.
5. Nel corso di cucina si cucinano dei piatti esotici.

13
a)
1. Il passaporto va rinnovato in tempo.
2. I clienti vanno informati subito.
3. Le modifiche vanno eseguite con tempestività.
4. Le melanzane vanno messe nell'acqua salata.
5. Le pastiglie vanno prese prima dei pasti.
6. La ginnastica va fatta regolarmente.
7. Il materiale va trattato con cura.

b)
1. Il caffè va bevuto con o senza zucchero.
2. Il restauro va eseguito nel museo.
3. Il materiale va comprato prima delle lezioni.
4. I quadri antichi vanno restaurati con cura.
5. Il libro va letto con attenzione.
6. Le porte vanno chiuse di notte.
7. Il conto va saldato subito.

14

	lo	la	li	le	ne
mi	me lo	me la	me li	me le	me ne
ti	te lo	te la	te li	te le	te ne
gli/le/Le	glielo	gliela	glieli	gliele	gliene
ci	ce lo	ce la	ce li	ce le	ce ne
vi	ve lo	ve la	ve li	ve le	ve ne
gli	glielo	gliela	glieli	gliele	gliene

15

1. Chi te l'ha regalato? Me l'ha regalato mia sorella.
2. Chi te le ha regalate? Me le ha regalate mia sorella.
3. Chi te li ha regalati? Me li ha regalati mia sorella.
4. Chi te l'ha regalata? Me l'ha regalata mia sorella.
5. Chi te l'ha regalato? Me l'ha regalato mia sorella.
6. Chi te li ha regalati? Me li ha regalati mia sorella.
7. Chi te l'ha regalata? Me l'ha regalata mia sorella.

16

1. I dischi di cui parlavi, me li porti?
2. E questo famoso aperitivo, me lo offri?
3. Di libri ce ne sono veramente tanti qui!
4. Questa storia chi te l'ha raccontata?
5. La ricevuta era di Mario, gliel'hai data?
6. Questi giornali sono di Lia, glieli dai tu?

17

a) 1. stirare 2. fazzolettino 3. fonte 4. stendere 5. rama di rose
b) 1. lo 2. Te lo 3. Te lo 4. Te lo 5. Te lo

Lezione 5

1

a) 1c, 2d, 3b, 4e, 5a
b) 1. riscuotendo, 2. ha interpretato, 3. regista, 4. film 5. riprese, 6. genere

2

1e, 2f, 3d, 4b, 5a, 6c

3

film d'avventura: 9; film comico: 8, 6, 2; film epico/storico: 4, 7; film di fantascienza: 5; film giallo: 1; western all'italiana: 3

4

1. Scriveva che sarebbe venuto/a al Festival di Venezia.
2. Diceva che avrebbe interpretato il ruolo principale.
3. Era sicuro che avrebbe vinto l'Oscar.
4. Dicevano che sarebbe stato il film più importante dell'anno.
5. I giornali scrivevano che avrebbe avuto un grande successo.
6. Il regista era convinto che il film avrebbe fatto grandi incassi.

5

1. Tutti credevano che avrebbe avuto successo.
2. Pensavo che non avrebbe vinto il premio.
3. Dicevano che sarebbero venuti dopo le vacanze.
4. Forse sarebbe diventato famoso.
5. Lui credeva che lei sarebbe ritornata.
6. Pensavano che dopo la malattia avrebbe ripreso a recitare.

6

1 alcuni, 2 qualche, 3 alcune, 4 qualche, 5 qualche

7

1. Ho visto qualche libro sul cinema francese.
2. In Italia c'è qualche regista di fama internazionale.
3. Ho visto solo qualche puntata dello sceneggiato. Non l'ho visto tutto.
4. Ieri sera al cinema ho incontrato qualche amico.
5. È un regista che ha girato qualche film veramente interessante.
6. Nel film c'è qualche scena violenta.

8 1. qualcuno 2. qualcosa 3. qualcosa 4. qualcuno 5. qualcuno 6. qualcosa

9

Macedonia	*Mazedonien*	Peloponneso	*Peloponnes*
Illiria	*Illyrien*	Cipro	*Zypern*
Costantinopoli	*Konstantinopel*	Epiro	*Epirus*
Tessaglia	*Thessalien*	Durazzo	*Durres (Albanien)*

11 **a)** popolo, barone, conte, duca, principe, re, imperatore
b) baronessa, contessa, duchessa, principessa, regina, imperatrice

12 alcuni, nessuno, qualcuno, qualche, alcune

13 1. nessun 2. qualcosa 3. qualche 4. qualche, niente 5. qualcosa

14 1. di 2. da 3. di 4. di 5. di 6. di 7. a

15 Andiamo a vedere l'ultimo film ...
Abbiamo un lavoro da finire.
Ti va di uscire?
Abbiamo l'intenzione di andare al festival di Cannes.
No ho il coraggio di dirgli ...
Hanno un grande problema da risolvere.
Perché non venite con noi a ...

17 1. a mangiare 2. da finire 3. di parlare 4. di andare 5. a prendere 6. di passare

18 Ludwig II.

Lezione 6

1 1 B, 2 C, 3 A

2

Z	G	E	R	G	O	Q	R	T	T	R	B	N	A	S	E	W
T	T	Z	B	S	X	W	A	S	V	Z	U	I	O	P	W	D
U	I	C	O	R	T	E	G	G	I	A	T	I	Q	E	G	V
C	W	C	C	V	Z	I	Z	T	I	O	R	Z	U	O	W	X
O	T	N	W	R	V	N	R	T	Z	S	E	A	R	M	Z	I
N	N	D	E	S	D	F	D	E	R	E	O	W	W	B	D	E
I	M	U	F	A	B	U	V	R	T	P	E	C	Q	R	R	T
U	I	R	T	E	C	O	P	P	I	A	C	A	R	E	O	U
G	Z	R	R	W	W	P	E	F	G	R	P	C	F	Q	A	R
I	N	E	E	Z	M	O	N	O	F	A	M	I	G	L	I	A
S	D	E	A	S	D	F	G	W	E	Z	W	H	U	J	Z	E
M	A	R	T	I		T	R	E	W	I	Z	T	R	E	S	A
A	T	Z	U	N	C	S	R	E	G	O	L	A	T	A	W	E
B	G	D	F	B	Z	T	U	Z	T	N	C	V	B	U	Z	T
R	S	M	A	L	T	O	T	N	E	E	W	V	N	U	Z	Z
R	O	E	I	P	S	E	R	B	N	U	H	M	E	R	Q	Y

3 a)

dare un mano a qu.	*jem. zur Hand gehen*
dare un colpo di telefono	*(kurz) anrufen*
dare nell'occhio	*ins Auge fallen, auffallen*
dare il benvenuto	*willkommen heißen*
dare per scontato	*für selbstverständlich halten*
dare alla testa	*zu Kopf steigen*

dare ai nervi	*auf die Nerven gehen*
darsi delle arie	*sich aufspielen*
darsi da fare	*sich Mühe geben*
darsi allo sport / alla politica	*sich dem Sport / der Politik widmen*
darsi una mossa	*sich einen Ruck geben*
darsi del tu / del Lei	*sich duzen / siezen*

3b
1. Puoi darle un colpo di telefono?
2. Si è dato alla politica.
3. Il vino mi dà alla testa.
4. Si sono dati molto da fare.
5. Ma vuoi darti una mossa, finalmente?
6. Diamo il benvenuto ai nostri ospiti stranieri!
7. Il rumore mi dà ai nervi.
8. Dà tutto per scontato.
9. Il suo vestito dà molto nell'occhio.
10. Si danno del tu.
11. Puoi (potresti) darmi una mano?
12. Si dà sempre delle arie.

4 1. sia 2. abbia 3. abbiano 4. siano 5. abbiamo 6. siate

5 1. aiutiate 2. rifletta 3. rispetti 4. sia 5. siano / convivano 6. abbia approvato 7. abbiano fatto

6

	io/tu	lui/lei/Lei	noi	voi	loro
essere	fossi	fosse	fossimo	foste	fossero
avere	avessi	avesse	avessimo	aveste	avessero
continuare	continuassi	continuasse	continuassimo	continuaste	continuassero
sposarsi	mi /ti sposassi	si sposasse	ci sposassimo	vi sposaste	si sposassero
risolvere	risolvessi	risolvesse	risolvessimo	risolveste	risolvessero
andare	andassi	andasse	andassimo	andaste	andassero

7 (1) fosse (2) continuassero (3) mi sposassi (4) andasse (5) mi accompagnasse (6) mi risolvesse

8 (1) Mi scusi se L'interrompo. (2) hanno accettato (3) una scelta sbagliata (4) Comunque tornando a quello che si diceva (5) ritengo che oggi come oggi (6) con cui stabilire un rapporto (7) Mi sembra di capire (8) È tuttora convinto (9) Comunque io sono convinto

9 (1) riconosca (2) consideri (3) riconoscono (4) sono presi / sono stati presi (5) sembri (6) abbia affrontato (7) abbia fatto

10
a) 1e – 2d – 3a – 4c – 5b
b) 1. adulterio 2. faccia le corna 3. tradimento 4. scappatella 5. infedeltà 6. relazione extraconiugale

11
a) 1b – 2a – 3b – 4b – 5a – 6b
b) 1. ci sto 2. Ci risiamo 3. andava ... giù 4. colpire ... segno 5. Ci mancava anche questa 6. Tagliò corto

12

	io / tu	lui / lei / Lei	noi	voi	loro
aiutare	aiutassi	aiutasse	aiutassimo	aiutaste	aiutassero
finire	finissi	finisse	finissimo	finiste	finissero
perdere	perdessi	perdesse	perdessimo	perdeste	perdessero
capire	capissi	capisse	capissimo	capiste	capissero
venire	venissi	venisse	venissimo	veniste	venissero
dire	dicessi	dicesse	dicessimo	diceste	dicessero
fare	facessi	facesse	facessimo	faceste	facessero
potere	potessi	potesse	potessimo	poteste	potessero

13 1. fossi 2. avesse 3. capissero 4. mi riconoscesse 5. fosse 6. foste

14 1. venisse 2. mi aiutaste 3. mi dicessero 4. reagissi 5. ne fosse 6. si offendessero

15 (1) mi sia sempre giurato (2) sono rimasto (3) sento / ho sentito
(4) accada (5) è (6) parli / abbia parlato
(7) essere (8) dai (9) abbia trovato

Lezione 7

1
1. Credevo che avessero perso il treno.
2. Immaginavo che ti avesse detto la verità.
3. Supponevo che avessero già prenotato.
4. Non sapevo se l'avesse già letto.
5. Pensavo che tu avessi capito male.
6. Mi sembrava che aveste esagerato un po'.

2
1. Pensavo che avesse telefonato.
2. Hai avuto l'impresssione che avessero capito bene?
3. Credevano che avessimo cambiato programma.
4. Gli sembrava che avessero detto la verità.
5. Mi pareva che avessi capito male.

3 1b, 2a, 3a, 4c, 5b, 6c

4 Che uomo! Guardandolo sognavo di sposarlo!
Era bellissima! Parlandole sognavo di trascorrere un fine settimana con lei!
Che casa! Passandoci davanti sognavo che fosse mia.
Che stanchezza! Pensandoci sognavo già di essere in vacanza.
Che robaccia! Mangiandola sognavo che imparasse a cucinare.
Che tramonto! Guardandolo sognavo di essere con te.

5 1 formula uno 2 lavastoviglie 3 risparmiatori 4 Russo 5 cellulare 6 pesce rosso

7 B, C, A, D

8
(1) avesse rifatto
(2) avesse comprato
(3) fosse andato
(4) avesse spedito
(5) fosse andato
(6) fosse tornato

9
1. fosse rientrata
2. avesse deciso
3. avesse detto
4. avesse superato
5. avessero assunto
6. avesse sposato

10 la lavapiatti, la lavastoviglie, l'apriscatole, l'apribottiglie, il portacenere, il portapenne, il giradischi, il giramondo, il copricapo, il copriletto, l'asciugacapelli, l'asciugamano, l'attaccapanni, il fermacarte

11 1. f, 2. v, 3. f, 4. f, 5. v, 6. f, 7. f

12
(1) ho
(2) Sono arrivato
(3) fossero
(4) considerassero
(5) mi sono trovato
(6) avessi frequentato
(7) ho
(8) pensavo
(9) fossero
(10) siano
(11) dia
(12) sono
(13) faccia
(14) si sentano

Lezione 8

1

Nome: Andrea Camilleri

Date e luogo di nascita:
1925, Porto Empedocle (Sicilia)

Altre professioni:
regista, sceneggiatore, insegnante all'Accademia d'arte drammatica

Opere:
La forma dell'acqua, Il cane di terracotta, Il ladro di merendine, Un filo di fumo, Il corso delle cose

Nome: Dacia Maraini

Date e luogo di nascita:
1936, Firenze

Altre professioni:
Premio Fregene, Premio Campiello, Premio Libro dell'anno

Opere:
L'età del malessere, Isolina, La lunga vita di Marianna Ucria

Nome: Stefano Benni

Date e luogo di nascita:
1947, Bologna

Altre professioni:
giornalista, sceneggiatore

Opere:
I meravigliosi animali di Stranalandia, Bar Sport, Prima o poi l'amore arriva, Blues in sedici, Spiriti

2

fantascienza:	*Il crollo della Galassia Centrale*
romanzo storico:	*Segreti dei Gonzaga*
romanzo:	*Va' dove ti porta il cuore*
	Vissi d'amore
giallo:	*I Milanesi ammazzano al sabato*
biografia:	*Mussolini, il fascino di un dittatore*
poesia:	*Vita d'un uomo: poesie disperse*

3

Se piove, resto a casa.
Se resto a casa, studio.
Se studio, supero l'esame.
Se supero l'esame, vado in vacanza.
Se vado in vacanza, conosco persone nuove.
Se conosco persone nuove, mi diverto.
Se mi diverto, torno a casa contento.
Se torno a casa contento, ho più voglia di studiare.
Se ho più voglia di studiare, supero l'esame.

4

a)	1. tratterebbe	2. potrebbe	3. riuscirebbe	4. farebbero	5. avrebbero
b)	1. ci fosse	2. mi sentissi	3. facesse	4. mi ascoltassero	5. vi vantaste

5

1. Se avessi tempo, andrei a trovarli. 2. Se fossi d'accordo, firmerei. 3. Se non fossi a dieta, mangerei dolci. 4. Se avesse soldi, partirebbe. 5. Se non gli fossero antipatici, li saluterebbero 6. Se non fosse offeso, ti risponderebbe. 7. Se ci interessasse, ci andremmo. 8. Se non avessi freddo, mi toglierei il cappotto.

6

a. la gente b. la mandria c. la flotta d. lo sciame e. il mobilio f. il fogliame g. il gregge h. la folla

7

1. sagoma 2. isolato 3. svenimento 4. sbucare 5. consapevole 6. sensato 7. famigerato 8. irraggiungibile

8

1. È il libro più interessante che abbia mai letto. 2. È il film più avvincente che abbia mai visto. 3. È la persona più complicata con cui abbia mai lavorato. 4. È la cosa più insensata che abbia mai sentito. 5. È la cosa più assurda di cui mi abbia parlato. 6. È l'offesa più grave che mi abbiano fatto.

9

1. Se avessi avuto soldi, te li avrei dati.
2. Se mi avesse amato, sarebbe ritornato.
3. Se avessi mangiato meno, saresti dimagrito.
4. Se avessero avuto qualche giorno libero, sarebbero partiti.
5. Se avesse studiato di più, avrebbe superato l'esame.
6. Se avessimo avuto tempo, vi avremmo aiutato.

11 (1) mi sorride (2) mi rivolgerà (3) abbia ... incontrato (4) le avesse rivolto (5) fosse riuscito (6) fossi (7) potrei (8) glielo chiedessi

12 a)

piacente – fusto – adone – avvenente – schianto – sirena – attraente – desiderabile

rospo – orrendo – brutto come il peccato – spaventapasseri – sgorbio – racchia – befana

12 b)

Neutre:	piacente, adone, avvenente, attraente, desiderabile; orrendo
Colloquiali:	fusto, schianto, sirena; rospo, brutto come il peccato, spaventapasseri, sgorbio, racchia, befana

12 c)

Uomo:	adone, fusto
Donna:	chianto, sirena; racchia, befana
Entrambi:	piacente, avvenente, attraente, desiderabile; rospo, brutto/a come il peccato, spaventapasseri, sgorbio, orrendo/a

13 1h – 2l – 3g – 4c – 5d – 6f – 7e – 8a – 9m – 10b – 11i

14 a) Carla – b) Elena – c) Manuela

15

1.	magro		un chiodo.
2.	dritto		un fuso.
3.	pallido	come	un morto.
4.	brutto		la fame.
5.	bello		un dio.
6.	sordo		una campana.
7.	rosso		un peperone

Lezione 9

1

1. Giulietta racconta che di solito non fa colazione la mattina, si alza, beve un caffè e via.
2. Giulietta racconta che a metà mattinata prende un cappuccino e mangia un cornetto.
3. Giulietta racconta che a pranzo, verso l'una, mangia la pasta, un'insalata e un po' di frutta.
4. Giulietta racconta che il pomeriggio non ha l'abitudine di fare spuntini.
5. Giulietta racconta che verso le sette e mezza beve un analcolico e sgranocchia qualche patatina.
6. Giulietta racconta che cena quasi sempre verso le otto di sera. E poi si concede un buon caffè.

2

1. Ha detto che è meglio evitare i cibi pesanti.
2. Ha detto che si deve sempre bere acqua prima dei pasti.
3. Ha detto che bisogna masticare ogni boccone almeno trenta volte.
4. Ha detto che si devono evitare cibi grassi e salati o piccanti.
5. Ha detto che non bisogna cuocere troppo le verdure.
6. Ha detto che la sera bisogna mangiare leggero.
7. Ha detto che non si deve esagerare con gli alcolici.

3

1. Suo padre gli ripete sempre che l'aiuta lui.
2. Suo padre gli ripete sempre che lo fa lui.
3. Suo padre gli ripete sempre che non deve sprecare i soldi.
4. Suo padre gli ripete sempre che deve studiare.
5. Suo padre gli ripete sempre che è un incapace.
6. Suo padre gli ripete sempre che deve alzarsi prima.
7. Suo padre gli ripete sempre che deve telefonargli più spesso.
8. Suo padre gli ripete sempre che deve cavarsela da solo.

4 Il prosciutto può essere: affumicato, fresco, stagionato
La bistecca può essere: tenera, impanata, saporita
Il formaggio può essere: tenero, piccante, affumicato, fresco, stagionato, saporito
La salsa può essere: piccante, insipida, acida, saporita, delicata
Lo yogurt può essere: fresco, acido, delicato
I pomodori possono essere: fritti, ripieni, freschi, maturi, acidi
Il pollo può essere: arrostito, ripieno, bollito
Le patate possono essere: fritte, arrostite, bollite
La cotoletta può essere: tenera, piccante, impanata
La minestra può essere: insipida, saporita, delicata

5 basilico 4 – peperoncino 1 – rosmarino 7 – aneto 10 – noce moscata 3 – zenzero 8 prezzemolo 5 – chiodi di garofano 2 – salvia 6 – cannella 9

6
1. Maria ist überall anwesend.
2. Marco stand wie angewurzelt da.
3. Das Mädchen ist herzensgut.
4. Du bist aber ein Tollpatsch!
5. Mach nicht so ein dummes Gesicht!
6. Der Film war ein richtiger Schinken.
7. Ich habe Mist gebaut (Unfug angerichtet).
8. Massimo ist homosexuell.
9. Kleinvieh macht auch Mist.
10. Ich kenne meine Pappenheimer.

7
Carne:	la cotoletta, il petto di pollo, lo spezzatino, la bistecca, gli spiedini, l'osso buco, la polpetta
Verdura:	i fagiolini, il radicchio, i carciofi, gli spinaci, il cetriolo
Dessert:	la torta, la macedonia, i profiteroles

8
1. Il medico mi ha detto di eliminare i grassi e gli zuccheri.
2. Il medico mi ha detto di non bere alcolici.
3. Il medico mi ha detto di mettere meno sale nei cibi.
4. Il medico mi ha detto di evitare i cibi piccanti.
5. Il medico mi ha detto di fare jogging.
6. Il medico mi ha detto di utilizzare le scale invece dell'ascensore.

9
1. Mi ripeteva sempre che nessuno cucinava come me.
2. Mi ripeteva sempre che ero la miglior cuoca del pianeta.
3. Mi ripeteva sempre che cucinavo meglio di sua madre.
4. Mi ripeteva sempre che i miei gnocchi erano la fine del mondo.
5. Mi ripeteva sempre che la mia salsa lo faceva impazzire.
6. Mi ripeteva sempre che per lui era importante mangiar bene.

10
1. Ha chiesto se ci piaceva la cucina italiana.
2. Ha chiesto se cucinano spesso
3. Ha chiesto se conosco delle tipiche ricette del mio paese.
4. Ha chiesto se so fare il panettone.
5. Ha chiesto se bevo molto caffè.
6. Ha chiesto se andiamo spesso al ristorante.

11
1. Ha detto che avrebbe bevuto più acqua e meno vino.
2. Ha detto che avrebbe smesso di fumare.
3. Ha detto che avrebbe imparato ad usare il computer.
4. Ha detto che avrebbe fatto più ginnastica.
5. Ha detto che si sarebbe sposato.
6. Ha detto che avrebbe lavorato di meno.
7. Ha detto che sarebbe andato più spesso dai suoi genitori.
8. Ha detto che avrebbe letto di più.

12
1. Ci hanno scritto che avevano passato le vacanze in un'azienda bioagricola.
2. Mi ha detto che aveva aperto un piccolo negozio di alimentari.
3. Ci hanno raccontato che erano stati alle isole Eolie.
4. Le ho detto che avevo frequentato un corso e avevo imparato a cucinare.
5. Mi ha scritto che avevano mangiato benissimo.
6. Mi ha detto che mio figlio si era comportato benissimo.
7. Le ho ripetuto più volte che avevo seguito i suoi consigli.

13 1. aveva realizzato 2. aveva aperto 3. aveva avuto 4. avessi (avevo) interesse 5. conoscessi (conoscevo)

14
dal paesaggio ricco di fascino
dalla storia molto interessante
dai mille interessi
dall'economia molto sviluppata
dagli ingredienti genuini
dal cuore d'oro
dalla volontà di ferro

15

Colazione	Claudio colazione abbondante, ricca di vitamine	Vincenzo beve solo un caffè	Laura cereali con latte
Pranzo	frutta o un toast al bar	primo e secondo con contorno	pesce o selvaggina e verdura
Cena	cena con calma, ogni tanto compera qualcosa in rosticceria	la sera un vinello non manca mai	minestra calda, yogurt o qualcosa del genere

16 **Traduzione**

Più pregiato del caviale

Un prodotto italiano da alcuni anni sta diventando sempre più popolare in Germania: l'aceto balsamico.

Il centro produttivo è la zona nei dintorni di Modena. Qui abbiamo visitato una delle acetaie più rinomate, l'Acetaia Malpighi.

Durante una visita siamo venuti a conoscenza di informazioni interessanti sulle particolarità della produzione dell'aceto.

Il vero aceto balsamico tradizionale viene ricavato da uve di Trebbiano, che vengono vendemmiate il più tardi possibile, quando hanno un aroma intenso e presentano un elevato contenuto di zucchero.

L'aceto balsamico tradizionale deve invecchiare per almeno dodici anni in botti di legno. E ogni anno viene travasato in una botte di un legno diverso.

Lezione 10

1 1h, 2r, 3u, 4q, 5m, 6l, 7t, 8i, 9s, 10c, 11d, 12f, 13n, 14e, 15g, 16o, 17p, 18a, 19b

2
(1) ufficio di collocamento
(2) domanda di lavoro
(3) curriculum
(4) annunci e inserzioni
(5) ditte
(6) lettera di presentazione
(7) referenze
(8) assistente alle vendite
(9) stipendio
(10) tredicesima
(11) flessibile
(12) straordinari

3 1c; 2b; 3a; 4c; 5a

4
1. La documentazione inviata ci ha impressionato positivamente.
2. Non tutti i candidati invitati al colloquio si sono presentati.
3. La proposta fatta non è interessante.
4. Non tutte le persone invitate sono venute.
5. Il lavoro offerto m'interessa molto.
6. I risultati ottenuti sono soddisfacenti.
7. Le lettere inviate non sono arrivate al destinatario.

5
(1) specializzata
(2) cerca
(3) clienti
(4) esperienza
(5) campo
(6) requisiti
(7) curriculum

6
1. Conseguita la laurea ...
2. Ricevuto il diploma di maturità ...
3. Conseguita la tesi ...
4. Letto il curriculum ...
5. Terminato il colloquio ...

7
1. Sono bilingue essendo cresciuta a Bolzano.
2. Ho esperienza nel settore avendo lavorato per due anni in una ditta di computer.
3. Non ho problemi a viaggiare avendo sempre avuto interesse per paesi nuovi.
4. Avendo fatto uno stage in USA ho ottime conoscenze dell'inglese.
5. Penso di poter svolgere le mansioni con la massima autonomia essendo stata per molti anni responsabile dell'ufficio contabilità.
6. Avendo studiato giurisprudenza ha tutti i requisiti per svolgere il lavoro.

8 in risposta all'annuncio da voi pubblicato – allego – esperienza – constatare – allegata – frequentato – per anni – svolgendo – fornire – selezionato – distinti saluti

9
(1) lavorare sodo
(2) lavorato come un mulo
(3) lavorare per la gloria
(4) lavorerò di cervello.

10 b
1. trenino
2. barchetta
3. donnone
4. nasone
5. giornataccia
6. caratteraccio
7. visino / visetto
8. fattaccio
9. tempaccio
10. giretto
11. muretto
12. paesino / paesello
13. vinello
14. ragazzone
15. erbaccia
16. coppietta